EL CATECISMO MENOR DE MARTÍN LUTERO

con explicaciones

MARTIN LUTHER'S SMALL CATECHISM

with explanation

Edición bilingüe - Bilingual Edition

CONTENIDO

LOS DIEZ MANDAMIENTOS

Cómo el jefe de familia debe enseñarlos en forma muy sencilla a los de su casa.

El Primer Mandamiento

No tengas otros dioses aparte de mi.

¿Qué quiere decir esto?

Más que a todas las cosas debemos temer y amar a Dios y confiar en él.

El Segundo Mandamiento

No usarás el nombre de tu Dios en vano.

¿Qué quiere decir esto?

Debemos temer y amar a Dios de modo que no usemos su nombre para maldecir, jurar, hechizar, mentir o engañar, sino que lo invoquemos en todas las necesidades, lo adoremos, alabemos y le demos gracias.

El Tercer Mandamiento

Santificarás el día de reposo.

¿Qué quiere decir esto?

Debemos temer y amar a Dios de modo que no despreciemos la predicación y su palabra, sino que la consideremos santa, la oigamos y aprendamos con gusto.

El Cuarto Mandamiento

Honrarás a tu padre y a tu madre.

¿Qué quiere decir esto?

Debemos temer y amar a Dios de modo que no despreciemos ni irritemos a nuestros padres y superiores, sino que los honremos, les sirvamos, obedezcamos, los amemos y tengamos en alta estima.

El Quinto Mandamiento

No matarás.

¿Qué quiere decir esto?

Debemos temer y amar a Dios de modo que no hagamos daño o mal material alguno a nuestro prójimo en su cuerpo, sino que le ayudemos y hagamos prosperar en todas las necesidades de su vida.

El Sexto Mandamiento

No cometerás adulterio.

¿Qué quiere decir esto?

Debemos temer y amar a Dios de modo que llevemos una vida casta y decente en palabras y obras, y que cada uno ame y honre a su cónyuge.

THE TEN COMMANDMENTS

As the head of the family should teach them in a simple way to his household

The First Commandment

You shall have no other gods.

What does this mean?

We should fear, love, and trust in God above all things.

The Second Commandment

You shall not misuse the name of the Lord your God.

What does this mean?

We should fear and love God so that we do not curse, swear, use satanic arts, lie, or deceive by His name, but call upon it in every trouble, pray, praise, and give thanks.

The Third Commandment

Remember the Sabbath day by keeping it holy.

What does this mean?

We should fear and love God so that we do not despise preaching and His Word, but hold it sacred and gladly hear and learn it.

The Fourth Commandment

Honor your father and your mother.

What does this mean?

We should fear and love God so that we do not despise or anger our parents and other authorities, but honor them, serve and obey them, love and cherish them.

The Fifth Commandment

You shall not murder.

What does this mean?

We should fear and love God so that we do not hurt or harm our neighbor in his body, but help and support him in every physical need.

The Sixth Commandment

You shall not commit adultery.

What does this mean?

We should fear and love God so that we lead a sexually pure and decent life in what we say and do, and husband and wife love and honor each other.

El Séptimo Mandamiento

No hurtarás.

¿Qué quiere decir esto?

Debemos temer y amar a Dios de modo que no quitemos el dinero o los bienes de nuestro prójimo, ni nos apoderemos de ellos con mercaderías o negocios falsos, sino que le ayudemos a mejorar y conservar sus bienes y medios de vida.

El Octavo Mandamiento

No hablarás falso testimonio contra tu prójimo.

¿Qué quiere decir esto?

Debemos temer y amar a Dios de modo que no mintamos contra nuestro prójimo, ni le traicionemos, ni calumniemos, ni le difamemos, sino que le disculpemos, hablemos bien de él e interpretemos todo en el mejor sentido.

El Noveno Mandamiento

No codiciarás la casa de tu prójimo.

¿Qué quiere decir esto?

Debemos temer y amar a Dios de modo que no tratemos de obtener con astucia la herencia o la casa de nuestro prójimo ni nos apoderemos de ellas con apariencia de derecho, sino que le ayudemos y cooperemos con él en la conservación de lo que le pertenece.

El Décimo Mandamiento

No codiciarás la mujer de tu prójimo, ni su siervo, criada, ganado ni cosa alguna de su pertenencia.

¿Qué quiere decir esto?

Debemos temer y amar a Dios de modo que no le quitemos al prójimo su mujer, sus criados o sus animales, ni los alejemos, ni hagamos que lo abandonen, sino que los instemos a que permanezcan con él y cumplan con sus obligaciones.

¿Qué dice Dios de todos estos mandamientos en conjunto?

Dice así: "Yo soy Jehová, tu Dios, fuerte, celoso, que visito la maldad de los padres sobre los hijos hasta la tercera y cuarta generación de los que me aborrecen, y hago misericordia por millares a los que me aman y guardan mis mandamientos." (Ex 20.5-6)

¿Qué quiere decir esto?

Dios amenaza castigar a todos los que traspasan estos mandamientos. Por lo tanto, debemos temer su ira y no actuar en contra de dichos mandamientos. En cambio, él promete gracia y todo género de bienes a todos los que los cumplen. Así que debemos amarlo y confiar en él y actuar gustosos conforme a sus mandamientos.

The Seventh Commandment

You shall not steal.

What does this mean?

We should fear and love God so that we do not take our neighbor's money or possessions, or get them in any dishonest way, but help him to improve and protect his possessions and income.

The Eighth Commandment

You shall not give false testimony against your neighbor.

What does this mean?

We should fear and love God so that we do not tell lies about our neighbor, betray him, slander him, or hurt his reputation, but defend him, speak well of him, and explain everything in the kindest way.

The Ninth Commandment

You shall not covet your neighbor's house.

What does this mean?

We should fear and love God so that we do not scheme to get our neighbor's inheritance or house, or get it in a way which only appears right, but help and be of service to him in keeping it.

The Tenth Commandment

You shall not covet your neighbor's wife, or his manservant or maidservant, his ox or donkey, or anything that belongs to your neighbor.

What does this mean?

We should fear and love God so that we do not entice or force away our neighbor's wife, workers, or animals, or turn them against him, but urge them to stay and do their duty. [The text of the commandments is from Ex. 20:3, 7, 8, 12-17.]

What does God say about all these commandments?

He says: "I, the Lord your God, am a jealous God, punishing the children for the sin of the fathers to the third and fourth generation of those who hate Me, but showing love to a thousand generations of those who love Me and keep My commandments." [Ex. 20:5-6]

What does this mean?

God threatens to punish all who break these commandments. Therefore, we should fear His wrath and not do anything against them. But He promises grace and every blessing to all who keep these commandments. Therefore, we should also love and trust in Him and gladly do what He commands.

II
EL CREDO
Cómo el jefe de familia debe enseñarlo en forma muy sencilla a los de su casa.

Artículo Primero: La creación
Creo en Dios Padre todopoderoso, creador del cielo y de la tierra.

¿Qué quiere decir esto?
Creo que Dios me ha creado y también a todas las criaturas; que me ha dado cuerpo y alma, ojos, oídos y todos los miembros, la razón y todos los sentidos y aún los sostiene, y además vestido y calzado, comida y bebida, casa y hogar, esposa e hijos, campos, ganado y todos los bienes; que me provee abundantemente y a diario de todo lo que necesito para sustentar este cuerpo y vida, me protege contra todo peligro y me guarda y preserva de todo mal; y todo esto por pura bondad y misericordia paternal y divina, sin que yo en manera alguna lo merezca ni sea digno de ello. Por todo esto debo darle gracias, ensalzarlo, servirle y obedecerle. Esto es con toda certeza la verdad.

Artículo Segundo: La redención
Y en Jesucristo, su único Hijo, nuestro Señor; que fue concebido por obra del Espíritu Santo, nació de la virgen María; padeció bajo el poder de Poncio Pilatos, fue crucificado, muerto y sepultado; descendió a los infiernos; al tercer día resucitó de entre los muertos; subió a los cielos y está sentado a la diestra de Dios Padre todopoderoso; y desde allí ha de venir a juzgar a los vivos y a los muertos.

¿Qué quiere decir esto?
Creo que Jesucristo, verdadero Dios engendrado del Padre en la eternidad, y también verdadero hombre nacido de la virgen María, es mi Señor, que me ha redimido a mí, hombre perdido y condenado, y me ha rescatado y conquistado de todos los pecados, de la muerte y del poder del
diablo, no con oro o plata, sino con su santa y preciosa sangre y con su inocente pasión y muerte; y todo esto lo hizo para que yo sea suyo y viva bajo él en su reino, y le sirva en justicia, inocencia y bienaventuranza eternas, así como él resucitó de la muerte y vive y reina eternamente. Esto es con toda certeza la verdad.

Artículo Tercero: La santificación
Creo en el Espíritu Santo; la santa iglesia cristiana, la comunión de los santos; el perdón de los pecados; la resurrección de la carne y la vida perdurable. Amén.

II
THE CREED
As the head of the family should teach it in a simple way to his household

The First Article: Creation
I believe in God, the Father Almighty, Maker of heaven and earth.
What does this mean?
I believe that God has made me and all creatures; that He has given me my body and soul, eyes, ears, and all my members, my reason and all my senses, and still takes care of them. He also gives me clothing and shoes, food and drink, house and home, wife and children, land, animals, and He defends me against all danger and guards and protects me from all evil. All this He does only out of fatherly, divine goodness and mercy, without any merit or worthiness in me. For all this it is my duty to thank and praise, serve and obey Him. This is most certainly true.

The Second Article: Redemption
And in Jesus Christ, His only Son, our Lord, who was conceived by the Holy Spirit, born of the Virgin Mary, suffered under Pontius Pilate, was crucified, died and was buried. He descended into hell. The third day He rose again from the dead. He ascended into heaven and sits at the right hand of God, the Father Almighty. From thence He will come to judge the living and the dead.
What does this mean?
I believe that Jesus Christ, true God, begotten of the Father from eternity, and also true man, born of the Virgin Mary, is my Lord, who has redeemed me, a lost and condemned person, purchased and won me from all sins, from death, and from the power of the devil; not with gold or silver, but with His holy, precious blood and with His innocent suffering and death, that I may be His own and live under Him in His kingdom and serve Him in everlasting righteousness, innocence, and blessedness, just as He is risen from the dead, lives and reigns to all eternity. This is most certainly true.

The Third Article: Sanctification
I believe in the Holy Spirit, the holy Christian church, the communion of saints, the forgiveness of sins, the resurrection of the body, and the life everlasting. Amen.

¿Qué quiere decir esto?

Creo que ni por mi propia razón, ni por mis propias fuerzas soy capaz de creer en Jesucristo, mi Señor, o venir a él; sino que el Espíritu Santo me ha llamado mediante el evangelio, me ha iluminado con sus dones, y me ha santificado y conservado en la verdadera fe, del mismo modo como él llama, congrega, ilumina y santifica a toda la cristiandad en la tierra, y la conserva unida a Jesucristo en la verdadera y única fe; en esta cristiandad él me perdona todos los pecados a mí y a todos los creyentes, diaria y abundantemente, y en el último día me resucitará a mí y a todos los muertos y me dará en Cristo, juntamente con todos los creyentes, la vida eterna. Esto es con toda certeza la verdad.

III
EL PADRENUESTRO

Cómo el jefe de familia debe enseñarlo en forma muy sencilla a los de su casa.

Padre nuestro que estás en los cielos, santificado sea tu nombre. Venga a nos tu reino. Hágase tu voluntad, así en la tierra como en el cielo. El pan nuestro de cada día, dánoslo hoy. Y perdónanos nuestras deudas, así como nosotros perdonamos a nuestros deudores. Y no nos dejes caer en la tentación, mas líbranos del mal. Porque tuyo es el reino y el poder y la gloria por los siglos de los siglos. Amén.

Introducción

Padre nuestro que estás en los cielos.

¿Qué quiere decir esto?

Con esto, Dios quiere atraernos para que creamos que él es nuestro verdadero Padre y nosotros sus verdaderos hijos, a fin de que le pidamos con valor y plena confianza, como hijos amados a su amoroso padre.

Primera Petición

Santificado sea tu nombre.

¿Qué quiere decir esto?

El nombre de Dios ya es santo de por sí; pero rogamos con esta petición que sea santificado también entre nosotros.

¿Cómo sucede esto?

Cuando la palabra de Dios es enseñada en toda su pureza, y cuando también vivimos santamente conforme a ella, como hijos de Dios. ¡Ayúdanos a que esto sea así, amado Padre celestial! Pero quien enseña y vive de manera distinta de lo que enseña la palabra de Dios, profana entre nosotros el nombre de Dios. De ello ¡guárdanos, Padre celestial!

What does this mean?

I believe that I cannot by my own reason or strength believe in Jesus Christ, my Lord, or come to Him; but the Holy Spirit has called me by the Gospel, enlightened me with His gifts, sanctified and kept me in the true faith. In the same way He calls, gathers, enlightens, and sanctifies the whole Christian church on earth, and keeps it with Jesus Christ in the one true faith. In this Christian church He daily and richly forgives all my sins and the sins of all believers. On the Last Day He will raise me and all the dead, and give eternal life to me and all believers in Christ. This is most certainly true.

III
THE LORD'S PRAYER

As the head head of the family should teach it in a simple way to his Household

Our Father who art in heaven, hallowed be Thy name, Thy kingdom come, Thy will be done on earth as it is in heaven. Give us this day our daily bread; and forgive us our trespasses as we forgive those who trespass against us; and lead us not into temptation, but deliver us from evil. For Thine is the kingdom and the power and the glory forever and ever. Amen.

Our Father in heaven, hallowed be Your name, Your kingdom come, Your will be done on earth as in heaven. Give us today our daily bread. Forgive us our sins as we forgive those who sin against us. Lead us not into temptation, but deliver us from evil. For the kingdom, the power, and the glory are Yours now and forever. Amen.

The Introduction

Our Father who art in heaven.
Our Father in heaven.

What does this mean?

With these words God tenderly invites us to believe that He is our true Father and that we are His true children, so that with all boldness and confidence we may ask Him as dear children ask their dear father.

The First Petition

Hallowed be Thy name.
Hallowed be Your name.

What does this mean?

God's name is certainly holy in itself, but we pray in this petition that it may be kept holy among us also.

How is God's name kept holy?

God's name is kept holy when the Word of God is taught in its truth and purity, and we, as the children of God, also lead holy lives according to it. Help us to do this, dear Father in heaven! But anyone who teaches or lives contrary to God's Word profanes the name of God among us. Protect us from this, heavenly Father!

Segunda Petición

Venga a nos tu reino.

¿Qué quiere decir esto?

El reino de Dios viene en verdad por sí solo, aún sin nuestra oración. Pero rogamos con esta petición que venga también a nosotros.

¿Cómo sucede esto?

Cuando el Padre celestial nos da su Espíritu Santo, para que, por su gracia, creamos su santa palabra y llevemos una vida de piedad, tanto aquí en el mundo temporal como allá en el otro, eternamente.

Tercera Petición

Hágase tu voluntad, así en la tierra como en el cielo.

¿Qué quiere decir esto?

La buena y misericordiosa voluntad de Dios se hace, en verdad, sin nuestra oración; pero rogamos con esta petición que se haga también entre nosotros.

¿Cómo sucede esto?

Cuando Dios desbarata y estorba todo mal propósito y voluntad que tratan de impedir que santifiquemos el nombre de Dios y de obstaculizar la venida de su reino, tales como la voluntad del diablo, del mundo y de nuestra carne. Así también se hace la voluntad de Dios, cuando él nos fortalece y nos mantiene firmes en su palabra y en la fe hasta el fin de nuestros días. Esta es su misericordiosa y buena voluntad.

Cuarta Petición

El pan nuestro de cada día, dánoslo hoy.

¿Qué quiere decir esto?

Dios da diariamente el pan, también sin nuestra súplica, aún a todos los malos; pero rogamos con esta petición que él nos haga reconocer esto y así recibamos nuestro pan cotidiano con gratitud.

¿Qué es el pan cotidiano?

Todo aquello que se necesita como alimento y para satisfacción de las necesidades de esta vida, como: comida, bebida, vestido, calzado, casa, hogar, tierras, ganado, dinero, bienes; piadoso cónyuge, hijos piadosos, piadosos criados, autoridades piadosas y fieles; buen gobierno, buen tiempo; paz, salud, buen orden, buena reputación, buenos amigos, vecinos fieles, y cosas semejantes a éstas.

The Second Petition

Thy kingdom come.

Your kingdom come.

What does this mean?

The kingdom of God certainly comes by itself without our prayer, but we pray in this petition that it may come to us also.

How does God's kingdom come?

God's kingdom comes when our heavenly Father gives us His Holy Spirit, so that by His grace we believe His holy Word and lead godly lives here in time and there in eternity.

The Third Petition

Thy will be done on earth as it is in heaven.

Your will be done on earth as in heaven.

What does this mean?

The good and gracious will of God is done even without our prayer, but we pray in this petition that it may be done among us also.

How is God's will done?

God's will is done when He breaks and hinders every evil plan and purpose of the devil, the world, and our sinful nature, which do not want us to hallow God's name or let His kingdom come; and when He strengthens and keeps us firm in His Word and faith until we die. This is His good and gracious will.

The Fourth Petition

Give us this day our daily bread.

Give us today our daily bread.

What does this mean?

God certainly gives daily bread to everyone without our prayers, even to all evil people, but we pray in this petition that God would lead us to realize this and to receive our daily bread with thanksgiving.

What is meant by daily bread?

Daily bread includes everything that has to do with the support and needs of the body, such as food, drink, clothing, shoes, house, home, land, animals, money, goods, a devout husband or wife, devout children, devout workers, devout and faithful rulers, good government, good weather, peace, health, self-control, good reputation, good friends, faithful neighbors, and the like.

Quinta Petición

Y perdónanos nuestras deudas, así como nosotros perdonamos a nuestros deudores.

¿Qué quiere decir esto?

Con esta petición rogamos al Padre celestial que no tome en cuenta nuestros pecados, ni por causa de ellos nos niegue lo que pedimos. En efecto, nosotros no somos dignos de recibir nada de lo que imploramos, ni tampoco lo hemos merecido, pero quiera Dios dárnoslo todo por su gracia, pues diariamente pecamos mucho y sólo merecemos el castigo. Así, por cierto, también por nuestra parte perdonemos de corazón, y con agrado hagamos bien a los que contra nosotros pecaren.

Sexta Petición

Y no nos dejes caer en la tentación.

¿Qué quiere decir esto?

Dios, en verdad, no tienta a nadie; pero con esta petición le rogamos que nos guarde y preserve, a fin de que el diablo, el mundo, y nuestra carne, no nos engañen y seduzcan, llevándonos a una fe errónea, a la desesperación, y a otras grandes vergüenzas y vicios. Y aún cuando fuéremos tentados a ello, que al fin logremos vencer y retener la victoria.

Séptima Petición

Mas líbranos del mal.

¿Qué quiere decir esto?

Con esta petición rogamos, como en resumen, que el Padre celestial nos libre de todo lo que pueda perjudicar nuestro cuerpo y alma, nuestros bienes y honra, y que al fin, cuando llegue nuestra última hora, nos conceda un fin bienaventurado, y, por su gracia, nos lleve de este valle de lágrimas al cielo, para morar con él.

Conclusión

Porque tuyo es el reino y el poder y la gloria por los siglos de los siglos.* Amén.

¿Qué quiere decir esto?

Que debo estar en la certeza de que el Padre celestial acepta estas peticiones y las atiende; pues él mismo nos ha ordenado orar así y ha prometido atendernos. Amén, amén, quiere decir: Sí, sí, que así sea.

*Estas palabras no estaban en el Catecismo Menor de Lutero.

IV
EL SACRAMENTO DEL SANTO BAUTISMO

Cómo el jefe de familia debe enseñarlo en forma muy sencilla a los de su casa.

The Fifth Petition

And forgive us our trespasses as we forgive those who trespass against us.

Forgive us our sins as we forgive those who sin against us.

What does this mean?

We pray in this petition that our Father in heaven would not look at our sins, or deny our prayer because of them. We are neither worthy of the things for which we pray, nor have we deserved them, but we ask that He would give them all to us by grace, for we daily sin much and surely deserve nothing but punishment. So we too will sincerely forgive and gladly do good to those who sin against us.

The Sixth Petition

And lead us not into temptation.

Lead us not into temptation.

What does this mean?

God tempts no one. We pray in this petition that God would guard and keep us so that the devil, the world, and our sinful nature may not deceive us or mislead us into false belief, despair, and other great shame and vice. Although we are attacked by these things, we pray that we may finally overcome them and win the victory.

The Seventh Petition

But deliver us from evil.

But deliver us from evil.

What does this mean?

We pray in this petition, in summary, that our Father in heaven would rescue us from every evil of body and soul, possessions and reputation, and finally, when our last hour comes, give us a blessed end, and graciously take us from this valley of sorrow to Himself in heaven.

The Conclusion

For Thine is the kingdom and the power and the glory forever and ever.* Amen.

For the kingdom, the power, and the glory are Yours now and forever. Amen.*

What does this mean?

This means that I should be certain that these petitions are pleasing to our Father in heaven, and are heard by Him; for He Himself has commanded us to pray in this way and has promised to hear us. Amen, amen means "yes, yes, it shall be so."

*These words were not in Luther's Small Catechism.

IV
THE SACRAMENT OF HOLY BAPTISM

As the Head of the family should teach it in a simple way to his household

Primero

¿Qué es el Bautismo?

El Bautismo no es simple agua solamente, sino que es agua comprendida en el mandato divino y ligada con la palabra de Dios.

¿Qué palabra de Dios es ésta?

Es la palabra que nuestro Señor Jesucristo dice en el último capítulo del Evangelio según San Mateo: "Por tanto, id y haced discípulos a todas las naciones, bautizándolos en el nombre del Padre, del Hijo y del Espíritu Santo." (Mt 28.19)

Segundo

¿Qué dones o beneficios confiere el Bautismo?

El Bautismo efectúa perdón de los pecados, redime de la muerte y del diablo, y da la salvación eterna a todos los que lo creen, tal como se expresa en las palabras y promesas de Dios.

¿Qué palabras y promesas de Dios son éstas?

Son las que nuestro Señor Jesucristo dice en el último capítulo de Marcos: "El que crea y sea bautizado, será salvo; pero el que no crea, será condenado." (Mr 16.16)

Tercero

¿Cómo puede el agua hacer cosas tan grandes?

El agua en verdad no las hace, sino la palabra de Dios que está con el agua y unida a ella, y la fe que confía en dicha palabra de Dios ligada con el agua, porque, sin la palabra de Dios, el agua es simple agua, y no es Bautismo; pero, con la palabra de Dios, sí es Bautismo, es decir, es un agua de vida, llena de gracia, y un lavamiento de la regeneración en el Espíritu Santo, como San Pablo dice a Tito en el tercer capítulo: "Pero cuando se manifestó la bondad de Dios, nuestro Salvador, y su amor para con la humanidad, nos salvó, no por obras de justicia que nosotros hubiéramos hecho, sino por su misericordia, por el lavamiento de la regeneración y por la renovación en el Espíritu Santo, el cual derramó en nosotros abundantemente por Jesucristo, nuestro Salvador, para que, justificados por su gracia, llegáramos a ser herederos conforme a la esperanza de la vida eterna. Palabra fiel es ésta." (Tito 3.5-8)

Cuarto

¿Qué significa este bautizar con agua?

Significa que el viejo Adán en nosotros debe ser ahogado por pesar y arrepentimiento diarios, y que debe morir con todos sus pecados y malos deseos; asimismo, también cada día debe surgir y resucitar la nueva persona, que ha de vivir eternamente delante de Dios en justicia y pureza.

¿Dónde está escrito esto?

First

What is Baptism?

Baptism is not just plain water, but it is the water included in God's command and combined with God's word.

Which is that word of God?

Christ our Lord says in the last chapter of Matthew: "Therefore go and make disciples of all nations, baptizing them in the name of the Father and of the Son and of the Holy Spirit." [Matt. 28:19]

Second

What benefits does Baptism give?

It works forgiveness of sins, rescues from death and the devil, and gives eternal salvation to all who believe this, as the words and promises of God declare.

Which are these words and promises of God?

Christ our Lord says in the last chapter of Mark: "Whoever believes and is baptized will be saved, but whoever does not believe will be condemned." [Mark 16:16]

Third

How can water do such great things?

Certainly not just water, but the word of God in and with the water does these things, along with the faith which trusts this word of God in the water. For without God's word the water is plain water and no Baptism. But with the word of God it is a Baptism, that is, a life-giving water, rich in grace, and a washing of the new birth in the Holy Spirit, as St. Paul says in Titus, chapter three:

"He saved us through the washing of rebirth and renewal by the Holy Spirit, whom He poured out on us generously through Jesus Christ our Savior, so that, having been justified by His grace, we might become heirs having the hope of eternal life. This is a trustworthy saying." [Titus 3:5-8]

Fourth

What does such baptizing with water indicate?

It indicates that the Old Adam in us should by daily contrition and repentance be drowned and die with all sins and evil desires, and that a new man should daily emerge and arise to live before God in righteousness and purity forever.

Where is this written?

San Pablo dice en Romanos, capítulo seis: "Porque somos sepultados juntamente con él para muerte por el bautismo, a fin de que como Cristo resucitó de los muertos por la gloria del Padre, así también nosotros andemos en nueva vida" (Ro 6.4).

V
CONFESIÓN Y ABSOLUCIÓN
Manera como se debe enseñar a la gente sencilla a confesarse

¿Qué es la confesión?
La confesión contiene dos partes. La primera, es la confesión de los pecados, y, la segunda, el recibir la absolución del confesor como de Dios mismo, no dudando de ella en lo más mínimo, sino creyendo firmemente que por ella los pecados son perdonados ante Dios en el cielo.

¿Qué pecados hay que confesar?
Ante Dios uno debe declararse culpable de todos los pecados, aún de aquellos que ignoramos, tal como lo hacemos en el Padrenuestro. Pero, ante el confesor, debemos confesar solamente los pecados que conocemos y sentimos en nuestro corazón.

¿Cuáles son tales pecados?
Considera tu estado basándote en los Diez Mandamientos, seas padre, madre, hijo o hija, señor o señora o servidor, para saber si has sido desobediente, infiel, perezoso, violento, insolente, reñidor; si hiciste un mal a alguno con palabras u obras; si hurtaste, fuiste negligente o derrochador, o causaste algún otro daño.

Breve forma de confesión
Dice el penitente:
Honorable y estimado señor: le pido que tenga a bien escuchar mi confesión y declarar el perdón de mis pecados por Dios.

Yo, pobre pecador, me confieso ante Dios que soy culpable de todos los pecados; especialmente me confieso ante su presencia que siendo sirviente, sirvienta, etc., sirvo lamentablemente en forma infiel a mi amo, pues aquí y allí no he hecho lo que me ha sido encomendado, habiéndolo movido a encolerizarse o a maldecir; he descuidado algunas cosas y he permitido que ocurran daños. He sido también impúdico en palabras y obras; me he irritado con mis semejantes y he murmurado y maldecido contra mi amo, etc. Todo esto lo lamento y solicito su gracia; quiero corregirme.

Un amo o ama debe decir así:
En especial confieso ante su presencia que no eduqué fielmente para gloria de Dios a mi hijo, sirviente, mujer. He maldecido; he dado malos ejemplos con palabras y obras impúdicas; he hecho mal a mi vecino, hablando mal de él, vendiéndole muy caro, dándole mala mercadería y no toda la cantidad que corresponde. [En general, deberá confesarse todo lo que uno ha hecho en contra de los Diez Mandamientos, lo que corresponde según su estado, etc.]

St. Paul writes in Romans chapter six: "We were therefore buried with Him through baptism into death in order that, just as Christ was raised from the dead through the glory of the Father, we too may live a new life." [Rom. 6:4]

V
CONFESSION
How christians should be taught to confess

What is Confession?
Confession has two parts. First, that we confess our sins, and second, that we receive absolution, that is, forgiveness, from the pastor as from God Himself, not doubting, but firmly believing that by it our sins are forgiven before God in heaven.

What sins should we confess?
Before God we should plead guilty of all sins, even those we are not aware of, as we do in the Lord's Prayer; but before the pastor we should confess only those sins which we know and feel in our hearts.

Which are these?
Consider your place in life according to the Ten Commandments: Are you a father, mother, son, daughter, husband, wife, or worker? Have you been disobedient, unfaithful, or lazy? Have you been hot-tempered, rude, or quarrelsome? Have you hurt someone by your words or deeds? Have you stolen, been negligent, wasted anything, or done any harm?

A short form of Confession

The penitent says:
Dear confessor, I ask you please to hear my confession and to pronounce forgiveness in order to fulfill God's will.

I, a poor sinner, plead guilty before God of all sins. In particular I confess before you that as a servant, maid, etc., I, sad to say, serve my master unfaithfully, for in this and that I have not done what I was told to do. I have made him angry and caused him to curse. I have been negligent and allowed damage to be done. I have also been offensive in words and deeds. I have quarreled with my peers. I have grumbled about the lady of the house and cursed her. I am sorry for all of this and I ask for grace. I want to do better.

A master or lady of the house may say:
In particular I confess before you that I have not faithfully guided my children, servants, and wife to the glory of God. I have cursed. I have set a bad example by indecent words and deeds. I have
hurt my neighbor and spoken evil of him. I have overcharged, sold inferior merchandise, and given less than was paid for. [Let the penitent confess whatever else he has done against God's commandments and his own position.]

Si alguien no se siente cargado de tales o aun mayores pecados, entonces no debe preocuparse o buscar más pecados ni inventarlos, haciendo con ello un martirio de la confesión, sino que debe contar uno o dos, tal como él lo sabe, de esta manera: En especial confieso que he maldecido una vez; del mismo modo, que he sido desconsiderado una vez con palabras, que he descuidado esto, etc. Considera esto como suficiente.

Si no sientes ninguno (lo que no debería ser posible), entonces no debes decir nada en particular, sino recibir el perdón de la confesión general, así como lo haces ante Dios en presencia del confesor.

A ello debe responder el confesor:

Dios sea contigo misericordioso y fortalezca tu fe, Amén.

Dime:

¿Crees tú también que mi perdón sea el perdón de Dios?

Sí, venerable señor.

Entonces dirá:

Así como has creído, de la misma forma acontezca en ti. Y yo, por mandato de nuestro Señor Jesucristo, te perdono tus pecados en el nombre del Padre y del Hijo y del Espíritu Santo. Amén. Ve en paz. Aquellos que tengan gran carga de conciencia o estén afligidos o atribulados los sabrá consolar e impulsar hacia la fe un confesor con más pasajes bíblicos. Ésta debe ser sólo una manera usual de confesión para la gente sencilla.

EL OFICIO DE LAS LLAVES

Aunque no es seguro que Lutero lo escribiera, el oficio de las llaves refleja su enseñanza, y fue incluido en El Catecismo Menor cuando él aún estaba vivo.

¿Qué es el oficio de las llaves?

El oficio de las llaves es el poder especial que nuestro Señor Jesucristo ha dado a su iglesia en la tierra de perdonar los pecados a los penitentes, y de no perdonar los pecados a los impenitentes mientras no se arrepientan.

¿Dónde está escrito esto?

Así escribe el evangelista San Juan en el capítulo veinte: "Recibid el Espíritu Santo. A quienes perdonéis los pecados, les serán perdonados, y a quienes se los retengáis, les serán retenidos."

¿Qué crees según estas palabras?

Cuando los ministros debidamente llamados de Cristo, por su mandato divino, tratan con nosotros, especialmente cuando excluyen a los pecadores manifiestos e impenitentes de la congregación cristiana, y cuando absuelven a los que se arrepienten de sus pecados y prometen enmendarse, creo que esto es tan válido y cierto, también en el cielo, como si nuestro Señor Jesucristo mismo tratase con nosotros.

If, however, someone does not find himself burdened with these or greater sins, he should not trouble himself or search for or invent other sins, and thereby make confession a torture. Instead, he should mention one or two that he knows: In particular I confess that I have cursed; I have used improper words; I have neglected this or that, etc. Let that be enough.

But if you know of none at all (which hardly seems possible), then mention none in particular, but receive the forgiveness upon the general confession which you make to God before the confessor.

Then the confessor shall say:

God be merciful to you and strengthen your faith. Amen.

Furthermore:

Do you believe that my forgiveness is God's forgiveness?

Yes, dear confessor.

Then let him say:

Let it be done for you as you believe. And I, by the command of our Lord Jesus Christ, forgive you your sins in the name of the Father and of the Son and of the Holy Spirit. Amen. Go in peace.

A confessor will know additional passages with which to comfort and to strengthen the faith of those who have great burdens of conscience or are sorrowful and distressed.

This is intended only as a general form of confession.

THE OFFICE OF THE KEYS

This question may not have been composed by Luther himself but reflects his teaching and was included in editions of the catechism during his lifetime.

What is the Office of the Keys?

The Office of the Keys is that special authority which Christ has given to His church on earth to forgive the sins of repentant sinners, but to withhold forgiveness from the unrepentant as long as they do not on repent.

Where is this written?

This is what St. John the Evangelist writes in chapter twenty: The Lord Jesus breathed on His disciples and said, "Receive the Holy Spirit. If you forgive anyone his sins, they are forgiven; if you do not forgive them, they are not forgiven." [John 20:22-23]

What do you believe according to these words?

I believe that when the called ministers of Christ deal with us by His divine command, in particular when they exclude openly unrepentant sinners from the Christian congregation and absolve those who repent of their sins and want to do better, this is just as valid and certain, even in heaven, as if Christ our dear Lord dealt with us Himself.

VI
EL SACRAMENTO DEL ALTAR

Cómo el jefe de familia debe enseñarlo en forma muy sencilla a los de su casa.

¿Qué es el Sacramento del Altar?

Es el verdadero cuerpo y la verdadera sangre de nuestro Señor Jesucristo bajo el pan y el vino, instituido por Cristo mismo para que los cristianos lo comamos y bebamos.

¿Dónde está escrito esto?

Así escriben los santos evangelistas Mateo, Marcos y Lucas, y también San Pablo: "Nuestro Señor Jesucristo, la noche en que fue entregado, tomó pan; y habiendo dado gracias, lo partió y dio a sus discípulos, diciendo: Tomad, comed; esto es mi cuerpo que por vosotros es dado. Haced esto en memoria de mí. Asimismo tomó la copa, después de haber cenado, y habiendo dado gracias, la dio a ellos diciendo: Bebed de ella todos; esta copa es el nuevo pacto en mi sangre, que es derramada por vosotros y por muchos para remisión de los pecados. Haced esto, todas las veces que la bebieres, en memoria de mí."

¿Qué beneficios confiere el comer y beber así?

Los beneficios los indican estas palabras: "por vosotros dado" y "por vosotros derramada para perdón de los pecados." O sea, por estas palabras se nos da en el sacramento perdón de pecados, vida y salvación; porque donde hay perdón de pecados, hay también vida y salvación.

¿Cómo puede el comer y beber corporal hacer una cosa tan grande?

Ciertamente, el comer y beber no es lo que la hace, sino las palabras que están aquí escritas: "Por vosotros dado" y "por vosotros derramada para perdón de los pecados." Estas palabras son, junto con el comer y beber corporal, lo principal en el sacramento. Y el que cree dichas palabras, tiene lo que ellas dicen y expresan; eso es: "el perdón de los pecados."

¿Quién recibe este sacramento dignamente?

El ayunar y prepararse corporalmente es, por cierto, un buen disciplinamiento externo; pero verdaderamente digno y bien preparado es aquél que tiene fe en las palabras: "por vosotros dado" y "por vosotros derramada para perdón de los pecados." Mas el que no cree estas palabras, o duda de ellas, no es digno, ni está preparado; porque las palabras "por vosotros" exigen corazones enteramente creyentes.

VI
THE SACRAMENT OF THE ALTAR
As the head of the family should teach it in a simple way to his household

What is the Sacrament of the Altar?
It is the true body and blood of our Lord Jesus Christ under the bread and wine, instituted by Christ Himself for us Christians to eat and to drink.

Where is this written?
The holy Evangelists Matthew, Mark, Luke, and St. Paul write:

Our Lord Jesus Christ, on the night when He was betrayed, took bread, and when He had given thanks, He broke it and gave it to the disciples and said: "Take, eat; this is My body, which is given for you. This do in remembrance of Me."

In the same way also He took the cup after supper, and when He had given thanks, He gave it to them, saying, "Drink of it, all of you; this cup is the new testament in My blood, which is shed for you for the forgiveness of sins. This do, as often as you drink it, in remembrance of Me."

What its the benefit of this eating and drinking?
These words, "Given and shed for you for the forgiveness of sins," show us that in the Sacrament forgiveness of sins, life, and salvation are given us through these words. For where there is forgiveness of sins, there is also life and salvation.

How can bodily eating and drinking do such great things?
Certainly not just eating and drinking do these things, but the words written here: "Given and shed for you for the forgiveness of sins." These words, along with the bodily eating and drinking, are the main thing in the Sacrament. Whoever believes these words has exactly what they say: "forgiveness of sins."

Who receives this sacrament worthily?
Fasting and bodily preparation are certainly fine outward training. But that person is truly worthy and well prepared who has faith in these words: "Given and shed for you for the forgiveness of sins." But anyone who does not believe these words or doubts them is unworthy and unprepared, for the words "for you" require all hearts to believe.

VII
ORACIONES DIARIAS
Formas de Bendición que el Jefe de familia debe enseñar a los de su casa para la mañana y la noche

Oración de la Mañana

Por la mañana, apenas hayas abandonado el lecho, te santiguarás y dirás así: En el nombre de Dios Padre, Hijo y Espíritu Santo. Amén. *Entonces, puesto de rodillas o de pie, dirás el Credo y el Padrenuestro. Si quieres, puedes orar brevemente así:*

Te doy gracias, Padre celestial, por medio de Jesucristo, tu amado Hijo, porque me has protegido durante esta noche de todo mal y peligro, y te ruego que también durante este día me guardes de pecados y de todo mal, para que te agrade todo mi obrar y vivir. En tus manos encomiendo mi cuerpo, mi alma y todo lo que es mío. Tu santo ángel me acompañe, para que el maligno no tenga ningún poder sobre mí. Amén.

Y luego dirígete con gozo a tu labor entonando quizás un himno, por ejemplo acerca de los Diez Mandamientos, o lo que tu corazón te dicte.

Oración de la noche

Por la noche, cuando te retires a descansar, te santiguarás y dirás así: En el nombre de Dios Padre, Hijo y Espíritu Santo. Amén. *Entonces, puesto de rodillas o de pie, dirás el Credo y el Padrenuestro. Si quieres, puedes orar brevemente así:*

Te doy gracias, Padre celestial, por medio de Jesucristo, tu amado Hijo, porque me has protegido benignamente en este día, y te ruego que me perdones todos los pecados que he cometido, y me guardes benignamente en esta noche. En tus manos encomiendo mi cuerpo, mi alma, y todo lo que es mío. Tu santo ángel me acompañe, para que el maligno no tenga ningún poder sobre mí. Amén.

Luego descansa confiadamente.

VIII
CÓMO EL JEFE DE FAMILIA DEBE ENSEÑAR A LOS DE SU CASA LA BENDICIÓN Y ACCIÓN DE GRACIAS

Para dar una bendición

Tanto los niños como los criados se acercarán a la mesa con las manos juntas y, reverentemente, dirán así:

Los ojos de todos esperan de ti que tú les des su comida a su tiempo. Abres tu mano y con tu buena voluntad satisfaces a todos los seres vivos. (Sal 145.15-16)

VII
DAILY PRAYERS
How the head of the family should teach his household to pray morning and evening

Morning Prayer

In the morning when you get up, make the sign of the holy cross and say: In the name of the Father and of the Son and of the Holy Spirit. Amen.

Then, kneeling or standing, repeat the Creed and the Lord's Prayer. If you choose, you may also say this little prayer:

I thank You, my heavenly Father, through Jesus Christ, Your dear Son, that You have kept me this night from all harm and danger; and I pray that You would keep me this day also from sin and every evil, that all my doings and life may please You. For into Your hands I commend myself, my body and soul, and all things. Let Your holy angel be with me, that the evil foe may have no power over me. Amen.

Then go joyfully to your work, singing a hymn, like that of the Ten Commandments, or whatever your devotion may suggest.

Evening Prayer

In the evening when you go to bed, make the sign of the holy cross and say: In the name of the Father and of the Son and of the Holy Spirit. Amen.

Then kneeling or standing, repeat the Creed and the Lord's Prayer. If you choose, you may also say this little prayer:

I thank You, my heavenly Father, through Jesus Christ, Your dear Son, that You have graciously kept me I this day; and I pray that You would forgive me all my sins where I have done wrong, and graciously keep me this night. For into Your hands I commend myself, my body and soul, and all things. Let Your holy angel be with me, that the evil foe may have no power over me. Amen.

Then go to sleep at once and in good cheer.

VIII
HOW THE HEAD OF THE FAMILY SHOULD TEACH HIS HOUSE-HOLD TO ASK A BLESSING AND RETURN THANKS

Asking a Blessing

The children and members of the household shall go to the table reverently, fold their hands, and say:

The eyes of all look to You, [O Lord,] and You give them their food at the proper time. You open Your hand and satisfy the desires of every living thing. [Ps. 145:15-16]

Luego recitarán el Padrenuestro y esta oración:

Señor Dios, Padre celestial: Bendícenos y bendice estos tus dones, que de tu gran bondad recibimos. Por Jesucristo, nuestro Señor. Amén.

Acción de Gracias

Así también, después de haber comido, dirán igualmente con reverencia y con las manos juntas: Den gracias al Señor, porque él es bueno; porque su amor es eterno. Él da de comer a los animales y a las crías de los cuervos cuando chillan. No es la fuerza del caballo ni los músculos del hombre lo que más agrada al Señor; a él le agradan los que le honran, los que confían en su amor. (Sal 136.1, 25; 147.11)

Entonces recitarán el Padrenuestro, añadiendo la siguiente oración:

Te damos gracias, Señor Dios Padre, por Jesucristo, nuestro Señor, por todos tus beneficios: Tú que vives y reinas por todos los siglos. Amén.

IX
TABLA DE DEBERES

Ciertas porciones de las Sagradas Escrituras, por las cuales el cristiano es amonestado con respecto a su vocación y a sus deberes.

A los obispos, a los pastores y a los predicadores

Pero es necesario que el obispo sea irreprochable, marido de una sola mujer, sobrio, prudente, decoroso, hospedador, apto para enseñar; que no sea dado al vino ni amigo de peleas; que no sea codicioso de ganancias deshonestas; sino amable, apacible, no avaro; que gobierne bien su casa, que tenga a sus hijos en sujeción con toda honestidad. *1 Timoteo 3.2-4*

Que no sea un neófito, no sea que envaneciéndose caiga en la condenación del diablo. *1 Timoteo 3.6*

Retenedor de la palabra fiel tal como ha sido enseñada, para que también pueda exhortar con sana enseñanza y convencer a los que contradicen. *Tito 1.9*

Deberes de los cristianos para con sus maestros y pastores

Así también ordenó el Señor a los que anuncian el evangelio, que vivan del evangelio. *1 Corintios 9.14*

El que es enseñado en la palabra haga partícipe de toda cosa buena al que lo instruye. No os engañéis; Dios no puede ser burlado, pues todo lo que el hombre siembre, eso también segará. *Gálatas 6.6-7*

Los ancianos que gobiernan bien, sean tenidos por dignos de doble honor, mayormente los que trabajan en predicar y enseñar, pues la Escritura dice: "No pondrás bozal al buey que trilla" y "Digno es el obrero de su salario." *1 Timoteo 5.17-18*

Then shall be said the Lord's Prayer and the following:

Lord God, heavenly Father, bless us and these Your gifts which we receive from Your bountiful goodness, through Jesus Christ, our Lord. Amen.

Returning Thanks

Also, after eating, they shall, in like manner, reverently and with folded hands say:

Give thanks to the Lord, for He is good. His love endures forever. [He] gives food to every creature. He provides food for the cattle and for the young ravens when they call. His pleasure is not in the strength of the horse, nor His delight in the legs of a man; the Lord delights in those who fear Him, who put their hope in His unfailing love. [Ps. 136:1, 25; 147:11]

Then shall be said the Lord's Prayer and the following:

We thank You, Lord God, heavenly Father, for all Your benefits, through Jesus Christ, our Lord, who lives and reigns with You and the Holy Spirit forever and ever. Amen.

IX
TABLE OF DUTIES

Certain passages of Scripture for various holy orders and positions, admonishing them about their duties and responsabilities

To Bishops, Pastors, and Preachers

The overseer must be above reproach, the husband of but one wife, temperate, self-controlled, respectable, hospitable, able to teach, not given to drunkenness, not violent but gentle, not quarrelsome, not a lover of money. He must manage his own family well and see that his children obey him with proper respect. *1 Tim. 3:2-4.*

He must not be a recent convert, or he may become conceited, and fall under the same judgement as the devil. *1 Tim. 3:6*

He must hold firmly to the trustworthy message as it has been taught, so that he can encourage others by sound doctrine and refute those who oppose it. *Titus 1:9*

What the Hearers Owe Their Pastors

The Lord has commanded that those who preach the gospel should receive their living from the gospel. *1 Cor. 9:14*

Anyone who receives instruction in the word must share all good things with his instructor. Do not be deceived: God cannot be mocked. A man reaps what he sows. *Gal. 6:6-7*

The elders who direct the affairs of the church well are worthy of double honor, especially those whose work is preaching and teaching. For the Scripture says, Do not muzzle the ox while it is treading out the grain," and "The worker deserves his wages." *1 Tim. 5:17-18*

Os rogamos, hermanos, que reconozcáis a los que trabajan entre vosotros y os presiden en el Señor y os amonestan. Tenedlos en mucha estima y amor por causa de su obra. Tened paz entre vosotros. *1 Tesalonicenses 5.12-13*

Obedeced a vuestros pastores y sujetaos a ellos, porque ellos velan por vuestras almas como quienes han de dar cuenta, para que lo hagan con alegría, sin quejarse, porque esto no os es provechoso. *Hebreos 13.17*

Del gobierno civil

Sométase toda persona a las autoridades superiores, porque no hay autoridad que no provenga de Dios, y las que hay, por Dios han sido establecidas. De modo que quien se opone a la autoridad, a lo establecido por Dios resiste; y los que resisten, acarrean condenación para sí mismos. Los magistrados no están para infundir temor al que hace el bien, sino al malo. ¿Quieres, pues, no temer la autoridad? Haz lo bueno y serás alabado por ella, porque está al servicio de Dios para tu bien. Pero si haces lo malo, teme, porque no en vano lleva la espada, pues está al servicio de Dios para hacer justicia y para castigar al que hace lo malo. *Romanos 13.1-4*

Deberes de los ciudadanos hacia la autoridad

Dad, pues, a César lo que es de César, y a Dios lo que es de Dios. *Mateo 22.21*

Por lo cual es necesario estarle sujetos, no solamente por razón del castigo, sino también por causa de la conciencia, pues por esto pagáis también los tributos, porque las autoridades están al servicio de Dios, dedicadas continuamente a este oficio. Pagad a todos lo que debéis: al que tributo, tributo; al que impuesto, impuesto; al que respeto, respeto; al que honra, honra. *Romanos 13.5-7*

Exhorto ante todo, a que se hagan rogativas, oraciones, peticiones y acciones de gracias por todos los hombres, por los reyes y por todos los que tienen autoridad, para que vivamos quieta y reposadamente en toda piedad y honestidad. Esto es bueno y agradable delante de Dios, nuestro Salvador. *1 Timoteo 2.1-3*

Recuérdales que se sujeten a los gobernantes y autoridades, que obedezcan, que estén dispuestos a toda buena obra. *Tito 3.1*

Por causa del Señor, someteos a toda institución humana, ya sea al rey, como a superior, ya a los gobernadores, como por él enviados para castigo de los malhechores y alabanza de los que hacen bien. *1 Pedro 2.13-14*

We ask you, brothers, to respect those who work hard among you, who are over you in the Lord and who admonish you. Hold them in the highest regard in love because of their work. Live in peace with each other. *1 Thess. 5:12-13*

Obey your leaders and submit to their authority. They keep watch over you as men who must give an account. Obey them so that their work will be a joy, not a burden, for that would be of no advantage to you. *Heb. 13:17*

Of Civil Government

Everyone must submit himself to the governing authorities, for there is no authority except that which God has established. The authorities that exist have against the authority is rebelling against what God has instituted, and those who do so will bring judgment on themselves. For rulers hold no terror for those who do right, but for those who do wrong. Do you want to be free from fear of the one in authority? Then do what is right and he will commend you. For he is God's servant to do you good. But if you do wrong, be afraid, for he does not bear the sword for nothing. He is God's servant, an agent of wrath to bring punishment on the wrongdoer. *Rom. 13:1-4*

Of Citizens

Give to Caesar what is Caesar's, and to God what is God's. *Matt. 22:21*

It is necessary to submit to the authorities, not only because of possible punishment but also because of conscience. This is also why you pay taxes, for the authorities are God's servants, who give their full time to governing. Give everyone what you owe him: If you owe taxes, pay taxes; if revenue, then revenue; if respect, then respect; if honor, then honor. *Rom. 13:5-7*

I urge, then, first of all, that requests, prayers, intercession and thanksgiving be made for everyone—for kings and all those in authority, that we may live peaceful and quiet lives in all godliness and holiness. This is good, and pleases God our Savior. *1 Tim. 2:1-3*

Remind the people to be subject to rulers and authorities, to be obedient, to be ready to do whatever is good. *Titus 3:1*

Submit yourselves for the Lord's sake to every authority instituted among men: whether to the king, as the supreme authority, or to governors, who are sent by him to punish those who do wrong and to commend those who do right. *1 Peter 2:13-14*

A los maridos

Vosotros, maridos, igualmente, vivid con ellas sabiamente, dando honor a la mujer como a vaso más frágil y como a coherederas de la gracia de la vida, para que vuestras oraciones no tengan estorbo. *1 Pedro 3.7*

Maridos, amad a vuestras mujeres y no seáis ásperos con ellas. *Colosenses 3.19*

A las esposas

Las casadas estén sujetas a sus propios maridos, como al Señor. *Efesios 5.22*

Pues así también se ataviaban en otro tiempo aquellas santas mujeres que esperaban en Dios estando sujetas a sus maridos, como Sara obedecía a Abraham, llamándolo Señor. De ella habéis venido vosotras a ser hijas, si hacéis el bien sin temer ninguna amenaza. *1 Pedro 3.5-6*

A los padres

Y vosotros, padres, no provoquéis a ira a vuestros hijos, sino criadlos en disciplina y amonestación del Señor. *Efesios 6.4; Colosenses 3.21*

A los hijos

Hijos, obedeced en el Señor a vuestros padres, porque esto es justo. AHonra a tu padre y a tu madre" que es el primer mandamiento con promesa, para que te vaya bien y seas de larga vida sobre la tierra. *Efesios 6.1-3*

A los trabajadores de toda clase

Esclavos, obedeced a vuestros amos terrenales con temor y temblor, con sencillez de vuestro corazón, como a Cristo; no sirviendo al ojo, como los que quieren agradar a los hombres, sino como siervos de Cristo, de corazón haciendo la voluntad de Dios. Servid de buena voluntad, como al Señor y no a los hombres, sabiendo que el bien que cada uno haga, ese recibirá del Señor, sea siervo o sea libre. *Efesios 6.5-8*

A empleadores y supervisores

Y vosotros, amos, haced con ellos lo mismo, dejando las amenazas, sabiendo que el Señor de ellos y vuestro está en los cielos, y que para él no hay acepción de personas. *Efesios 6.9*

A los jóvenes

Igualmente, jóvenes, estad sujetos a los ancianos; y todos, sumisos unos a otros, revestíos de humildad, porque: "Dios resiste a los soberbios, y da gracia a los humildes." Humillaos, pues, bajo la poderosa mano de Dios, para que él os exalte a su debido tiempo. *1 Pedro 5.5-6*

To Husbands

Husbands, in the same way be considerate as you live with your wives, and treat them with respect as the weaker partner and as heirs with you of the gracious gift of life, so that nothing will hinder your prayers. *1 Peter 3:7*

Husbands, love your wives and do not be harsh with them. *Col. 3:19*

To Wives

Wives, submit to your husbands as to the Lord. *Eph. 5:22*

They were submissive to their own husbands, like Sarah, who obeyed Abraham and called him her master. You are her daughters if you do what is right and do not give way to fear. *1 Peter 3:5-6*

To Parents

Fathers, do not exasperate your children; instead, bring them up in the training and instruction of the Lord. *Eph. 6:4*

To Children

Children, obey your parents in the Lord, for this is right. "Honor your father and mother"—which is the first commandment with a promise—"that it may go well with you and that you may enjoy long life on the earth." *Eph. 6:1-3*

To Workers of All Kinds

Slaves, obey your earthly masters with respect and fear, and with sincerity of heart, just as you would obey Christ. Obey them not only to win their favor when their eye is on you, but like slaves of Christ, doing the will of God from your heart. Serve wholeheartedly, as if you were serving the Lord, not men, because you know that the Lord will reward everyone for whatever good he does, whether he is slave or free. *Eph. 6:5-8*

To Employers and Supervisors

Masters, treat your slaves in the same way. Do not threaten them, since you know that he who is both their Master and yours is in heaven, and there is no favoritism with Him. *Eph. 6:9*

To Youth

Young men, in the same way be submissive to those who are older. All of you, clothe yourselves with humility toward one another, because, "God opposes the proud but gives grace to the humble." Humble yourselves, therefore, under God's mighty hand, that He may lift you up in due time. *1 Peter 5:6*

A las viudas

Pero la que en verdad es viuda y ha quedado sola, espera en Dios y es diligente en súplicas y oraciones noche y día. Pero la que se entrega a los placeres, viviendo está muerta. *1 Timoteo 5.5-6*

A todos los cristianos en general

Y cualquier otro mandamiento, en esta sentencia se resume: "Amarás a tu prójimo como a ti mismo." *Romanos 13.9*

Exhorto ante todo, a que se hagan rogativas, oraciones, peticiones y acciones de gracias por todos los hombres. *1 Timoteo 2.1*

Lo suyo aprenda cada cual
y en casa nada podrá ir mal.

PREGUNTAS CRISTIANAS
con sus respuestas

Formuladas por el Dr. Martín Lutero para los que intentan comulgar. Estas preguntas cristianas, con sus respuestas, aparecieron por primera vez en una edición de El Catecismo Menor en 1551.

Después de la confesión e instrucción en los Diez Mandamientos, el Credo, el Padrenuestro, los sacramentos del Santo Bautismo y la Cena del Señor, el confesor preguntará, o uno a sí mismo:

1. ¿Crees que eres pecador?

Sí, lo creo; soy pecador.

2. ¿Cómo lo sabes?

Sé que soy pecador por los Diez Mandamientos, los cuales no he guardado.

3. ¿Sientes pesar por tus pecados?

Sí, siento mucho haber pecado contra Dios.

4. ¿Qué mereciste de Dios por tus pecados?

Merecí la ira y el desagrado de Dios, muerte temporal y eterna condenación.

5. ¿Esperas ser salvo?

Sí, es mi esperanza entrar en la vida eterna.

6. ¿En quién confías para tu salvación?

Confío en mi amado Señor Jesucristo.

7. ¿Quién es Cristo?

Cristo es el Hijo de Dios, verdadero Dios y hombre.

To Widows

The widow who is really in need and left all alone puts her hope in God and continues night and day to pray and to ask God for help. But the widow who lives for pleasure is dead even while she lives. *1 Tim. 5:5-6*

To Everyone

The commandments . . . are summed up in this one rule: "Love your neighbor as yourself" *Rom. 13:9*

I urge . . . that requests, prayers, intercession and thanksgiving be made for everyone. *1 Tim. 2:1*

Let each his lesson learn with care,
and all the household well shall fare.

CHRISTIAN QUESTIONS
with Their Answers

Prepered by Dr. Martin Luther for those who intend to go to the sacrament. The "Christian Questions with Their Answers," designating Luther as the author, first appeared in an edition of the Small Catechism in 1551. After confession and instruction in the Ten Commandments, the Creed, the Lord's Prayer, and the Sacraments of Baptism and the Lord's Supper, the pastor may ask, or Christians may ask themselves these questions:

1. Do you believe that you are a sinner?

Yes, I believe it. I am a sinner.

2. How do you know this?

From the Ten Commandments, which I have not kept.

3. Are you sorry for your sins?

Yes, I am sorry that I have sinned against God.

4. What have you deserved from God because of your sins?

His wrath and displeasure, temporal death, and eternal damnation. See Rom. 6:21, 23.

5. Do you hope to be saved?

Yes, that is my hope.

6. In whom then do you trust?

In my dear Lord Jesus Christ.

7. Who is Christ?

The Son of God, true God and man.

8. ¿Cuántos dioses hay?

Hay un solo Dios; mas hay tres personas: el Padre, el Hijo, y el Espíritu Santo.

9. ¿Qué ha hecho Cristo por ti para que confíes en él?

Cristo murió por mí, derramando su sangre en la cruz para la remisión de mis pecados.

10. ¿El Padre también murió por ti?

No; el Padre es Dios solamente, el Espíritu Santo también. Mas el Hijo es verdadero Dios y verdadero hombre: él murió por mí y derramó su sangre por mí.

11. ¿Cómo lo sabes?

Lo sé por el santo evangelio y por las palabras del sacramento, y por su cuerpo y sangre que se me dan como prenda en la Santa Cena.

12. ¿Cuáles son estas palabras?

El Señor Jesús, la noche en que fue entregado, tomó pan; y habiendo dado gracias, lo partió y dijo: "Tomad, comed; esto es mi cuerpo que por vosotros es partido; haced esto en memoria de mí."

Asimismo tomó también la copa, después de haber cenado, y habiendo dado gracias, les dio, diciendo: "Esta copa es el nuevo pacto en mi sangre; haced esto todas las veces que la bebáis, en memoria de mí."

13. ¿Crees, pues, que en la Santa Cena está el verdadero cuerpo y sangre de Cristo?

Sí, lo creo.

14. ¿Qué te hace creerlo?

Háceme creerlo la palabra de Cristo: Tomad, comed: esto es mi cuerpo; bebed de ella todos: esto es mi sangre.

15. ¿Qué debemos hacer cuando comemos su cuerpo y bebemos su sangre, recibiendo así la prenda de la promesa?

Debemos recordar y anunciar su muerte y el derramamiento de su sangre, así como él nos enseñó: Haced esto, todas las veces que la bebiereis, en memoria de mí.

16. ¿Por qué debemos recordar la muerte de Cristo y anunciarla?

Debemos aprender a creer que ninguna criatura ha podido expiar nuestros pecados, sino Cristo, verdadero Dios y verdadero hombre; y debemos aprender también a considerar con temor nuestros pecados y conocerlos en verdad como graves, y regocijarnos y consolarnos sólo en él, y por tal fe ser salvos.

17. ¿Qué indujo a Cristo a morir por tus pecados y expiarlos?

Cristo murió por mí movido por su gran amor para con su Padre, para conmigo y los demás pecadores, como está escrito en Juan 14; Romanos 5; Gálatas 2; Efesios 5.

8. How many Gods are there?

Only one, but there are three persons: Father, Son, and Holy Spirit.

9. What has Christ done for you that you trust in Him?

He died for me and shed His blood for me on the cross for the forgiveness of sins.

10. Did the Father also die for you?

He did not. The Father is God only, as is the Holy Spirit; but the Son is both true God and true man. He died for me and shed His blood for me.

11. How do you know this?

From the holy Gospel, from the words instituting the Sacrament, and by His body and blood given me as a pledge in the Sacrament.

12. What are the words of institution?

Our Lord Jesus Christ, on the night when He was betrayed, took bread, and when He had given thanks, He broke it and gave it to the disciples and said: "Take eat; this is My body, which is given for you. This do in remembrance of Me."

In the same way also He took the cup after supper, and when He had given thanks, He gave it to them, saying: "Drink of it, all of you; this cup is the new testament in My blood, which is shed for you for the forgiveness of sins. This do, as often as you drink it, in remembrance of Me."

13. Do you believe, then, that the true body and blood of Christ are in the Sacrament?

Yes, I believe it.

14. What convinces you to believe this?

The word of Christ: Take, eat, this is My body; drink of it, all of you, this is My blood.

15. What should we do when we eat His body and drink His blood, and in this way receive His pledge?

We should remember and proclaim His death and the shedding of His blood, as He taught us: This do, as often as you drink it, in remembrance of Me.

16. Why should we remember and proclaim His death?

First, so we may learn to believe that no creature could make satisfaction for our sins. Only Christ, true God and man, could do that. Second, so we may learn to be horrified by our sins, and to regard them as very serious. Third, so we may find joy and comfort in Christ alone, and through faith in Him be saved.

17. What motivated Christ to die and make full payment for your sins?

His great love for His Father and for me and other sinners, as it is written in John 14; Romans 5; Galatians 2 and Ephesians 5.

18. En fin, ¿Por qué deseas comulgar?

En la Santa Cena quiero aprender a creer que Cristo murió por mis pecados, por el gran amor que tiene para conmigo; y quiero aprender también de él a amar a Dios y a mi prójimo.

19. ¿Qué ha de amonestar y animar al cristiano a que comulgue con frecuencia?

Respecto a Dios, tanto el mandato como la promesa del Señor Jesucristo deben animar al cristiano a comulgar con frecuencia; y con respecto a sí mismo, la miseria que lo aflige debe impulsarlo, debido a lo cual se dan tal mandato, estímulo y promesa.

20. Pero, ¿qué debe hacer uno, si no siente esa miseria, ni tampoco ese hambre y sed por la Cena del Señor?

Al tal no se podrá aconsejar mejor que, en primer lugar, ponga su mano en su pecho y palpe si tiene todavía carne y sangre, y crea lo que las Sagradas Escrituras dicen en Gálatas 5 y Romanos 7.

En segundo lugar, debe mirar en torno de sí, para ver si está aún en el mundo, y debe pensar que no faltarán pecados y miserias, como dicen las Sagradas Escrituras en Juan 15-16 y 1 Juan 2 y 5.

En tercer lugar, seguramente tendrá también al diablo muy cerca de sí, quien con mentiras y asechanzas de día y noche no lo dejará en paz interior ni exteriormente, como lo describen las Sagradas Escrituras en Juan 8 y 16; 1 Pedro 5; Efesios 6; y 2 Timoteo 2.

Nota

Estas preguntas y respuestas no son juguete, sino que han sido compuestas con toda seriedad y propósito por el venerable y piadoso doctor Martín Lutero, para jóvenes y ancianos. Cada uno debe prestar atención y considerarlas como cosa seria, pues el apóstol San Pablo dice a los Gálatas en el capítulo sexto: "No os engañéis; Dios no puede ser burlado."

18. Finally, why do you wish to go to the Sacrament?

That I may learn to believe that Christ, out of great love, died for my sin, and also learn from Him to love God and my neighbor.

19. What should admonish and encourage a Christian to receive the Sacrament frequently?

First, both the command and the promise of Christ the Lord. Second, his own pressing need, because of which the command, encouragement, and promise are given.

20. But what should you do if you are not aware of this need and have no hunger and thirst for the Sacrament?

To such a person no better advice can be given than this: first, he should touch his body to see if he still has flesh and blood. Then he should believe what the Scriptures say of it in Galatians 5 and Romans 7.

Second, he should look around to see whether he is still in the world, and remember that there will be no lack of sin and trouble, as the Scriptures say in John 15-16 and in 1 John 2 and 5.

Third, he will certainly have the devil also around him, who with his lying and murdering day and night will let him have no peace, within or without, as the Scriptures picture him in John 8 and 16; 1 Peter 5; Ephesians 6; and 2 Timothy 2.

Note

These questions and answers are no child's play, but are drawn up with great earnestness of purpose by the venerable and devout Dr. Luther for both young and old. Let each one pay attention and consider it a serious matter; for St. Paul writes to the Galatians in chapter six: "Do not be deceived: God cannot be mocked."

UNA EXPLICACIÓN DEL

CATECISMO MENOR

INTRODUCCIÓN

1. *¿Qué es el cristianismo?*

El cristianismo es la vida y la salvación que Dios ha dado en y por medio de Jesucristo.

1 **Jn 14.6** Yo soy el camino, la verdad y la vida; nadie viene al Padre sino por mí.

2 **Jn 17.3** Y esta es la vida eterna: que te conozcan a ti, el único Dios verdadero, y a Jesucristo, a quien has enviado.

3 **Hch 4.12** Y en ningún otro hay salvación, porque no hay otro nombre bajo el cielo, dado a los hombres, en que podamos ser salvos.

4 **Hch 11.26** A los discípulos se les llamó cristianos por primera vez en Antioquía.

5 **1 Jn 5.11-12** Y este es el testimonio: que Dios nos ha dado vida eterna y esta vida eterna está en su Hijo. El que tiene al Hijo tiene la vida; el que no tiene al Hijo de Dios no tiene la vida.

Nota: Al cristianismo se le llamó primeramente el "Camino" (**Hch 9.2; 24.14, 22**).

2. *Dónde se da a conocer la verdad de Dios acerca de nuestro Salvador Jesucristo?*

Esta verdad se da a conocer en la Biblia: el Antiguo Testamento, que promete la llegada del Salvador, y el Nuevo Testamento, que habla del Salvador que ha venido.

6 **Heb 1.1-2** Dios, habiendo hablado muchas veces y de muchas maneras en otro tiempo a los padres por los profetas, en estos últimos días nos ha hablado por el Hijo.

7 **Lc 24.27** Y comenzando desde Moisés y siguiendo por todos los profetas, les declaraba en todas las Escrituras lo que de él decían.

8 **Jn 20.31** Pero éstas se han escrito para que creáis que Jesús es el Cristo, el Hijo de Dios, y para que, creyendo, tengáis vida en su nombre.

9 **Ef 2.20** Edificados sobre el fundamento de los apóstoles y profetas, siendo la principal piedra del ángulo Jesucristo mismo.

AN EXPLANATION OF THE

SMALL CATECHISM

INTRODUCTION

1. *What is Christianity?*

Christianity is the life and salvation God has given in and through Jesus Christ.

1   **John 14:6** I am the way and the truth and the life. No one comes to the Father except through Me.

2   **John 17:3** This is eternal life: that they may know You, the only true God, and Jesus Christ, whom You have sent.

3   **Acts 4:12** Salvation is found in no one else, for there is no other name under heaven given to men by which we must be saved.

4   **Acts 11:26** The disciples were called Christians first at Antioch.

5   **1 John 5:11-12** God has given us eternal life, and this life is in His Son. He who has the Son has life; he who does not have the Son of God does not have life.

Note: Christianity was at first called "the Way" **(Acts 9:2; 24:14, 22).**

2. *Where is God's truth about our Savior Jesus Christ made known?*

This truth is made known in the Bible: the Old Testament, which promises the coming Savior, and the New Testament, which tells of the Savior who has come.

6   **Heb. 1:1-2** In the past God spoke to our forefathers through the prophets at many times and in various ways, but in these last days He has spoken to us by His Son.

7   **Luke 24:27** Beginning with Moses and all the Prophets, He explained to them what was said in all the Scriptures concerning Himself.

8   **John 20:31** These are written that you may believe that Jesus is the Christ, the Son of God, and that by believing you may have life in His name.

9   **Eph. 2:20** [You are] built on the foundation of the apostles and prophets, with Christ Jesus Himself as the chief cornerstone.

10 **1 Jn 1.1** Lo que era desde el principio, lo que hemos oído, lo que hemos visto con nuestros ojos, lo que hemos contemplado y palparon nuestras manos tocante al Verbo de vida.

3. ¿Por qué llamamos "Sagrada Escritura" a la Biblia?

La Biblia es la "Sagrada Escritura" porque Dios el Espíritu Santo dio, a los escritores que él había escogido, los pensamientos que debían expresar y las palabras que debían escribir (inspiración verbal). Por lo tanto, la Biblia es la palabra verdadera de Dios, sin error (inerrancia).

11 **Jn 10.35** Y la Escritura no puede ser quebrantada.

12 **Mr 8.38** Por tanto, el que se avergüence de mí y de mis palabras en esta generación adúltera y pecadora, también el Hijo del hombre se avergonzará de él cuando venga en la gloria de su Padre con los santos ángeles.

13 **Jn 14.26** Pero el Consolador, el Espíritu Santo, a quien el Padre enviará en mi nombre, él os enseñará todas las cosas y os recordará todo lo que yo os he dicho.

14 **Hch 24.14** Pero esto te confieso: que, según el Camino que ellos llaman herejía, así sirvo al Dios de mis Padres; creo todas las cosas que en la Ley y en los Profetas están escritas.

15 **2 Ti 3.16-17** Toda la Escritura es inspirada por Dios y útil para enseñar, para redargüir, para corregir, para instruir en justicia, a fin de que el hombre de Dios sea perfecto, enteramente preparado para toda buena obra.

16 **2 P 1.21** Porque nunca la profecía fue traída por voluntad humana, sino que los santos hombres de Dios hablaron siendo inspirados por el Espíritu Santo.

Nota: Dios hizo escribir el Antiguo Testamento en hebreo y arameo y el Nuevo Testamento en griego. Los errores de los copistas y traductores no son parte del texto inspirado de las Escrituras.

4. ¿Cuál es la clave para el correcto entendimiento de la Biblia?

Jesucristo, el Salvador del mundo, es el corazón y centro de la Escritura, y por lo tanto la clave de su verdadero significado.

17 **Jn 5.39** Escudriñad las Escrituras, porque a vosotros os parece que en ellas tenéis la vida eterna, y ellas son las que dan testimonio de mí.

18 **Hch 10.43** De este dan testimonio todos los profetas, que todos los que en él crean recibirán perdón de pecados por su nombre.

19 **Jn 1.18** A Dios nadie lo ha visto jamás; el unigénito Hijo, que está en el seno del Padre, él lo ha dado a conocer.

20 **2 Ti 3.15** Y que desde la niñez has sabido las Sagradas Escrituras, las cuales te pueden hacer sabio para la salvación por la fe que es en Cristo Jesús.

H.B. **Lc 24.13-27** Jesús se revela a sí mismo como el centro de las Escrituras.

10 **1 John 1:1** That which was from the beginning, which we have heard, which we have seen with our eyes, which we have looked at and our hands have touched—this we proclaim concerning the Word of life.

3. *Why do we call the Bible the "Holy Scripture"?*

The Bible is the "Holy Scripture" because God the Holy Spirit gave to His chosen writers the thoughts that they expressed and the words that they wrote (verbal inspiration). Therefore, the Bible is God's own Word and truth, without error (inerrancy).

11 **John 10:35** The Scripture cannot be broken.

12 **Mark 8:38** If anyone is ashamed of Me and of My words in this adulterous and sinful generation, the Son of Man will be ashamed of him when He comes in His Father's glory with the holy angels.

13 **John 14:26** The Counselor, the Holy Spirit, whom the Father will send in My name, will teach you all things and will remind you of everything I have said to you.

14 **Acts 24:14** I admit that I worship the God of our fathers as a follower of the Way, which they call a sect. I believe everything that agrees with the Law and that is written in the Prophets.

15 **2 Tim. 3:16-17** All Scripture is God-breathed and is useful for teaching, rebuking, correcting and training in righteousness, so that the man of God may be thoroughly equipped for every good work.

16 **2 Peter 1:21** Prophecy never had its origin in the will of man, but men spoke from God as they were carried along by the Holy Spirit.

Note: God gave the Old Testament in Hebrew and Aramaic and the New Testament in Greek. Errors in copying or translations are not part of the God-breathed (inspired) Scripture.

4. *What is the key to the correct understanding of the Bible?*

Jesus Christ, the Savior of the world, is the heart and center of the Scripture and therefore the key to its true meaning.

17 **John 5:39** These are the Scriptures that testify about Me.

18 **Acts 10:43** All the prophets testify about Him that everyone who believes in Him receives forgiveness of sins through His name.

19 **John 1:18** No one has ever seen God, but God the One and Only, who is at the Father's side, has made Him known.

20 **2 Tim. 3:15** From infancy you have known the holy Scriptures, which are able to make you wise for salvation through faith in Christ Jesus.

Bible narrative: **Luke 24:13-27** Jesus revealed Himself as the center of Scripture

5. ¿Cómo debemos usar la razón humana para entender las Sagradas Escrituras?

A. Las Sagradas Escrituras están escritas en lenguaje humano. Para determinar lo que dicen, necesitamos aplicar las reglas del lenguaje, como la gramática, y de la lógica. Es correcto usar la razón como una herramienta para entender el texto, pero la guía del Espíritu Santo es esencial para entenderla correctamente.

21 **Sal 119.73** Hazme entender y aprenderé tus mandamientos.

22 **Mt 13.19** Cuando alguno oye la palabra del Reino y no la entiende, viene el malo y arrebata lo que fue sembrado en su corazón. Este es el que fue sembrado junto al camino.

23 **Mt 22.37** Amarás al Señor tu Dios con todo tu corazón, con toda tu alma y con toda tu mente.

24 **Hch 17.11** Pues recibieron la palabra con toda solicitud, escudriñando cada día las Escrituras para ver si estas cosas eran así.

B. Como ningún otro libro, las Sagradas Escrituras son la palabra y la verdad de Dios. No se debe cuestionar o negar la veracidad del texto sagrado (como sucede, por ejemplo, con la crítica histórica).

25 **Ro 3.4** Antes bien, sea Dios veraz y todo hombre mentiroso; como está escrito: "Para que seas justificado en tus palabras, y venzas cuando seas juzgado."

26 **2 Co 10.5** Derribando argumentos y toda altivez que se levanta contra el conocimiento de Dios, y llevando cautivo todo pensamiento a la obediencia a Cristo.

27 **Col 2.8** Mirad que nadie os engañe por medio de filosofías y huecas sutilezas basadas en las tradiciones de los hombres, conforme a los elementos del mundo, y no según Cristo.

28 **2 P 3.15-16** Y tened entendido que la paciencia de nuestro Señor es para salvación; como también nuestro amado hermano Pablo, según la sabiduría que le ha sido dada, os ha escrito en casi todas sus epístolas, hablando en ellas de estas cosas; entre las cuales hay algunas difíciles de entender, las cuales los indoctos e inconstantes tuercen (como también las otras Escrituras) para su propia perdición.

Nota: Véase 1 Co 1 y 2

6. ¿Qué distinción básica debemos mantener para poder entender la Biblia?

En la Biblia debemos distinguir perfectamente entre la ley y el evangelio.

29 **Jn 1.17** Porque la Ley fue dada por medio de Moisés, pero la gracia y la verdad vinieron por medio de Jesucristo.

30 **2 Co 3.6** Porque la letra mata, pero el Espíritu da vida.

7. ¿Qué enseña y obra Dios en la ley?

En la ley Dios ordena que hagamos buenas obras en pensamientos, palabras y obras, y condena y castiga el pecado.

5. *How is human reason to be used in understanding Holy Scripture?*

A. Holy Scripture is given in human language. To determine what it says we need to apply the rules of language, such as grammar and logic. It is right to use reason as a servant of the text, but the guidance of the Holy Spirit is essential for its proper understanding.

21 **Ps. 119:73** Give me understanding to learn Your commands.

22 **Matt. 13:19** When anyone hears the message about the kingdom and does not understand it, the evil one comes and snatches away what was sown in his heart.

23 **Matt. 22:37** Love the Lord your God with all your heart and with all your soul and with all your mind.

24 **Acts 17:11** They received the message with great eagerness and examined the Scriptures every day to see if what Paul said was true.

B. Unlike all other books, Holy Scripture is God's Word and truth. It is wrong to question or deny the truthfulness of the sacred text (as happens, for example, with historical criticism).

25 **Rom. 3:4** Let God be true, and every man a liar. As it is written: "So that you may be proved right when you speak and prevail when you judge."

26 **2 Cor. 10:5** We demolish arguments and every pretension that sets itself up against the knowledge of God.

27 **Col. 2:8** See to it that no one takes you captive through hollow and deceptive philosophy.

28 **2 Peter 3:15-16** Our dear brother Paul also wrote you with the wisdom that God gave him. He writes the same way in all his letters, speaking in them of these matters. His letters contain some things that are hard to understand, which ignorant and unstable people distort, as they do the other Scriptures, to their own destruction.

Note: See 1 Corinthians 1 and 2.

6. *What basic distinction must we keep in mind in order to understand the Bible?*

We must sharply distinguish between the Law and the Gospel in the Bible.

29 **John 1:17** The law was given through Moses; grace and truth came through Jesus Christ.

30 **2 Cor. 3:6** The letter kills, but the Spirit gives life.

7. *What does God teach and do in the Law?*

In the Law God commands good works of thought, word, and deed and condemns and punishes sin.

31 **Mr 12.30-31** Y amarás al Señor tu Dios con todo tu corazón, con toda tu alma, con toda tu mente y con todas tus fuerzas. ...Amarás a tu prójimo como a ti mismo.

32 **Jn 5.45** Moisés, en quien tenéis vuestra esperanza, es quien os acusa.

33 **Ro 3.20** Ya que por medio de la Ley es el conocimiento del pecado.

8. ¿Qué enseña y obra Dios en el evangelio?

En el evangelio, las buenas noticias de nuestra salvación en Jesucristo, Dios nos da perdón, fe, vida, y el poder de agradarle con buenas obras.

34 **Jn 3.16** De tal manera amó Dios al mundo, que ha dado a su Hijo unigénito, para que todo aquel que en él cree no se pierda, sino que tenga vida eterna.

35 **Jn 6.63** Las palabras que yo os he hablado son espíritu y son vida.

36 **Ro 1.16** No me avergüenzo del evangelio, porque es poder de Dios para salvación de todo aquel que cree.

37 **Col 1.5-6** La palabra verdadera del evangelio... ha llegado hasta vosotros, así como a todo el mundo, y lleva fruto y crece también en vosotros, desde el día que oísteis y conocisteis la gracia de Dios en verdad.

9. ¿Cómo resume el Catecismo Menor la doctrina cristiana?

El Catecismo Menor resume la doctrina cristiana en seis partes principales: los Diez Mandamientos, el Credo, el Padrenuestro, el sacramento del santo Bautismo, la Confesión y absolución, y el sacramento de la Cena del Señor.

10. ¿Qué es un catecismo?

Un catecismo es un libro de instrucción, generalmente en forma de preguntas y respuestas.

Nota: *Catecúmeno* quiere decir: uno que aprende.

11. ¿Quién escribió este Catecismo Menor?

Martín Lutero, el reformador de la iglesia, en 1529.

12. ¿Por qué las seis partes principales del Catecismo Menor están tomadas sólo de la Biblia?

Porque, como la palabra escrita de Dios, la Biblia es la única autoridad final para la fe y la vida cristiana.

"Recibimos y aceptamos de todo corazón las escrituras proféticas y apostólicas del Antiguo y Nuevo Testamento como la fuente pura y clara de Israel, las cuales forman la única norma verdadera por la que han de ser juzgadas todas las doctrinas y los que las enseñan...

"Debemos tener una forma de doctrina unánimamente aceptada, definida y común... según la cual, por cuanto ha sido extraída de la palabra de Dios, deben juzgarse y regularse todos los demás escritos en lo que respecta a la aprobación y aceptación de éstos" (Formula de Concordia SD Regla y Norma 3, 10).

38 **Mt 15.9** Pues en vano me honran, enseñando como doctrinas mandamientos de hombres.

39 **Gl 1.8** Pero si aun nosotros, o un ángel del cielo, os anuncia un evangelio diferente del que os hemos anunciado, sea anatema.

31 **Mark 12:30-31** Love the Lord your God with all your heart and with all your soul and with all your mind and with all your strength.... Love your neighbor as yourself.

32 **John 5:45** Your accuser is Moses, on whom your hopes are set.

33 **Rom. 3:20** Through the law we become conscious of sin.

8. *What does God teach and do in the Gospel?*

In the Gospel, the good news of our salvation in Jesus Christ, God gives forgiveness, faith, life, and the power to please Him with good works.

34 **John 3:16** God so loved the world that He gave His one and only Son, that whoever believes in Him shall not perish but have eternal life.

35 **John 6:63** The words I have spoken to you are spirit and they are life.

36 **Rom. 1:16** I am not ashamed of the gospel, because it is the power of God for the salvation of everyone who believes.

37 **Col. 1:6** All over the world this gospel is bearing fruit and growing, just as it has been doing among you since the day you heard it and understood God's grace in all its truth.

9. *How does the Small Catechism sum up Christian doctrine?*
The Small Catechism sums up Christian doctrine by dividing it into six chief parts: the Ten Commandments, the Creed, the Lord's Prayer, the Sacrament of Holy Baptism, Confession, and the Sacrament of the Altar.

10. *What is a catechism?*
A catechism is a book of instruction, usually in the form of questions and answers.
Note: A related word is catechumen (learner).

11. *Who wrote our Small Catechism?*
Martin Luther, the Reformer of the church, wrote the Small Catechism in 1529.

12. *Why are all six chief parts of the Small Catechism taken from the Bible alone?*
All the chief parts of the Small Catechism are taken from the Bible, because as God's written Word the Bible is the only final authority for Christian faith and life. "We pledge ourselves to the prophetic and apostolic writings of the Old and New Testaments as the pure and clear foundation of Israel, which is the only true norm according to which all teachers and teachings are to be judged and evaluated.... "[We have] a single, universally accepted . . . form of doctrine . . . from which and according to which, because it is drawn from the Word of God, all other writings are to be approved and accepted, judged and regulated" (Formula of Concord SD Rule and Norm 3, 10).

38 **Matt. 15:9** They worship Me in vain; their teachings are but rules taught by men.

39 **Gal. 1:8** Even if we or an angel from heaven should preach a gospel other than the one we preached to you, let him be eternally condemned.

LOS DIEZ MANDAMIENTOS

13. ¿Qué son los Diez Mandamientos?

Los Diez Mandamientos son la ley de Dios.

Nota: Dios dio los mandamientos en este orden, pero no los enumeró **Dt 5.6-21; Ex 2.1-17.**

14. ¿Cuándo y cómo dio Dios esta ley?

Al crear al hombre, Dios le grabó la ley en el corazón, y más tarde la formuló en los Diez Mandamientos, escritos en dos tablas de piedra, dándola a conocer por medio de Moisés.

40 **Ro 2.14-15** Cuando los gentiles que no tienen la Ley hacen por naturaleza lo que es de la Ley, estos, aunque no tengan la Ley, son ley para sí mismos, mostrando la obra de la Ley escrita en sus corazones, dando testimonio su conciencia y acusándolos o defendiéndolos sus razonamientos.

H.B. **Ex 19-20; 31.18** Dios escribió los mandamientos directamente para los israelitas. Hay tres clases de leyes en el Antiguo Testamento: La ley moral la cual indica a todos los pueblos sus deberes hacia Dios y su prójimo; la ley eclesiástica la cual regulaba las prácticas religiosas en el Antiguo Testamento; y la ley civil, que era la ley del estado de los israelitas. Sólo la ley moral fue escrita en el corazón humano.

15. ¿Cuál es el resumen de la primera tabla?

Jesús le dijo: "Amarás al Señor tu Dios con todo tu corazón, con toda tu alma y con toda tu mente." (**Mt 22.37** ; ver **Dt 6.5**).

16. ¿Cuál es el resumen de la segunda tabla?

Amarás a tu prójimo como a ti mismo. (**Mt 22.39**; ver **Lv 19.18**).

17. ¿Cuál es el resumen de todos los Mandamientos en una palabra?

Amor.

41 **Ro 13.10** El amor no hace mal al prójimo; así que el cumplimiento de la Ley es el amor.

THE TEN COMMANDMENTS

13. *What are the Ten Commandments?*

The Ten Commandments are the Law of God.

Note: God gave them in this order but did not number them **Deut. 5:6-21; Ex. 20:1-17**.

14. *How did God give His Law?*

When God created people, He wrote the Law on their hearts. Later he arranged the Law in Ten Commandments, wrote it on two tables of stone, and made it known through Moses.

40 **Rom. 2:14-15** Indeed, when Gentiles, who do not have the law, do by nature things required by the law, they are a law for themselves, even though they do not have the law, since they show that the requirements of the law are written on their hearts, their consciences also bearing witness, and their thoughts now accusing, now even defending them.

Bible narrative: **Ex. 19-20; 31:18** God wrote His commandments directly for the Israelites. There are three kinds of laws in the Old Testament: the moral law, which tells all people their duty toward God and other people; the ceremonial law, which regulated the religious practices in the Old Testament; and the political law, which was the state law of the Israelites. Only the moral law was written into the human heart.

15. *What is the summary of the First Table?*

Jesus replied: "Love the Lord your God with all your heart and with all your soul and with all your mind" **(Matt. 22:37**; see **Deut. 6:5).**

16. *What is the summary of the Second Table?*

"And the second is like it: Love your neighbor as yourself" **(Matt. 22:39**; see **Lev. 19:18).**

17. *What is the summary of all the commandments?*

Love is the summary of all the commandments.

41 **Rom. 13:10** Love does no harm to its neighbor. Therefore love is the fulfillment of the law.

18. ¿A quién se dirige Dios en cada uno de los Diez Mandamientos?

Dios se dirige a mí y a todas las demás personas.

42 **Mt 5.19** De manera que cualquiera que quebrante uno de estos mandamientos muy pequeños y así enseñe a los hombres, muy pequeño será llamado en el reino de los cielos; pero cualquiera que los cumpla y los enseñe, este será llamado grande en el reino de los cielos.

43 **Ro 3.19** Pero sabemos que todo lo que la Ley dice, lo dice a los que están bajo la Ley, para que toda boca se cierre y todo el mundo quede bajo el juicio de Dios.

H.B **Mateo 5** Jesús explicó el significado de estos mandamientos a toda la gente.

LA PRIMERA TABLA
EL PRIMER MANDAMIENTO: Dios

No tendrás dioses ajenos.

19. ¿Qué quiere decir esto?

Más que a todas las cosas debemos temer y amar a Dios y confiar en él.

20. ¿Quién es el Dios verdadero?

El único y verdadero Dios es el Dios trino: Padre, Hijo y Espíritu Santo, tres personas en una esencia divina (la Santísima Trinidad).

44 **Nm 6.24-26** Jehová te bendiga y te guarde. Jehová haga resplandecer su rostro sobre ti y tenga de ti misericordia; Jehová alce sobre ti su rostro y ponga en ti paz.

45 **Dt 6.4** Oye, Israel: Jehová, nuestro Dios, Jehová uno es.

46 **Mt 28.19** Por tanto, id y haced discípulos a todas las naciones, bautizándolos en el nombre del Padre, del Hijo y del Espíritu Santo.

47 **1 Co 8.4** No hay más que un Dios.

48 **2 Co 13.14** La gracia del Señor Jesucristo, el amor de Dios y la comunión del Espíritu Santo sean con todos vosotros.

H.B. **Mt 3.16-17** En su bautismo Jesús estuvo en el río Jordán, el Padre habló desde el cielo, y el Espíritu de Dios descendió sobre Jesús en forma de paloma.

21. ¿Qué nos prohibe Dios en el Primer Mandamiento?

Dios nos prohibe tener otros dioses (idolatría).

49 **Is 42.8** ¡Yo, Jehová, este es mi nombre! A ningún otro daré mi gloria, ni a los ídolos mi alabanza.

50 **Mt 4.10** Al Señor tu Dios adorarás y solo a él servirás.

18. *Whom does God mean when in the Ten Commandments He says, "You shall"?*

He means me and all other human beings.

42 **Matt. 5:19** Anyone who breaks one of the least of these commandments and teaches others to do the same will be called least in the kingdom of heaven, but whoever practices and teaches these commands will be called great in the kingdom of heaven.

43 **Rom. 3:19** Now we know that whatever the law says, it says to those who are under the law, so that every mouth may be silenced and the whole world held accountable to God.

Bible narrative: **Matthew 5** Jesus explained the meaning of these commandments for all people.

FIRST TABLE
THE FIRST COMMANDMENT: God

You shall have no other gods.

19. *What does this mean?*

We should fear, love, and trust in God above all things.

20. *Who is the only true God?*

The only true God is the triune God: Father, Son, and Holy Spirit, three distinct persons in one divine being (the Holy Trinity).

44 **Num. 6:24-26** The Lord bless you and keep you; the Lord make His face shine upon you and be gracious to you; the Lord turn His face toward you and give you peace.

45 **Deut. 6:4** Hear, O Israel: The Lord our God, the Lord is one.

46 **Matt. 28:19** Go and make disciples of all nations, baptizing them in the name of the Father and of the Son and of the Holy Spirit.

47 **1 Cor. 8:4** There is no God but one.

48 **2 Cor. 13:14** May the grace of the Lord Jesus Christ, and the love of God, and the fellowship of the Holy Spirit be with you all.

Bible narrative: **Matt. 3:16-17** At His Baptism Jesus stood in the Jordan, the Father spoke from heaven, and the Spirit of God descended upon Jesus in the form of a dove.

21. *What does God forbid in the First Commandment?*

God forbids us to have other gods (idolatry).

49 **Is. 42:8** I am the Lord; that is My name! I will not give My glory to another or My praise to idols.

50 **Matt. 4:10** Worship the Lord your God, and serve Him only.

51 **1 Co 8.4** Sabemos que un ídolo nada es en el mundo, y que no hay más que un Dios.

52 **1 Jn 5.21** Hijitos, guardaos de los ídolos.

22. ¿Cuándo tiene la gente otros dioses?

Tiene otros dioses

A. cuando confía y adora a una criatura o cosa como si fuera Dios.

53 **Sal 115.3-4** ¡Nuestro Dios está en los cielos; todo lo que quiso ha hecho! Los ídolos de ellos son plata y oro, obra de manos de hombres.

54 **Flp 3.19** El fin de ellos será la perdición. Su dios es el vientre, su gloria es aquello que debería avergonzarlos, y solo piensan en lo terrenal.

55 **Ap 9.20** Los demás hombres, los que no fueron muertos con estas plagas, ni aun así se arrepintieron de las obras de sus manos ni dejaron de adorar a los demonios y a las imágenes de oro, plata, bronce, piedra y madera, las cuales no pueden ver ni oir ni andar.

H.B. Ex 32 Israel adoró el becerro de oro. **1 R 18.18-29** La gente adoró a Baal. **Jue 16.23-24** Los filisteos nombraron a Dagón como su dios.

B. cuando cree en un dios que no es el Dios trino (véase el Credo Apostólico).

56 **Mt 28.19** Por tanto, id y haced discípulos a todas las naciones, bautizándolos en el nombre del Padre, del Hijo y del Espíritu Santo.

57 **Jn 5.23** El que no honra al Hijo no honra al Padre, que lo envió.

H.B. Mt 3.13-17 El bautismo de Jesús.

C. cuando teme, ama y confía en una persona o cosa como sólo debería temer, amar y confiar en Dios.

58 **Sal 14.1** Dice el necio en su corazón: "No hay Dios." Se han corrompido, hacen obras despreciables, no hay quien haga lo bueno.

59 **Pr 11.28** El que confía en sus riquezas caerá.

60 **Pr 3.5** Confía en Jehová con todo tu corazón y no te apoyes en tu propia prudencia.

61 **Mt 10.28** No temáis a los que matan el cuerpo pero el alma no pueden matar; temed más bien a aquel que puede destruir el alma y el cuerpo en el infierno.

62 **Mt 10.37** El que ama a padre o madre más que a mí, no es digno de mí; el que ama a hijo o hija más que a mí, no es digno de mí.

63 **Ef 5.5** Sabéis esto, que ningún fornicario o inmundo o avaro, que es idólatra, tiene herencia en el reino de Cristo y de Dios.

H.B. Lc 16.19 El hombre rico pensó más en el lujo del vestido y en la extravagancia de la comida que en Dios. **Gn 11.1-9** La gente que estaba construyendo la Torre de Babel consideró su logro más importante que Dios. **1S 17** Goliath confió más en su talla y fuerza física. **1S 2.12-34** Elí honró a sus hijos más que a Dios. **Mt 26.69-75** Pedro tuvo más miedo al castigo que amor Dios.

51 **1 Cor. 8:4** We know that an idol is nothing at all in the world and that there is no God but one.

52 **1 John 5:21** Dear children, keep yourselves from idols.

22. *When do people have other gods?*

They have other gods

A. when they regard and worship any creature or thing as God;

53 **Ps. 115:4** Their idols are silver and gold.

54 **Phil. 3:19** Their destiny is destruction, their god is their stomach, and their glory is in their shame. Their mind is on earthly things.

55 **Rev. 9:20** They did not stop worshiping demons, and idols of gold, silver, bronze, stone and wood—idols that cannot see or hear or walk.

Bible narratives: **Exodus 32** Israel worshiped the golden calf. **1 Kings 18:18-29** The people worshiped Baal. **Judges 16:23-24** The Philistines made Dagon their god.

B. when they believe in a god who is not the triune God (see the Apostles' Creed);

56 **Matt. 28:19** Go and make disciples of all nations, baptizing them in the name of the Father and of the Son and of the Holy Spirit.

57 **John 5:23** He who does not honor the Son does not honor the Father, who sent Him.

Bible narrative: **Matt. 3:1317** The Baptism of Jesus.

C. when they fear, love, or trust in any person or thing as they should fear, love, and trust in God alone;

58 **Ps. 14:1** The fool says in his heart, "There is no God." They are corrupt, their deeds are vile; there is no one who does good.

59 **Prov. 11:28** Whoever trusts in his riches will fall.

60 **Prov. 3:5** Trust in the Lord with all your heart and lean not on your own understanding.

61 **Matt. 10:28** Do not be afraid of those who kill the body but cannot kill the soul. Rather, be afraid of the One who can destroy both soul and body in hell.

62 **Matt. 10:37** Anyone who loves his father or mother more than Me is not worthy of Me; anyone who loves his son or daughter more than Me is not worthy of Me.

63 **Eph. 5:5** No immoral, impure or greedy person—such a man is an idolater—has any inheritance in the kingdom of Christ and of God.

Bible narratives: **Luke 16:19 - 31** The rich man thought more of costly clothes and good eating than of God. **Gen. 11:1-9** The people building the Tower of Babel considered their achievement more important than God. **1 Samuel 17** Goliath trusted in his size and physical strength. **1 Sam. 2:12-34** Eli honored his sons more than God. **Matt. 26:69-75** Peter feared punishment more than he loved God.

D. cuando participan en la adoración de alguien que no es el Dios trino.

64 **2 Co 6.14-15** No os unáis en yugo desigual con los incrédulos, porque ¿qué compañerismo tiene la justicia con la injusticia? ¿Y qué comunión, la luz con las tinieblas? ¿Qué armonía puede haber entre Cristo y Belial? ¿O qué parte el creyente con el incrédulo?

23. ¿Qué nos ordena Dios en el Primer Mandamiento?

Más que a todas las cosas debemos temer y amar a Dios y confiar en él.

A. Tememos a Dios cuando lo adoramos y exaltamos su nombre por encima de todas las cosas, lo honramos con nuestra vidas y evitamos de todo aquello que le disgusta.

65 **Gn 17.1** Yo soy el Dios Todopoderoso. Anda delante de mí y sé perfecto.

66 **Sal 33.8** ¡Tema a Jehová toda la tierra! ¡Tiemblen delante de él todos los habitantes del mundo!

67 **Sal 96.4** Porque grande es Jehová y digno de suprema alabanza; temible sobre todos los dioses.

68 **Pr 8.13** El temor de Jehová es aborrecer el mal.

69 **Mt 10.28** No temáis a los que matan el cuerpo pero el alma no pueden matar; temed más bien a aquel que puede destruir el alma y el cuerpo en el infierno.

H.B. **Dn 3** Los tres hombres en el horno de fuego temieron a Dios más que al rey.

B. Amamos a Dios por sobre todas las cosas cuando nos adherimos solamente a él como a nuestro Dios y con alegría dedicamos nuestras vidas a su servicio.

70 **Sal 73.25-26** ¿A quién tengo yo en los cielos sino a ti? Y fuera de ti nada deseo en la tierra. Mi carne y mi corazón desfallecen; mas la roca de mi corazón y mi porción es Dios para siempre.

71 **Mt 22.37** Amarás al Señor tu Dios con todo tu corazón, con toda tu alma y con toda tu mente.

H.B. **Genesis 22** Abraham amó más a Dios que a su hijo. **Genesis 39** José resistió la tentación de la esposa del Potifar.

C. Confiamos en el Señor por sobre todas las cosas cuando encomendamos nuestras vidas totalmente a su cuidado y dependemos de él para ayuda en toda necesidad.

72 **Sal 118.8** Mejor es confiar en Jehová que confiar en el hombre.

73 **Pr 3.5** Confía en Jehová con todo tu corazón y no te apoyes en tu propia prudencia.

H.B. **1 S 17.37, 46-47** David confió en el Señor cuando peleó contra Goliat. **Gn 12.1-9** Abraham dejó su pais y su familia para irse donde el Señor le había indicado, confiando que Dios cuidaría de él. **Dn 6** Daniel se encomendó al cuidado de Dios.

D. when they join in the worship of one who is not the triune God.

64   **2 Cor. 6:14-15** Do not be yoked together with unbelievers. For what do righteousness and wickedness have in common? Or what fellowship can light have with darkness? What harmony is there between Christ and Belial? What does a believer have in common with an unbeliever?

23. *What does God require of us in the First Commandment?*

God requires that we fear, love, and trust in Him above all things.

A. We fear God above all things when we revere Him alone as the highest being, honor Him with our lives, and avoid what displeases Him.

65   **Gen. 17:1** I am God almighty; walk before Me and be blameless.

66   **Ps. 33:8** Let all the earth fear the Lord; let all the people of the world revere Him.

67   **Ps. 96:4** Great is the Lord and most worthy of praise; He is to be feared above all gods.

68   **Prov. 8:13** To fear the Lord is to hate evil.

69   **Matt. 10:28** Do not be afraid of those who kill the body but cannot kill the soul. Rather, be afraid of the One who can destroy both soul and body in hell.

Bible narrative: **Daniel 3** The three men in the fiery furnace feared God more than the king.

B. We love God above all things when we cling to Him alone as our God and gladly devote our lives to His service.

70   **Ps. 73:25-26** Whom have I in heaven but You? And earth has nothing I desire besides You. My flesh and my heart may fail, but God is the strength of my heart and my portion forever.

71   **Matt. 22:37** Love the Lord your God with all your heart and with all your soul and with all your mind.

Bible narrative: **Genesis 22** Abraham loved God more than his son. **Genesis 39** Joseph resisted the temptation of Potiphar's wife.

C. We trust in God above all things when we commit our lives completely to His keeping and rely on Him for help in every need.

72   **Ps. 118:8** It is better to take refuge in the Lord than to trust in man.

73   **Prov. 3:5** Trust in the Lord with all your heart and lean not on your own understanding.

Bible narrative: **1 Sam. 17:37, 46-47** David trusted in the Lord when he fought against Goliath. **Gen. 12:1-9** Abram left his country and relatives to go where the Lord sent him, trusting that the Lord would take care of him. **Daniel 6** Daniel committed himself to the Lord's keeping.

24. ¿Quién puede cumplir éste y todos los otros mandamientos?

Ninguna persona puede cumplir los mandamientos perfectamente. Sólo Jesús pudo hacerlo. Todos los que, por el poder del Espíritu Santo, tienen fe en él, y voluntariamente se esfuerzan en cumplir estos mandamientos.

74 **Ec 7.20** Ciertamente no hay en la tierra hombre tan justo, que haga el bien y nunca peque.

75 **1 Jn 1.8** Si decimos que no tenemos pecado, nos engañamos a nosotros mismos y la verdad no está en nosotros.

76 **Jn 14.15** Si me amáis, guardad mis mandamientos.

77 **Flp 2.13** Porque Dios es el que en vosotros produce así el querer como el hacer, por su buena voluntad.

EL SEGUNDO MANDAMIENTO: El nombre de Dios

No usarás el nombre de tu Dios en vano.

25. ¿Qué quiere decir esto?

Debemos temer y amar a Dios de modo que no usemos su nombre para maldecir, jurar, hechizar, mentir o engañar, sino que lo invoquemos en todas las necesidades, lo adoremos, alabemos y le demos gracias.

26. ¿Por qué decimos en éste y en los mandamientos que siguen que debemos temer y amar a Dios?

Porque del temor y amor a Dios debe emanar el cumplimiento de todos los mandamientos.

78 **Sal 111.10** El principio de la sabiduría es el temor de Jehová; buen entendimiento tienen todos los que practican sus mandamientos; ¡su loor permanece para siempre!

79 **Jn 14.23** El que me ama, mi palabra guardará.

H.B. **Jn 21.15-17** Jesús le preguntó a Pedro si lo amaba, luego le dio el mandato de apacentar sus ovejas.

27. ¿Qué es el nombre de Dios?

El nombre de Dios es Dios mismo, su esencia y sus atributos, así como él se nos ha manifestado.

80 **Ex 3.14** Respondió Dios a Moisés: "Yo soy el que soy." Y añadió: Así dirás a los hijos de Israel: "Yo soy me envió a vosotros."

81 **Is 9.6** Porque un niño nos ha nacido, hijo nos ha sido dado, y el principado sobre su hombro. Se llamará su nombre "Admirable consejero", "Dios fuerte", "Padre eterno", "Príncipe de paz."

82 **Jer 23.6** Y este será su nombre con el cual lo llamarán: "Jehová, justicia nuestra."

24. *Who is able to keep this and the other commandments?*

No person can keep any or all commandments perfectly, except Jesus Christ. All those who have faith in Him by the power of His Spirit willingly strive to keep these commandments.

74 **Eccl. 7:20** There is not a righteous man on earth who does what is right and never sins.

75 **1 John 1:8** If we claim to be without sin, we deceive ourselves and the truth is not in us.

76 **John 14:15** If you love me, you will obey what I command.

77 **Phil. 2:13** It is God who works in you to will and to act according to His good purpose.

THE SECOND COMMANDMENT: God's Name

You shall not misuse the name of the Lord your God.

25. *What does this mean?*

We should fear and love God so that we do not curse, swear, use satanic arts, lie, or deceive by His name, but call upon it in every trouble, pray, praise, and give thanks.

26. *Why do we say in this and in the following commandments, "We should fear and love God"?*

The fulfillment of all commandments must flow from the fear and love of God.

78 **Ps. 111:10** The fear of the Lord is the beginning of wisdom; all who follow His precepts have good understanding. To Him belongs eternal praise.

79 **John 14:23** If anyone loves Me, he will obey My teaching.

Bible narrative: **John 21:15-17** Jesus asked Peter whether he loved Him, then He told Peter to feed His sheep.

27. *What is God's name?*

God, as He has revealed Himself to us, His essence and His attributes.

80 **Ex. 3:14** God said to Moses, "I AM WHO I AM." This is what you are to say to the Israelites: "I AM has sent me to you."

81 **Is. 9:6** To us a child is born, to us a son is given, and the government will be on His shoulders. And He will be called Wonderful Counselor, Mighty God, Everlasting Father, Prince of Peace.

82 **Jer. 23:6** This is the name by which He will be called: The Lord Our Righteousness.

83 **Mt 1.21** Y le pondrás por nombre Jesús, porque él salvará a su pueblo de sus pecados.

84 **Mt 18.20** Porque donde están dos o tres congregados en mi nombre, allí estoy yo en medio de ellos.

85 **Mt 28.19** Por tanto, id y haced discípulos a todas las naciones, bautizándolos en el nombre del Padre, del Hijo y del Espíritu Santo.

86 **Jn 1.1** En el principio era el Verbo, el Verbo estaba con Dios y el Verbo era con Dios.

H.B. **Ex 3.12-15** Dios reveló su nombre a Moisés.

28. *¿Qué nos prohibe Dios en el Segundo Mandamiento?*

En el segundo mandamiento Dios nos prohibe usar su nombre incorrectamente.

87 **Ex 20.7** Porque no dará por inocente Jehová al que tome su nombre en vano.

29. *¿Cómo es usado en forma incorrecta el nombre de Dios?*

El nombre de Dios es usado en forma incorrecta cuando:

A. Lo usamos de manera innecesaria y descuidada (ver Ex 20.7).

B. Maldecimos, juramos, hechizamos, mentimos o engañamos en su nombre.

30. *¿Qué es maldecir en el nombre de Dios?*

Maldecir en el nombre de Dios es blasfemar a Dios, hablando mal de él o burlándose de él.

88 **Lv 24.15-16** Cualquiera que maldiga a su Dios cargará con su pecado. El que blasfeme contra el nombre de Jehová ha de ser muerto; toda la congregación lo apedreará. Tanto el extranjero como el natural, si blasfema contra el Nombre, que muera.

H.B. **Mt 27.39-43** La gente se burló de Jesús cuando estaba colgado en la cruz. **2 R 18.28-35; 19.21-22** El feje del ejército asirio blasfemó contra el Dios de Israel. **Jn 8.48-59** Algunos judíos acusaron a Jesús de estar poseído por un demonio.

B. Invocar sobre uno mismo o sobre otra persona o cosa la ira y el castigo de Dios.

89 **Stg 3.9-10** Con ella bendecimos al Dios y Padre y con ella maldecimos a los hombres, que están hechos a la semejanza de Dios. De una misma boca proceden bendición y maldición. Hermanos míos, esto no debe ser así.

H.B. **Mt 27.25** La gente se maldijo a sí misma y a sus hijos durante el juicio de Jesús. **Mt 26.74** Pedro maldijo. **Lc 9.51-55** Santiago y Juan le preguntaron a Jesús si ellos podían pedirle a Dios la destrucción de una población samaritana.

31. *¿Qué es jurar en el nombre de Dios?*

Jurar en el nombre de Dios es hacer un juramento en el cual invocamos a Dios para testificar la verdad de lo que decimos o prometemos, y para que nos castigue si mentimos o no cumplimos nuestra promesa.

83 **Matt. 1:21** You are to give Him the name Jesus, because He will save His people from their sins.

84 **Matt. 18:20** Where two or three come together in My name, there am I with them.

85 **Matt. 28:19** Go and make disciples of all nations, baptizing them in the name of the Father and of the Son and of the Holy Spirit.

86 **John 1:1** In the beginning was the Word, and the Word was with God, and the Word was God.

Bible narrative: God revealed His name to Moses (Ex. 3:12-15).

28. What does God forbid in the Second Commandment?

In the Second Commandment God forbids us to misuse His name.

87 **Ex. 20:7** The Lord will not hold anyone guiltless who misuses His name.

29. How is God's name misused?

God's name is misused when people

A. speak God's name uselessly or carelessly (see Ex. 20:7);

B. curse, swear, use satanic arts, lie, or deceive by His name.

30. What is cursing by God's name?

Cursing by God's name is

A. blaspheming God by speaking evil of Him or mocking Him;

88 **Lev 24:15** If anyone curses his God, he will be held responsible.

Bible narratives: **Matt. 27:39-43** They mocked Jesus when He was hanging on the cross. **2 Kings 18:28-35; 19:21-22** The Assyrian field commander blasphemed the God of Israel. **John 8:48-59** Some Jews accused Jesus of being possessed by a demon.

B. calling down the anger and punishment of God upon oneself or any other person or thing.

89 **James 3:9-10** With the tongue we praise our Lord and Father, and with it we curse men, who have been made in God's likeness. Out of the same mouth come praise and cursing. My brothers, this should not be.

Bible narratives: **Matt. 27:25** The people at Jesus' trial cursed themselves and their children. **Matt. 26:74** Peter cursed. **Luke 9:51-55** James and John asked Jesus if they should ask God to destroy a Samaritan village.

31. What is swearing by God's name?

Swearing by God's name is taking an oath in which we call on God to witness the truth of what we say or promise and to punish us if we lie or break our promise.

32. ¿Qué manera de juramento permite y hasta ordena Dios?

Dios permite todo juramento, y hasta lo exige, si fuera necesario, para la gloria de Dios o el bienestar de nuestro prójimo.

Por ejemplo: dar testimonio en la corte, un juramento de oficio, votos de matrimonio.

90 **Ro 13.1** Sométase toda persona a las autoridades superiores.

91 **Nm 30.2** Cuando alguien haga un voto a Jehová, o haga un juramento ligando su alma con alguna obligación, no quebrantará su palabra; hará conforme a todo lo que salió de su boca.

92 **Dt 6.13** A Jehová, tu Dios, temerás, a él solo servirás y por su nombre jurarás.

93 **Heb 6.16** Los hombres ciertamente juran por uno mayor que ellos, y para ellos el fin de toda controversia es el juramento para confirmación.

H.B. **Mt 26.63-64** Jesús jura ser el Cristo, el Hijo de Dios. **Gn 24.3** Abraham puso a su criado bajo juramento.

33. ¿Qué clase de juramento prohibe Dios?

Dios prohibe todo juramento falso, blasfemo y frívolo, como también el jurar en cosas inciertas o sin importancia.

94 **Lv 19.12** No juraréis en falso por mi nombre, profanando así el nombre de tu Dios. Yo, Jehová.

95 **Mt 5.33-37** Además habéis oído que fue dicho a los antiguos: "No jurarás en falso, sino cumplirás al Señor tus juramentos." Pero yo os digo: No juréis de ninguna manera: ni por el cielo, porque es el trono de Dios; ni por la tierra, porque es el estrado de sus pies; ni por Jerusalén, porque es la ciudad del gran Rey. Ni por tu cabeza jurarás, porque no puedes hacer blanco o negro un solo cabello. Pero sea vuestro hablar: "Sí, sí" o "No, no", porque lo que es más de esto, de mal procede.

H.B. **Mt 26.72** Pedro jura falsa y blasfemamente. **Hch 23.12** Algunos judíos se juramentaron a matar. **Mt 14.6-9** Herodes juró frívolamente y en una cosa incierta. **Jue 11.30-40** Jefté juró vanamente.

34. ¿Qué es hechizar en el nombre de Dios?

A. Hechizar en el nombre de Dios es usar el nombre de Dios para ejecutar o pretender ejecutar, con la ayuda del diablo, cosas sobrenaturales, tales como los encantamientos, la magia, el sortilegio, las consultas a los muertos y similares artes satánicas.

96 **Dt 18.10-12** No sea hallado en ti quien haga pasar a su hijo o a su hija por el fuego, ni quien practique adivinación, ni agorero, ni sortílego, ni hechicero, ni encantador, ni adivino, ni mago, ni quien consulte a los muertos. Porque es abominable para Jehová cualquiera que haga estas cosas, y por estas cosas abominables Jehová, tu Dios, expulsa a estas naciones de tu presencia.

32. *When are we permitted, and even required, to swear by God's name?*

We are permitted, and even required, to take an oath by God's name when an oath is necessary for the glory of God or the welfare of our neighbor. Examples include the following: testimony in court, oath of office, wedding vows.

90 **Rom. 13:1** Everyone must submit himself to the governing authorities.

91 **Num. 30:2** When a man makes a vow to the Lord or takes an oath to obligate himself by a pledge, he must not break his word but must do everything he said.

92 **Deut. 6:13** Fear the Lord your God, serve Him only and take your oaths in His name.

93 **Heb. 6:16** Men swear by someone greater than themselves, and the oath confirms what is said and puts an end to all argument.

Bible narratives: **Matt. 26:63-64** Jesus permitted Himself to be put under oath. **Gen. 24:3** Abraham put his servant under oath.

33. *When is swearing forbidden?*

Swearing is forbidden when it is done falsely, thoughtlessly, or in sinful, uncertain, or unimportant matters.

94 **Lev. 19:12** Do not swear falsely by My name and so profane the name of your God. I am the Lord.

95 **Matt. 5:33-37** You have heard that it was said to the people long ago, "Do not break your oath but keep the oaths you have made to the Lord." But I tell you, Do not swear at all: either by heaven, for it is God's throne, or by the earth, for it is His footstool; or by Jerusalem, for it is the city of the Great King. And do not swear by your head, for you cannot make even one hair white or black. Simply let your "Yes" be "Yes" and your "No", "No"; anything beyond this comes from the evil one.

Bible narratives: **Matt. 26:72** Peter swore falsely and thus committed perjury. **Acts 23:12** Certain Jews swore to commit murder. **Matt. 14:6-9** Herod swore in an unknown and unimportant matter. **Judges 11:30-40** Jephthah's thoughtless oath.

34. *What is using satanic arts by God's name?*

A. Using satanic arts by God's name is using God's name in order to perform or claim to perform supernatural things with the help of the devil, such as casting spells, calling up a spirit, fortunetelling, consulting the dead, or other occult practices.

96 **Deut. 18:10-12** Let no one be found among you who sacrifices his son or daughter in the fire, who practices divination or sorcery, interprets omens, engages in witchcraft, or casts spells, or who is a medium or spiritist or who consults the dead. Anyone who does these things is detestable to the Lord, and because of these detestable practices the Lord your God will drive out those nations before you.

H.B. **Ex 7 y 8** Los magos egipcios hicieron cosas sobrenaturales con sus encantamientos. **Hch 19.13-29** Los hijos de Esceva usaron el nombre de Jesús para expulsar demonios, pero no tuvieron fe.

B. Buscar la ayuda de personas o pertenecer a algún grupo u organización que practique la hechicería o la adoración a Satanás.

97 **Lv 19.31** No os volváis a los encantadores ni a los adivinos; no los consultéis, contaminándoos con ellos. Yo, Jehová, vuestro Dios.

H.B. **1 S 28** El rey Saúl buscó la ayuda de la adivina de Endor.

C. Depender de horóscopos o cosas similares para conocer el futuro.

98 **Ec 7.14** En el día del bien goza del bien, y en el día de la adversidad, reflexiona. Dios hizo tanto el uno como el otro, a fin de que el hombre no sepa qué trae el futuro.

35. ¿Qué es mentir o engañar en el nombre de Dios?

Mentir o engañar en el nombre de Dios es

A. enseñar falsa doctrina y decir que es palabra o revelación de Dios.

99 **Dt 12.32** Cuidarás de hacer todo lo que yo te mando; no añadirás a ello, ni de ello quitarás.

100 **Jer 23.31** Dice Jehová: Yo estoy contra los profetas que endulzan sus lenguas y dicen: "¡Él lo ha dicho!"

101 **Mt 15.9** Pues en vano me honran, enseñando como doctrinas mandamientos de hombres.

H.B. **1 R 13.11-30** La mentira de un falso profeta causó el engaño y la muerte de un profeta de Dios.

B. también es encubrir un corazón incrédulo y una vida impía y pretender que uno es cristiano.

102 **Mt 7.21** No todo el que me dice: "¡Señor, Señor!", entrará en el reino de los cielos, sino el que hace la voluntad de mi Padre que está en los cielos.

103 **Mt 15.8** Este pueblo de labios me honra, mas su corazón está lejos de mí.

H.B. **Hch 5** Ananías y Safira escondieron su falta de fe bajo supuestas obras de caridad. **Mt 23.13-33** Muchos fariseos y escribas eran hipócritas.

36. ¿Qué nos ordena Dios en el Segundo Mandamiento?

Dios ordena invocar su nombre en todas las necesidades, orar, alabar y darle gracias.

104 **Sal 50.15** Invócame en el día de la angustia; te libraré y tú me honrarás.

105 **Sal 103.1** Bendice, alma mía, a Jehová, y bendiga todo mi ser su santo nombre.

106 **Sal 118.1** Alabad a Jehová, porque él es bueno, porque para siempre es su misericordia.

Bible narratives: **Exodus 7-8** The Egyptian sorcerers performed supernatural things with the help of the devil. **Acts 19:13-29** The sons of Sceva used Jesus' name to cast out spirits, but they did not have faith.

B. joining with or seeking the aid of people who practice these and similar satanic arts or worship Satan;

97 **Lev. 19:31** Do not turn to mediums or seek out spiritists, for you will be defiled by them. I am the Lord your God.

Bible narrative: **1 Samuel 28** King Saul sought the help of the witch of Endor.

C. depending on horoscopes or similar ways to foretell the future.

98 **Eccl. 7:14** When times are good, be happy; but when times are bad, consider: God has made the one as well as the other. Therefore, a man cannot discover anything about his future.

35. *What is lying and deceiving by God's name?*

Lying and deceiving by God's name is

A. teaching false doctrine and saying that it is God's Word or revelation;

99 **Deut. 12:32** See that you do all I command you; do not add to it or take away from it.

100 **Jer. 23:31** Yes, declares the Lord, I am against the prophets who wag their own tongues and yet declare, "The Lord declares."

101 **Matt. 15:9** They worship me in vain; their teachings are but rules taught by men.

Bible narrative: **1 Kings 13:11-30** The lie of a false prophet caused a prophet of God to be deceived and killed.

B. covering up an unbelieving heart or a sinful life by pretending to be a Christian.

102 **Matt. 7:21** Not everyone who says to Me, "Lord, Lord," will enter the kingdom of heaven but only he who does the will of My Father who is in heaven.

103 **Matt. 15:8** These people honor Me with their lips, but their hearts are far from Me.

Bible narratives: **Matt. 23:13-33** Many scribes and Pharisees were hypocrites. **Acts 5:1-11** Ananias and Sapphira were hypocrites.

36. *What does God require of us in the Second Commandment?*

We should call upon His name in every trouble, pray, praise, and give thanks.

104 **Ps. 50:15** Call upon Me in the day of trouble; I will deliver you, and you will honor Me.

105 **Ps. 103:1** Praise the Lord, O my soul; all my inmost being, praise His holy name.

106 **Ps. 118:1** Give thanks to the Lord, for He is good; His love endures forever.

107   **Jn 16.23** Todo cuanto pidáis al Padre en mi nombre, os lo dará.

108   **Ef 5.20** Dando siempre gracias por todo al Dios y Padre, en el nombre de nuestro Señor Jesucristo.

H.B. **Lc 17.11-13** Los 10 leprosos llamaron a Jesús en su angustia. **Lc 17.15-16** Un extraño le dio gracias a Jesús y glorificó a Dios por haber sido sanado. **1 S 1 y 2** Ana invocó a Dios y le dio gracias por haberle dado un hijo. **Magnificat, Lc 1.46-55** La canción de Maria. **Benedictus, Lc 1.68-79** La canción de Zacarías.

EL TERCER MANDAMIENTO: La palabra de Dios

Santificarás el día de reposo.

37. *¿Qué quiere decir esto?*

Debemos temer y amar a Dios de modo que no despreciemos la predicación y su palabra, sino que la consideremos santa, la oigamos y aprendamos con gusto.

38. *¿Qué es el día sabado?*

En el Antiguo Testamento, Dios apartó el séptimo día (sábado) como un día obligatorio para descanso y adoración. (*Sabbath* significa "descanso").

109   **Ex 35.2** Seis días se trabajará, pero el día séptimo os será santo, día de descanso para Jehová.

110   **Lv 23.3** Seis días se trabajará, pero el séptimo día será de descanso, santa convocación; ningún trabajo haréis.

39. *¿Exige este mandamiento que guardemos el sábado y las fiestas, como los guardaba el pueblo de Dios en el Antiguo Testamento?*

El sábado era una señal que apuntaba a Jesús, quien es nuestro descanso. Como Jesús ha venido como nuestro Salvador y Señor, Dios no requiere más que observemos el día sábado y otros días festivos del Antiguo Testamento.

111   **Mt 11.28** Venid a mí todos los que estáis trabajados y cargados, y yo os haré descansar.

112   **Mt 12.8** Porque el Hijo del hombre es Señor del sábado.

113   **Col 2.16-17** Por tanto, nadie os critique en asuntos de comida o de bebida, o en cuanto a días de fiesta, luna nueva o sábados. Todo esto es sombra de lo que ha de venir; pero el cuerpo es de Cristo.

114   **Heb 4.9-10** Por tanto, queda un reposo para el pueblo de Dios, porque el que ha entrado en su reposo, también ha reposado de sus obras, como Dios de las suyas.

40. *¿Requiere Dios que la iglesia se reuna en días específicos?*

A. Dios requiere que los cristianos se reunan juntos para adorar.

115   **Hch 2.42, 46** Y perseveraban en la doctrina de los apóstoles, en la comunión unos con otros, en el partimiento del pan y en las oraciones. Perseveraban unánimes cada día en el Templo, y partiendo el pan en las casas comían juntos

107   **John 16:23** My Father will give you whatever you ask in My name.

108   **Eph. 5:20** Give thanks to God the Father for everything, in the name of our Lord Jesus Christ.

Bible narratives: **Luke 17:11-13** The 10 lepers called upon Jesus in their trouble. **Luke 17:15-16** The grateful stranger thanked Jesus and glorified God for the healing. **1 Samuel 1-2** Hannah petitioned and thanked God for the gift of a son. **Magnificat, Luke 1:46-55** Mary's Song. **Benedictus, Luke 1:68-79** Zechariah's Song.

THE THIRD COMMANDMENT: God's Word

Remember the Sabbath day by keeping it holy.

37. *What does this mean?*

We should fear and love God so that we do not despise preaching and His Word, but hold it sacred and gladly hear and learn it.

38. *What is the Sabbath day?*

In the Old Testament God set aside the seventh day (Saturday) as a required day of rest (*Sabbath* means "rest") and worship.

109   **Ex. 35:2** For six days, work is to be done, but the seventh day shall be your holy day, a Sabbath of rest to the Lord.

110   **Lev. 23:3** There are six days when you may work, but the seventh day is a holy day, a Sabbath of rest, a day of sacred assembly.

39. *Does God require us to observe the Sabbath and other holy days of the Old Testament?*

The Sabbath was a sign pointing to Jesus, who is our rest. Since Jesus has come as our Savior and Lord, God no longer requires us to observe the Sabbath day and other holy days of the Old Testament.

111   **Matt. 11:28** "Come to me, all you who are weary and burdened, and I will give you rest."

112   **Matt. 12:8** "The Son of Man is Lord of the Sabbath."

113   **Col. 2:16-17** Do not let anyone judge you by what you eat or drink, or with regard to a religious festival, a New Moon celebration or a Sabbath day. These are a shadow of the things that were to come; the reality, however, is found in Christ.

114   **Heb. 4:9-10** There remains, then, a Sabbath-rest for the people of God; for anyone who enters God's rest also rests from his own work, just as God did from His.

40. *Does God require the church to worship together on any specific days?*

A. God requires Christians to worship together.

115   **Acts 2:42, 46** They devoted themselves to the apostles' teaching and to the fellowship, to the breaking of bread and to prayer.... Every day they continued to meet together in the temple courts. They broke bread in their homes

con alegría y sencillez de corazón.

116   **Heb 10.25** No dejando de congregarnos, como algunos tienen por costumbre, sino exhortándonos; y tanto más, cuanto véis que aquel día se acerca.

B. Él no ha especificado ningún día en particular.

117   **Ro 14.5-6** Uno hace diferencia entre día y día, mientras que otro juzga iguales todos los días. Cada uno esté plenamente convencido de lo que piensa. El que distingue un día de otro, lo hace para el Señor; y el que no distingue el día, para el Señor no lo hace.

118   **Gl 4.10-11** Guardáis los días, los meses, los tiempos y los años. Temo que mi trabajo en vuestro medio haya sido en vano.

C. La iglesia se reúne especialmente en el día domingo porque el Señor resucitó de los muertos en ese día.

119   **Lc 24.1-2** El primer día de la semana, muy de mañana, fueron al sepulcro llevando las especies aromáticas que habían preparado, y algunas otras mujeres con ellas. Hallaron removida la piedra del sepulcro.

120   **Hch 20.7** El primer día de la semana, reunidos los discípulos para partir el pan, Pablo que tenía que salir al día siguiente, les enseñaba, y alargó el discurso hasta la medianoche.

H.B. **Jn 20.19-31** Jesús se apareció a sus discípulos.

41. ¿Cuándo pecamos contra del Tercer Mandamiento?

Pecamos contra el Tercer Mandamiento cuando despreciamos la predicación y la palabra de Dios.

42. ¿Cómo se hace esto?

Despreciamos la predicación y la palabra de Dios cuando

A. No asistimos al culto público.

B. Dejamos de usar la palabra de Dios y los sacramentos.

C. O cuando lo hacemos irregular o descuidadamente.

121   **Jn 8.47** El que es de Dios, las palabras de Dios oye; por esto no las oís vosotros, porque no sois de Dios.

122   **Lc 10.16** El que a vosotros oye, a mí me oye; y el que a vosotros desecha, a mí me desecha; y el que me desecha a mí, desecha al que me envió.

H.B. **Lc 7.30** Los escribas y fariseos no se dejaron bautizar. **1 S 15.10-23** Saúl rechazó la palabra de Dios.

43. ¿Qué nos ordena Dios en el Tercer Mandamiento?

A. Dios ordena considerar santa la predicación y su palabra.

123   **Is 66.2** Pero yo miraré a aquel que es pobre y humilde de espíritu y que tiembla a mi palabra.

and ate together with glad and sincere hearts.

116   **Heb. 10:25** Let us not give up meeting together, as some are in the habit of doing, but let us encourage one another—and all the more as you see the Day approaching.

B. He has not specified any particular day.

117   **Rom. 14:5-6** One man considers one day more sacred than another; another man considers every day alike. Each one should be fully convinced in his own mind. He who regards one day as special, does so to the Lord.

118   **Gal. 4:10-11** You are observing special days and months and seasons and years! I fear for you, that somehow I have wasted my efforts on you.

C. The church worships together especially on Sunday because Christ rose from the dead on Sunday.

119   **Luke 24:1-2** On the first day of the week, very early in the morning, the women took the spices they had prepared and went to the tomb. They found the stone rolled away from the tomb.

120   **Acts 20:7** On the first day of the week we came together to break bread. Paul spoke to the people and, because he intended to leave the next day, kept on talking until midnight.

Bible narrative: Jesus appeared to His disciples (John 20:19-31).

41. *When do we sin against the Third Commandment?*

We sin against the Third Commandment when we despise preaching and the Word of God.

42. *How is this done?*

We despise preaching and the Word of God

A. when we do not attend public worship;

B. when we do not use the Word of God and the Sacraments;

C. when we use the Word of God and the Sacraments negligently or carelessly.

121   **John 8:47** He who belongs to God hears what God says. The reason you do not hear is that you do not belong to God.

122   **Luke 10:16** He who listens to you listens to Me; he who rejects you rejects Me; but he who rejects Me rejects Him who sent Me.

Bible narratives: **Luke 7:30** The scribes and the Pharisees despised Baptism. **1 Sam. 15:10-23** Saul rejected the Word of God.

43. *What does God require of us in the Third Commandment?*

A. We should hold preaching and the Word of God sacred.

123   **Is. 66:2** This is the one I esteem: he who is humble and contrite in spirit, and trembles at My word.

124   **1 Ts 2.13** Por lo cual también nosotros damos gracias a Dios sin cesar, porque cuando recibísteis la palabra de Dios que oísteis de nosotros, la recibísteis no como palabra de hombres, sino según es en verdad, la palabra de Dios, la cual actúa en vosotros los creyentes.

B. Debemos oírla, aprenderla y meditar en ella de buena voluntad.

125   **Jos 1.8** Nunca se apartará de tu boca este libro de la Ley, sino que de día y de noche meditarás en él, para que guardes y hagas conforme a todo lo que está escrito en él, porque entonces harás prosperar tu camino y todo te saldrá bien.

126   **Sal 26.8** Jehová, la habitación de tu Casa he amado, el lugar de la morada de tu gloria.

127   **Lc 11.28** ¡Antes bien, bienaventurados los que oyen la palabra de Dios y la obedecen!

128   **Hch 2.42** Y perseveraban en la doctrina de los apóstoles, en la comunión unos con otros, en el partimiento del pan y en las oraciones.

129   **Col 3.16** La palabra de Cristo habite en abundancia en vosotros. Enseñaos y exhortaos unos a otros con toda sabiduría. Cantad con gracia en vuestros corazones al Señor, con salmos, himnos y cánticos espirituales.

H.B. **Lc 2.41-52** Jesús con alegría escuchó y aprendió la palabra de Dios. **Lc 10.39** María se sentó a los pies de Jesús y aprendió su Palabra. **Lc 2.19** María meditó y guardó la palabra de Dios en su corazón. **Hch 17.11** Los judíos de Berea escudriñaron la Palabra diariamente.

C. Debemos honrar y apoyar la predicación y la enseñanza de la palabra de Dios.

130   **Gl 6.6-7** El que es enseñado en la palabra haga partícipe de toda cosa buena al que lo instruye. No os engañéis; Dios no puede ser burlado, pues todo lo que el hombre siembre, eso también segará.

H.B. **Mr 12.41-44** La viuda pobre dio dinero para el mantenimiento del templo y para apoyar a los sacerdotes.

Nota: Ver también "A los obispos, pastores y predicadores" en la Tabla de Deberes.

D. Debemos propagar diligentemente la palabra de Dios.

131   **Mr 16.15** Id por todo el mundo y predicad el evangelio a toda criatura.

44. ¿Qué nos muestran acerca de nosotros los primeros tres mandamientos (la primera tabla)?

Que hemos pecado y merecemos la condenación de Dios.

132   **Ro 3.22-23** La justicia de Dios por medio de la fe en Jesucristo, para todos los que creen en él, porque no hay diferencia, por cuanto todos pecaron y están destituidos de la gloria de Dios.

45. ¿Quién es el único que ha guardado la ley de Dios perfectamente?

Solamente Jesucristo, el Dios-hombre.

133   **Jn 8.46** ¿Quién de vosotros puede acusarme de pecado?

124   **1 Thess. 2:13** When you received the word of God, which you heard from us, you accepted it not as the word of men, but as it actually is, the word of God, which is at work in you who believe.

B. We should gladly hear it, learn it, and meditate on it.

125   **Joshua 1:8** Do not let this Book of the Law depart from your mouth; meditate on it day and night, so that you may be careful to do everything written in it.

126   **Ps. 26:8** I love the house where You live, O Lord, the place where Your glory dwells.

127   **Luke 11:28** Blessed rather are those who hear the word of God and obey it.

128   **Acts 2:42** They devoted themselves to the apostles' teaching and to the fellowship, to the breaking of bread and to prayer.

129   **Col. 3:16** Let the word of Christ dwell in you richly as you teach and admonish one another with all wisdom, and as you sing psalms, hymns and spiritual songs with gratitude in your hearts to God.

Bible narratives: **Luke 2:41-52** Jesus gladly heard and learned the Word of God. **Luke 10:39** Mary sat at the feet of Jesus and learned His Word. **Luke 2:19** Mary kept and pondered the Word of God in her heart. **Acts 17:11** The Bereans searched the Scriptures daily.

C. We should honor and support the preaching and teaching of the Word of God.

130   **Gal. 6:6-7** Anyone who receives instruction in the word must share all good things with his instructor. Do not be deceived: God cannot be mocked. A man reaps what he sows.

Bible narrative: **Mark 12:41-44** The poor widow gave money for the upkeep of the temple and for the support of the priests.

Note: See also "What the Hearers Owe Their Pastors" under the Table of Duties.

D. We should diligently spread the Word of God.

131   **Mark 16:15** He said to them, "Go into all the world and preach the good news to all creation."

44. *What do the first three commandments (the First Table) show us about ourselves?*

That we have sinned and deserve God's condemnation.

132   **Rom. 3:22-23** There is no difference, for all have sinned and fall short of the glory of God.

45. *Who alone has kept the Law of God perfectly?*

Only Jesus Christ, the God-man.

133   **John 8:46** "Can any of you prove Me guilty of sin?"

134   **Heb 4.15** No tenemos un sumo sacerdote que no pueda compadecerse de nuestras debilidades, sino uno que fue tentado en todo según nuestra semejanza, pero sin pecado.

46. *Cristo ha guardado perfectamente la ley, ¿cómo nos ayuda esto?*

Cristo fue nuestro substituto ante Dios; el guardar perfectamente la ley ha sido parte de su trabajo de redención para nosotros y solamente por él somos considerados justos delante de Dios.

135   **Gl 4.4-5** Pero cuando vino el cumplimiento del tiempo, Dios envió a su Hijo, nacido de mujer y nacido bajo la Ley, para redimir a los que estaban bajo la Ley, a fin de que recibiéramos la adopción de hijos.

47. *¿Aparte de mostrarnos que somos pecadores, qué mas hace la ley por nosotros?*

En los diez mandamientos Dios nos muestra cual es su voluntad. Los cristianos por el poder del Espíritu Santo tienen un ávido deseo de hacer la voluntad de Dios.

136   **1 Ts 4.3** La voluntad de Dios es vuestra santificación.

LA SEGUNDA TABLA
El amor al prójimo

48. *¿Qué es la suma de los mandamientos 4-10 (Segunda Tabla)?*

Ama a tu prójimo como a ti mismo Mt 22.39

49. *¿Quién es nuestro prójimo?*

Toda la gente es nuestro prójimo.

137   **Gl 6.10** Así que, según tengamos oportunidad, hagamos bien a todos, y especialmente a los de la familia de la fe.

138   **Mt 5.44** Pero yo os digo: Amad a vuestros enemigos, bendecid a los que os maldicen, haced bien a los que os odian y orad por los que os ultrajan y os persiguen.

H.B. **Lc 10.25-37** El buen samaritano mostró misericordia a su prójimo.

50. *¿Cómo debemos amar a nuestro prójimo?*

Debemos amar a nuestro prójimo como a nosotros mismos y mostrar este amor guardando los mandamientos de la Segunda Tabla.

139   **Mt 7.12** Así que todas las cosas que queráis que los hombres hagan con vosotros, así también haced vosotros con ellos, pues esto es la Ley y los Profetas.

EL CUARTO MANDAMIENTO: Los representantes de Dios

Honrarás a tu padre y a tu madre.

51. *¿Qué quiere decir esto?*

134   **Heb. 4:15** We do not have a high priest who is unable to sympathize with our weaknesses, but we have one who has been tempted in every way, just as we are yet without sin.

46. *How does Christ's perfect keeping of the Law benefit us?*

Since Christ was our substitute before God, our Savior's perfect keeping of the Law is part of His saving work for us, and because of Him we are considered righteous before God.

135   **Gal. 4:4-5** When the time had fully come, God sent His Son, born of a woman, born under law, to redeem those under law, that we might receive the full rights of sons.

47. *Besides showing us our sin, what else does God's Law do for us?*

In the Ten Commandments God shows us what His will is. Christians, by the power of the Holy Spirit, are eager to do God's will.

136   **1 Thess. 4:3** It is God's will that you should be sanctified.

SECOND TABLE
Loving your neighbor

48. *What is the summary of commandments 4-10 (Second Table)?*

"Love your neighbor as yourself" (Matt. 22:39).

49. *Who is our neighbor?*

All people are our neighbors.

137   **Gal. 6:10** As we have opportunity, let us do good to all people, especially to those who belong to the family of believers.

138   **Matt. 5:44** Love your enemies and pray for those who persecute you.

Bible narrative: **Luke 10:25-37** The good Samaritan showed mercy to his neighbor.

50. *How should we love our neighbor?*

We should love our neighbor as ourselves and show this love by keeping the commandments of the Second Table.

139   **Matt. 7:12** In everything, do to others what you would have them do to you, for this sums up the Law and the Prophets.

THE FOURTH COMMANDMENT: God's Representatives

Honor your father and your mother.

51. *What does this mean?*

Debemos temer y amar a Dios de modo que no despreciemos ni irritemos a nuestros padres y superiores, sino que los honremos, les sirvamos, obedezcamos, los amemos y tengamos en alta estima.

52. ¿Quiénes son nuestros padres y superiores?

Padres, son nuestro padre, madre, y guardianes; superiores son todos aquellos que por ordenanza divina tienen autoridad sobre nosotros en el hogar, gobierno, escuela, trabajo e iglesia.

Nota: Con respecto a la autoridad espiritual, ver en la Tabla de Deberes, "A los obispos, a los pastores y a los predicadores" y también "El oficio de las llaves" bajo la Confesión y absolución.

53. ¿Qué nos prohíbe Dios en el Cuarto Mandamiento?

Dios nos prohíbe despreciar o irritar a nuestros padres y superiores. Los despreciamos cuando no respetamos su dignidad y voluntad, y los irritamos cuando los hacemos enojar por desobediencia o cualquiera otra maldad.

140 **Pr 23.22** Escucha a tu padre, que te engendró; y cuando tu madre envejezca, no la menosprecies.

141 **Ro 13.2** De modo que quien se opone a la autoridad, a lo establecido por Dios resiste; y los que resisten, acarrean condenación para sí mismos.

Nota: Ver "A los trabajadores de toda clase" en la Tabla de Deberes.

H.B. **1 S 2.12, 23, 25** Los hijos de Elí afligieron a su padre por su conducta. **2 S 15** Absalón se rebeló contra su padre y rey.

54. ¿Qué nos ordena Dios en el Cuarto Mandamiento?

Dios nos ordena:

A. que honremos a nuestros padres y superiores al considerarlos como representantes de Dios;

142 **Ef 6.2-3** "Honra a tu padre y a tu madre"—que es el primer mandamiento con promesa—para que te vaya bien y seas de larga vida sobre la tierra.

Nota: Ver "A los padres" y "A los hijos" en la Tabla de Deberes.

H.B. **Gn 46.29** José honró a su padre. **1 R 2.19** El rey Salomón honró a su madre. **2 R 2.12** Eliseo honró a su maestro.

B. que les sirvamos espontáneamente haciendo por ellos lo que podemos;

143 **1 Ti 5.4** Pero si alguna viuda tiene hijos o nietos, aprendan estos primero a ser piadosos para con su propia familia y a recompensar a sus padres, porque esto es lo bueno y agradable delante de Dios.

144 **Ro 13.7** Pagad a todos lo que le debéis: al que tributo, tributo; al que impuesto, impuesto; al que respeto, respeto; al que honra, honra.

H.B. **Gn 47.11-12** José ayudó a su padre. **Jn 19.26** Jesús proveyó para su madre.

C. que les obedezcamos cumpliendo con su voluntad en todo lo que Dios les ha dado autoridad sobre nosotros;

We should fear and love God so that we do not despise or anger our parents and other authorities, but honor them, serve and obey them, love and cherish them.

52. *Who are parents and other authorities?*

Parents are fathers, mothers, and guardians; other authorities are all those whom God has placed over us at home, in government, at school, at the place where we work, and in the church.

Note: Regarding spiritual authority, see the Table of Duties, "What the Hearers Owe Their Pastors" and also "The Office of the Keys" under Confession.

53. *What does God forbid in the Fourth Commandment?*

God forbids us to despise our parents and other authorities by not respecting them or angering them by our disobedience or by any other kind of sin.

140   **Prov. 23:22** Listen to your father, who gave you life, and do not despise your mother when she is old.

141   **Rom. 13:2** He who rebels against the authority is rebelling against what God has instituted, and those who do so will bring judgment on themselves.

Note: See "To Workers of All Kinds" under the Table of Duties.

Bible narratives: **1 Sam. 2:12, 23, 25** The sons of Eli grieved their father by their wickedness. **2 Samuel 15** Absalom rebelled against his father and king.

54. *What does God require of us in the Fourth Commandment?*

God requires us:

A. to honor our parents and other authorities by regarding them as God's representatives;

142   **Eph. 6:2-3** "Honor your father and mother"—which is the first commandment with a promise—"that it may go well with you and that you may enjoy long life on the earth."

Note: See "To Parents" and "To Children" under the Table of Duties.

Bible narratives: **Gen. 46:29** Joseph honored his father. **1 Kings 2:19** King Solomon honored his mother. **2 Kings 2:12** Elisha honored his teacher.

B. to serve our parents and other authorities by gladly providing what they need or require;

143   **1 Tim. 5:4** If a widow has children or grandchildren, these should learn first of all to put their religion into practice by caring for their own family and so repaying their parents and grandparents, for this is pleasing to God.

144   **Rom. 13:7** Give everyone what you owe him: If you owe taxes, pay taxes; if revenue, then revenue; if respect, then respect; if honor, then honor.

Bible narratives: **Gen. 47:11-12** Joseph provided for his father. **John 19:26** Jesus provided for His mother.

C. to obey our parents and other authorities in everything in which God has placed them over us;

145   **Col 3.20** Hijos, obedeced a vuestros padres en todo, porque esto agrada al Señor.

146   **Tit 3.1** Recuérdales que se sujeten a los gobernantes y autoridades, a que obedezcan, que estén dispuestos a toda buena obra.

147   **Hch 5.29** Es necesario obedecer a Dios antes que a los hombres.

Nota: Ver "A los trabajadores de toda clase", "A los empleados y supervisores" y "A todos los cristianos en general" en la Tabla de Deberes.

H.B. **Lc 2.51** Jesús fue sujeto a María y José. **1 S 20.31-33** Jonatán desobedeció a su padre para poder salvar la vida de David y así obedeció al Señor antes que a los hombres.

D. que los estimemos en gran manera considerándolos como un don precioso de Dios.

148   **Pr 23.22** Escucha a tu padre, que te engendró; y cuando tu madre envejezca, no la menosprecies.

H.B. **Rut** Rut amó y apreció a su suegra Noemí.

E. que debemos mostrar respeto a los ancianos.

149   **Lv 19.32** Delante de las canas te levantarás y honrarás el rostro del anciano.

55. *¿Cuál es la promesa que va con este mandamiento?*

... para que te vaya bien y seas de larga vida sobre la tierra. Ef 6.3

EL QUINTO MANDAMIENTO: La vida es un don de Dios

No matarás.

56. *¿Qué quiere decir esto?*

Debemos temer y amar a Dios de modo que no hagamos daño o mal material alguno a nuestro prójimo en su cuerpo, sino que le ayudemos y hagamos prosperar en todas las necesidades de su vida.

57. *¿Qué nos prohibe Dios en el Quinto Mandamiento?*

A. Dios nos prohibe quitar la vida de otra persona (asesinato, aborto, eutanasia) o quitar nuestra propia vida (suicidio).

150   **Gn 9.6** El que derrame la sangre de un hombre, por otro hombre su sangre será derramada, porque a imagen de Dios es hecho el hombre.

151   **Mt 26.52** Vuelve tu espada a su lugar, porque todos los que tomen espada, a espada perecerán.

H.B. **Gn 4.8** Caín mató a su hermano Abel. **2 S 11.15** David mandó matar a Urías. **Ex 21.29 y Dt 22.8** Se puede matar a alguien por accidente (sin intención). **Mt 27.5** Judas cometió suicidio.

145   **Col. 3:20** Children, obey your parents in everything, for this pleases the Lord.

146   **Titus 3:1** Remind the people to be subject to rulers and authorities, to be obedient, to be ready to do whatever is good.

147   **Acts 5:29** We must obey God rather than men!

Note: See "To Workers of All Kinds," "To Employers and Supervisors," and "Of Citizens" in the Table of Duties.

Bible narratives: **Luke 2:51** Jesus was subject to Mary and Joseph. **1 Sam. 20:31-33** Jonathan disobeyed his father in order to spare David's life and thus obeyed God rather than man.

D. to love and cherish our parents and other authorities as precious gifts of God;

148   **Prov. 23:22** Listen to your father, who gave you life, and do not despise your mother when she is old.

Bible narrative: **Ruth** Ruth loved and cherished her mother-in-law, Naomi.

E. to show respect to the aged.

149   **Lev. 19:32** Rise in the presence of the aged, show respect for the elderly and revere your God.

55. *What promise does God attach to this commandment?*

. . . that it may go well with you and that you may enjoy long life on the earth. Eph. 6:3

The Fifth Commandment: God's Gift of Life

You shall not murder.

56. *What does this mean?*

We should fear and love God so that we do not hurt or harm our neighbor in his body, but help and support him in every physical need.

57. *What does God forbid in the Fifth Commandment?*

A. God forbids us to take the life of another person (murder, abortion, euthanasia) or our own life (suicide).

150   **Gen. 9:6** Whoever sheds the blood of man, by man shall his blood be shed; for in the image of God has God made man.

151   **Matt. 26:52** All who draw the sword will die by the sword.

Bible narratives: **Gen. 4:8** Cain murdered his brother Abel. **2 Sam. 11:15** David murdered Uriah through others. **Ex. 21:29 and Deut. 22:8** Killing through carelessness. **Matt. 27:5** Judas killed himself.

EL ABORTO

Los seres vivientes que aún no han nacido son personas ante Dios desde el momento de la concepción. Ya que el aborto mata una vida humana, no es una opción moral, exepto para prevenir la muerte de otra persona, la madre.

152   **Jer 1.5** Antes que te formara en el vientre, te conocí, y antes que nacieras, te santifiqué.

153   **Sal 139.16** Mi embrión vieron tus ojos, y en tu libro estaban escritas todas aquellas cosas que fueron luego formadas, sin faltar ni una de ellas.

H.B. **Lc 1.41-44** Juan el Bautista saltó de alegría cuando aún se encontraba en el vientre de su madre. Al hacer esto, Juan el Bautista y su madre Elizabeth, llenos del Espíritu Santo reconocieron a Jesús (que aún no había nacido) como Señor.

LA EUTANASIA

Los ancianos, las personas retardadas o con otras incapacidades, son seres humanos de mucho valor ante Dios. Dios les dio la vida y solo él puede terminarla.

154   **Pr 6.16-17** Seis cosas aborrece Jehová, y aun siete le son abominables: los ojos altivos, la lengua mentirosa, las manos que derraman sangre inocente.

155   **Pr 31.8** Abre tu boca en favor del mudo en el juicio de todos los desvalidos.

156   **Hch 17.25** ...pues él es quien da a todos vida, aliento y todas las cosas.

EL SUICIDIO

Mi propia vida es un don de Dios, y solo él debe terminarla.

157   **Jer 31.3** Jehová se me manifestó hace ya mucho tiempo, diciendo: Con amor eterno te he amado; por eso, te prolongué mi misericordia.

158   **Lc 12.22** Dijo luego a sus discípulos: "Por tanto os digo: No os angustiéis por vuestra vida, qué comeréis; ni por el cuerpo, qué vestiréis. La vida es más que la comida, y el cuerpo más que el vestido."

B. Dios nos prohibe hacer daño o mal alguno a nuestro prójimo en su cuerpo, esto es, hacer o decir cosa alguna por la cual se destruya, acorte o amargue su vida;

159   **Dt 32.39** Ved ahora que yo, yo soy, y no hay dioses conmigo; yo hago morir y yo hago vivir, yo hiero y yo sano, y no hay quien se pueda librar de mis manos.

160   **Ro 12.19** No os venguéis vosotros mismos, amados míos, sino dejad lugar a la ira de Dios, porque escrito está: "Mía es la venganza, yo pagaré, dice el Señor."

H.B. **Gn 37.23-35** Los hermanos de José lo dañaron y le amargaron la vida a su padre por medio de su maldad. **Éxodo 1.** Los egipcios amargaron la vida de los israelitas con crueles trabajos.

C. Dios nos prohibe guardar ira u odio contra el prójimo en nuestro corazón.

ABORTION

The living but unborn are persons in the sight of God from the time of conception. Since abortion takes a human life, it is not a moral option except to prevent the death of another person, the mother.

152   **Jer. 1:5** Before I formed you in the womb I knew you, before you were born I set you apart.

153   **Ps. 139:16** Your eyes saw my unformed body. All the days ordained for me were written in Your book before one of them came to be.

Bible narrative: **Luke 1:41-44** John the Baptist leaped for joy while still in his mother's womb. In doing so, John the Baptist and Elizabeth, by the Holy Spirit, acknowledged the unborn Jesus as Lord.

EUTHANASIA

The severely handicapped, infirm, helpless, and aged are persons in the sight of God with life given by Him and to be ended only by Him.

154   **Prov. 6:16-17** There are six things the Lord hates, seven that are detestable to Him: haughty eyes, a lying tongue, hands that shed innocent blood.

155   **Prov. 31:8** Speak up for those who cannot speak for themselves, for the rights of all who are destitute.

156   **Acts 17:25** He Himself gives all men life and breath and everything else.

SUICIDE

My own life is a gift of God to be ended only by Him.

157   **Jer. 31:3** The Lord appeared to us in the past, saying: "I have loved you with an everlasting love; I have drawn you with loving-kindness."

158   **Luke 12:22** Jesus said to His disciples: "Therefore I tell you, do not worry about your life, what you will eat; or about your body, what you will wear."

B. God forbids us to hurt or harm our neighbor physically, that is, to do or say anything which may destroy, shorten, or make his or her life bitter.

159   **Deut. 32:39** See now that I Myself am He! There is no god besides Me. I put to death and I bring to life, I have wounded and I will heal, and no one can deliver out of My hand.

160   **Rom. 12:19** Do not take revenge, my friends, but leave room for God's wrath, for it is written: "It is Mine to avenge; I will repay," says the Lord.

Bible narratives: **Gen. 37:23-35** Joseph's brothers harmed Joseph and made the life of their father bitter by their wickedness. **Exodus 1** The Egyptians made the lives of the children of Israel bitter by hard labor.

C. God forbids us to keep anger and hatred in our hearts against our neighbor.

161 **Mt 5.22** Pero yo os digo que cualquiera que se enoje contra su hermano, será culpable de juicio.

162 **1 Jn 3.15** Todo aquel que odia a su hermano es homicida y sabéis que ningún homicida tiene vida permanente en él.

163 **Mt 15.19** Porque del corazón salen los malos pensamientos, los homicidios, los adulterios, las fornicaciones, los hurtos, los falsos testimonios, las blasfemias.

164 **Ef 4.26** Airaos, pero no pequéis; no se ponga el sol sobre vuestro enojo.

H.B. **Hch 7.54** Los judíos crujían los dientes contra Esteban. **Gn 4.5-7** Dios advirtió a Caín contra el enojo.

58. ¿Quién tiene autoridad para tomar la vida de otra persona?

Las autoridades del gobierno, como sirvientes de Dios, pueden ejecutar criminales y pelear guerras por la justicia.

165 **Ro 13.4** Porque está al servicio de Dios para tu bien. Pero si haces lo malo, teme, porque no en vano lleva la espada, pues está al servicio de Dios para hacer justicia y para castigar al que hace lo malo.

59. ¿Qué nos ordena Dios en el Quinto Mandamiento?

A. Dios nos ordena ayudar a nuestro prójimo y sustentarlo en toda necesidad física.

166 **Ro 12.20** Así que, si tu enemigo tiene hambre, dale de comer; si tiene sed, dale de beber, pues haciendo esto, harás que le arda la cara de vergüenza.

H.B. **Gn 14.12-16** Abraham rescató a Lot de sus enemigos. **1 S 26.1-12** David protegió la vida de Saúl. **Lc 10.33-35** El buen samaritano ayudó al hombre que cayó victima de unos ladrones.

B. Debemos ser misericordiosos, bondadosos, y perdonadores con él.

167 **Mt 5.5, 7, 9** Bienaventurados los mansos, porque recibirán la tierra por heredad... Bienaventurados los misericordiosos, porque alcanzarán misericordia... Bienaventurados los pacificadores, porque ellos serán llamados hijos de Dios.

168 **Mt 6.15** Pero si no perdonáis sus ofensas a los hombres, tampoco vuestro Padre os perdonará vuestras ofensas.

169 **Ef 4.32** Antes sed bondadosos unos con otros, misericordiosos, perdonándoos unos a otros, como Dios también os perdonó a vosotros en Cristo.

H.B. **Lc 17.11-19** Jesús mostró misericordia a los diez leprosos. **Mt 8.5-13** El centurión fue gentil con su sirviente enfermo. **Gn 45.1-16** José perdonó a sus hermanos.

C. Debemos evitar y ayudar a nuestro prójimo a que evite el uso abusivo de las drogas y de toda sustancia que haga daño a su cuerpo o a su mente.

170 **2 Co 7.1** Limpiémonos de toda contaminación de carne y de espíritu.

161   **Matt. 5:22** I tell you that anyone who is angry with his brother will be subject to judgment.

162   **1 John 3:15** Anyone who hates his brother is a murderer, and you know that no murderer has eternal life in him.

163   **Matt. 15:19** Out of the heart come evil thoughts, murder, adultery, sexual immorality, theft, false testimony, slander.

164   **Eph. 4:26** In your anger do not sin: Do not let the sun go down while you are still angry.

Bible narratives: **Acts 7:54** The Jews showed their anger against Stephen. **Gen. 4:5-7** God warned Cain against anger.

58. *Does anyone have authority to take another person's life?*

Yes, lawful government, as God's servant, may execute criminals and fight just wars.

165   **Rom. 13:4** He is God's servant to do you good. But if you do wrong, be afraid, for he does not bear the sword for nothing. He is God's servant, an agent of wrath to bring punishment on the wrongdoer.

59. *What does God require of us in the Fifth Commandment?*

A. We should help and support our neighbor in every bodily need.

166   **Rom. 12:20** If your enemy is hungry, feed him; if he is thirsty, give him something to drink. In doing this, you will heap burning coals on his head.

Bible narratives: **Gen. 14:12-16** Abraham rescued Lot from his enemies. **1 Sam. 26:1-12** David protected the life of Saul. **Luke 10:33-35** The good Samaritan helped the man who had fallen among thieves.

B. We should be merciful, kind, and forgiving towards our neighbor.

167   **Matt. 5:5, 7, 9** Blessed are the meek, for they will inherit the earth.... Blessed are the merciful, for they will be shown mercy.... Blessed are the peacemakers, for they will be called sons of God.

168   **Matt. 6:15** If you do not forgive men their sins, your Father will not forgive your sins.

169   **Eph. 4:32** Be kind and compassionate to one another, forgiving each other, just as in Christ God forgave you.

Bible narratives: **Luke 17:11-19** Jesus showed mercy to the 10 lepers. **Matt. 8:5-13** The centurion was kind to his sick servant. **Gen. 45:1-16** Joseph was forgiving toward his brothers.

C. We should avoid and assist our neighbor in avoiding the abuse of drugs and the use of any substance that harms the body and the mind.

170   **2 Cor. 7:1** Let us purify ourselves from everything that contaminates body and spirit.

EL SEXTO MANDAMIENTO: El matrimonio es un don de Dios

No cometerás adulterio.

60. *¿Qué quiere decir esto?*

Debemos temer y amar a Dios de modo que llevemos una vida casta y decente en palabras y en obras, y que cada uno ame y honre a su cónyuge.

61. *¿Cómo llevamos una vida sexual pura y decente?*

Llevamos una vida sexualmente pura y decente cuando:

A. consideramos la sexualidad como un don precioso de Dios,

171   **Gn 1.27, 31** Y creó Dios al hombre a su imagen, a imagen de Dios lo creó; varón y hembra los creó... Y vio Dios todo cuanto había hecho, y era bueno en gran manera.

B. honramos al matrimonio como una institución de Dios, como la unión de un hombre y una mujer para toda la vida.

172   **Gn 2.24-25** Por tanto dejará el hombre a su padre y a su madre, se unirá a su mujer y serán una sola carne. Estaban ambos desnudos, Adán y su mujer, pero no se avergonzaban.

173   **Mr 10.6-9** Pero al principio de la creación, hombre y mujer los hizo Dios. Por esto dejará el hombre a su padre y a su madre, y se unirá a su mujer, y los dos serán una sola carne; así que no son ya más dos, sino uno. Por tanto, lo que Dios juntó, no lo separe el hombre.

C. Cuando el acto sexual es reservado para ser practicado únicamente entre los esposos.

174   **Heb 13.4** Honroso sea en todos el matrimonio y el lecho sin mancilla; pero a los fornicarios y a los adúlteros los juzgará Dios.

D. Debemos controlar nuestras pasiones sexuales de acuerdo a su voluntad.

175   **Tit 2.11-12** La gracia de Dios se ha manifestado para salvación a toda la humanidad, y nos enseña que, renunciando a la impiedad y a los deseos mundanos, vivamos en este siglo sobria, justa y piadosamente.

Nota: Vea también 1 Ts 4.1-7

62. *¿Qué prohibe Dios en el Sexto Mandamiento?*

A. Dios prohibe el divorcio, excepto por infidelidad conyugal (adulterio o abandono).

176   **Mt 19.6** Así que no son ya más dos, sino una sola carne; por tanto, lo que Dios juntó no lo separe el hombre.

177   **Mt 19.9** Y yo os digo que cualquiera que repudia a su mujer, salvo por causa de fornicación, y se casa con otra, adultera; y el que se casa con la repudiada, adultera.

178   **1 Co 7.15** Pero si el no creyente se separa, sepárese, pues no está el hermano o la hermana sujeto a servidumbre en semejante caso, sino que vivir en paz nos llamó Dios.

THE SIXTH COMMANDMENT: God's Gift of Marriage

You shall not commit adultery.

60. *What does this mean?*

We should fear and love God so that we lead a sexually pure and decent life in what we say and do, and husband and wife love and honor each other.

61. *How do we lead a sexually pure and decent life?*

We lead a sexually pure and decent life when we

A. consider sexuality to be a good gift of God;

171   **Gen. 1:27, 31** God created man in His own image, in the image of God He created him; male and female He created them.... God saw all that He had made, and it was very good.

B. honor marriage as God's institution, the lifelong union of one man and one woman;

172   **Gen. 2:24-25** For this reason a man will leave his father and mother and be united to his wife, and they will become one flesh. The man and his wife were both naked, and they felt no shame.

173   **Mark 10:6-9** At the beginning of creation God "made them male and female." For this reason a man will leave his father and mother and be united to his wife, and the two will become one flesh. So they are no longer two, but one. Therefore what God has joined together, let man not separate.

C. reserve sexual intercourse for the marriage partner alone;

174   **Heb. 13:4** Marriage should be honored by all, and the marriage bed kept pure, for God will judge the adulterer and all the sexually immoral.

D. control sexual urges in a God-pleasing way.

175   **Titus 2:11-12** The grace of God that brings salvation has appeared to all men. It teaches us to say "No" to ungodliness and worldly passions, and to live self-controlled, upright and godly lives in this present age.

Note: See also 1 Thess. 4:1-7.

62. *What does God forbid in the Sixth Commandment?*

A. God forbids divorce except for marital unfaithfulness (adultery or desertion).

176   **Matt. 19:6** They are no longer two, but one. Therefore what God has joined together, let man not separate.

177   **Matt. 19:9** Anyone who divorces his wife, except for marital unfaithfulness, and marries another woman commits adultery.

178   **1 Cor. 7:15** If the unbeliever leaves, let him do so. A believing man or woman is not bound in such circumstances.

H.B. **2 S 11** David cometió adulterio con la esposa de Urías. **Mr 6.18** Herodes vivía con la esposa de su hermano.

B. Dios prohibe las relaciones sexuales fuera del matrimonio,

179 **1 Co 6.18** Huid de la fornicación.

180 **1 Co 6.9-10** Ni los fornicarios, ni los idólatras, ni los adúlteros, ni los afeminados, ni los homosexuales... heredarán el reino de Dios.

C. Dios prohibe pecados como la violencia sexual, la homosexualidad, el incesto, el abuso sexual a los niños, las obscenidades y la pornografía.

181 **Ro 1.24, 26-27** Por lo cual, también los entregó Dios a la inmundicia, en los apetitos de sus corazones, de modo que deshonraron entre sí sus propios cuerpos... Por eso Dios los entregó a pasiones vergonzosas, pues aun sus mujeres cambiaron las relaciones naturales por las que van contra la naturaleza. Del mismo modo también los hombres, dejando la relación natural con la mujer, se encendieron en su lascivia unos con otros, cometiendo hechos vergonzosos hombres con hombres, y recibiendo en sí mismos la retribución debida su extravío.

182 **1 Co 6.9-10** ¿No sabéis que los injustos no heredarán el reino de Dios? No os engañéis: ni los fornicarios, ni los idólatras, ni los adúlteros, ni los afeminados, ni los homosexuales, ni los ladrones, ni los avaros, ni los borrachos, ni los maldicientes, ni los estafadores, heredarán el reino de Dios.

D. Dios prohibe todo deseo y pensamiento que sea sexualmente impuro.

183 **Mt 5.28** Pero yo os digo que cualquiera que mira a una mujer para codiciarla, ya adulteró con ella en su corazón.

184 **Mt 15.19** Porque del corazón salen los malos pensamientos, los homicidios, los adulterios, las fornicaciones, los hurtos, los falsos testimonios, las blasfemias.

63. ¿Qué nos ordena Dios en el Sexto Mandamiento?

A. Dios nos ordena evitar todas las tentaciones a los pecados sexuales,

185 **Gn 39.9** ¿Cómo, pues, haría yo este gran mal, y pecaría contra Dios?

186 **1 Co 6.18** Huid de la fornicación. Cualquier otro pecado que el hombre cometa, está fuera del cuerpo; pero el que fornica, contra su propio cuerpo peca.

B. Dios nos ordena ser limpios en pensamientos y palabras.

187 **Ef 5.3-4** Pero fornicación y toda impureza o avaricia, ni aun se nombre entre vosotros, como conviene a santos. Tampoco digáis palabras deshonestas, ni necedades, ni groserías que no convienen, sino antes bien acciones de gracias.

188 **Flp 4.8** Por lo demás, hermanos, todo lo que es verdadero, todo lo honesto, todo lo justo, todo lo puro, todo lo amable, todo lo que es de buen nombre; si hay virtud alguna, si algo digno de alabanza, en esto pensad.

Bible narratives: **2 Samuel 11** David committed adultery with the wife of Uriah. **Mark 6:18** Herod took his brother's wife.

B. God forbids sexual intercourse between unmarried persons.

179   **1 Cor. 6:18** Flee from sexual immorality.

180   **1 Cor. 6:9-10** Neither the sexually immoral nor idolaters nor adulterers nor male prostitutes nor homosexual offenders . . . will enter the kingdom of God.

C. God forbids sexual sins such as rape, homosexual activity, incest, sexual child abuse, obscenity, and the use of pornographic materials.

181   **Rom. 1:24, 26-27** Therefore God gave them over in the sinful desires of their hearts to sexual impurity for the degrading of their bodies with one another.... Even their women exchanged natural relations for unnatural ones. In the same way the men also abandoned natural relations with women and were inflamed with lust for one another. Men committed indecent acts with other men, and received in themselves the due penalty for their perversion.

182   **1 Cor. 6:9-10** Do you not know that the wicked will not inherit the kingdom of God? Do not be deceived: Neither the sexually immoral nor adulterers nor male prostitutes nor homosexual offenders nor thieves nor the greedy nor drunkards nor slanderers nor swindlers will inherit the kingdom of God.

D. God forbids sexually impure thoughts and desires.

183   **Matt. 5:28** I tell you that anyone who looks at a woman lustfully has already committed adultery with her in his heart.

184   **Matt. 15:19** Out of the heart come evil thoughts, murder, adultery, sexual immorality, theft, false testimony, slander.

63. *What does God require of us in the Sixth Commandment?*

A. God requires us to avoid all temptations to sexual sin.

185   **Gen. 39:9** How then could I do such a wicked thing and sin against God?

186   **1 Cor. 6:18** Flee from sexual immorality. All other sins a man commits are outside his body, but he who sins sexually sins against his own body.

B. God requires us to be clean in what we think and say.

187   **Eph. 5:3-4** Among you there must not be even a hint of sexual immorality, or of any kind of impurity, or of greed, because these are improper for God's holy people. Nor should there be obscenity, foolish talk or coarse joking, which are out of place, but rather thanksgiving.

188   **Phil. 4:8** Finally, brothers, whatever is true, whatever is noble, whatever is right, whatever is pure, whatever is lovely, whatever is admirable—if anything is excellent or praise-worthy—think about such things.

C. Dios nos ordena usar nuestra sexualidad de una manera responsable y agradable a Dios.

189   **1 Co 6.19-20** ¿O ignoráis que vuestro cuerpo es templo del Espíritu Santo, el cual está en vosotros, el cual habéis recibido de Dios, y que no sois vuestros?, pues habéis sido comprados por precio; glorificad, pues, a Dios en vuestro cuerpo y en vuestro espíritu, los cuales son de Dios.

64. ¿Qué es lo que Dios requiere especialmente del esposo y la esposa?

Dios requiere de las parejas casadas que se amen, honren y se respeten mutuamente. La mujer es la ayudante y compañera dada por Dios al hombre, y el hombre es la cabeza dada por Dios a la mujer.

190   **Gn 2.18** Después dijo Jehová Dios: "No es bueno que el hombre esté solo: le haré ayuda idónea para él."

191   **1 Co 7.4** La mujer no tiene dominio sobre su propio cuerpo, sino el marido; ni tampoco tiene el marido dominio sobre su propio cuerpo, sino la mujer.

192   **Ef 4.32** Antes sed bondadosos unos con otros, misericordiosos, perdonándoos unos a otros, como Dios también os perdonó a vosotros en Cristo.

193   **Ef 5.21-23, 25** Someteos unos a otros en el temor de Dios. Las casadas estén sujetas a sus propios maridos, como al Señor, porque el marido es cabeza de la mujer, así como Cristo es cabeza de la iglesia, la cual es su cuerpo, y él es su Salvador. Maridos, amad a vuestras mujeres, así como Cristo amó a la iglesia y se entregó a sí mismo por ella.

Nota: Véase la Tabla de Deberes en el Catecismo Menor.

EL SÉPTIMO MANDAMIENTO: Los bienes son un don de Dios

No hurtarás.

65. ¿Qué quiere decir esto?

Debemos temer y amar a Dios de modo que no quitemos el dinero o los bienes de nuestro prójimo, ni nos apoderemos de ellos con mercaderías o negocios falsos, sino que le ayudemos a mejorar y conservar sus bienes y medios de vida.

66. ¿Qué prohíbe Dios en el Séptimo Mandamiento?

Dios prohíbe todo tipo de robo, hurto, usura, fraude y toda forma de deshonestidad para conseguir cosas.

194   **Lv 19.35-36** No cometáis injusticia en los juicios, en medidas de tierra, ni en peso ni en otra medida. Balanzas justas, pesas justas y medidas justas tendréis.

195   **Sal 37.21** El impío toma prestado y no paga; pero el justo tiene misericordia y da.

196   **Ef 4.28** El que robaba, no robe más, sino trabaje, haciendo con sus manos lo que es bueno para que tenga qué compartir con el que padece necesidad.

197   **2 Ts 3.10** Si alguno no quiere trabajar, tampoco coma.

C. God requires us to use our sexuality in ways pleasing to Him.

189   **1 Cor. 6:19-20** Do you not know that your body is a temple of the Holy Spirit, who is in you, whom you have received from God? You are not your own; you were bought at a price. Therefore honor God with your body.

58. *What does God require especially of married people?*

God requires married people to love, honor, and respect each other. The wife is the husband's God-given helper, and the husband is the wife's God-given head.

190   **Gen. 2:18** The Lord God said, "It is not good for the man to be alone. I will make a helper suitable for him."

191   **1 Cor. 7:4** The wife's body does not belong to her alone but also to her husband. In the same way, the husband's body does not belong to him alone but also to his wife.

192   **Eph. 4:32** Be kind and compassionate to one another, forgiving each other, just as in Christ God forgave you.

193   **Eph. 5:21-23, 25** Submit to one another out of reverence for Christ. Wives, submit to your husbands as to the Lord. For the husband is the head of the wife as Christ is the head of the church, His body, of which He is the Savior.... Husbands, love your wives, just as Christ loved the church and gave Himself up for her.

Note: See "To Husbands" and "To Wives" under the Table of Duties.

THE SEVENTH COMMANDMENT: God's Gift of Possessions

You shall not steal.

65. *What does this mean?*

We should fear and love God so that we do not take our neighbor's money or possessions, or get them in any dishonest way, but help him to improve and protect his possessions and income.

66. *What does God forbid in the Seventh Commandment?*

God forbids every kind of robbery, theft, and dishonest way of getting things.

194   **Lev. 19:35** Do not use dishonest standards when measuring length, weight or quantity.

195   **Ps. 37:21** The wicked borrow and do not repay, but the righteous give generously.

196   **Eph. 4:28** He who has been stealing must steal no longer, but must work, doing something useful with his own hands, that he may have something to share with those in need.

197   **2 Thess. 3:10** If a man will not work, he shall not eat.

H.B. **Jos 7.20-22** Acán robó cuando tomó secretamente un manto, plata y oro. **Jn 12.6** Judas fue un ladrón. **2 R 5.20-24.** Giezi fue deshonesto y se valió de mentiras para obtener un regalo.

67. ¿Qué nos ordena Dios en el Séptimo Mandamiento?

A. Dios nos ordena ayudar a nuestro prójimo a conservar y mejorar sus bienes y medios de vida,

198   **Mt 7.12** Así que todas las cosas que queráis que los hombres hagan con vosotros, así también haced vosotros con ellos.

199   **Flp 2.4** No busquéis vuestro propio provecho, sino el de los demás.

H.B. **Gn 13.9** Abraham permitió que Lot escogiera la mejor tierra. **Gn 14.12-16** Abraham rescató a Lot de sus enemigos y recuperó su propiedad.

B. Debemos ayudar a nuestro prójimo en toda necesidad.

200   **Mt 5.42** Al que te pida, dale; y al que quiera tomar de ti prestado, no se lo niegues.

201   **Heb 13.16** Y de hacer el bien y de la ayuda mutua no os olvidéis, porque de tales sacrificios se agrada Dios.

202   **1 Jn 3.17** Pero el que tiene bienes de este mundo y ve a su hermano tener necesidad y cierra contra él su corazón, ¿cómo mora el amor de Dios en él?

H.B. **Lc 19.8** Zaqueo prometió devolver cuatro veces lo que había defraudado y dar la mitad de sus bienes a los pobres. **Lc 10.29-37** El buen samaritano ayudó a su prójimo pero el sacerdote y levita no lo hicieron.

EL OCTAVO MANDAMIENTO: El buen nombre es un don de Dios

No hablarás falso testimonio contra tu prójimo.

68. ¿Qué quiere decir esto?

Debemos temer y amar a Dios de modo que no mintamos contra nuestro prójimo, ni le traicionemos, ni le calumniemos, ni le difamemos, sino que le disculpemos, hablemos bien de él e interpretemos todo en el mejor sentido.

69. ¿Qué nos prohibe Dios en el Octavo Mandamiento?

A. Dios nos prohibe mentir acerca de nuestro prójimo ante un tribunal o en otros lugares, sea dando falso testimonio o encubriendo la verdad.

203   **Pr 19.5** El testigo falso no quedará sin castigo, y el que dice mentiras no escapará.

204   **Ef 4.25** Por eso, desechando la mentira, hablad verdad cada uno con su prójimo, porque somos miembros los unos de los otros.

H.B. **Mt 26.59-61** Testigos falsos testificaron en contra de Jesús. **1 R 21.13** Los testigos contaron falsedades contra Nabot. **2 R 5.22-25** Giezi mintió.

B. Dios también nos prohibe traicionar a nuestro prójimo, esto es, revelar sus secretos

Bible narratives: **Joshua 7:2-22** Achan stole when he secretly took a garment and silver and gold. **John 12:6** Judas was a thief. **2 Kings 5:20-24** Gehazi obtained a present by lying and trickery.

67. What does God require of us in the Seventh Commandment?

A. We should help our neighbor to improve and protect that person's possessions and income.

198   **Matt. 7:12** In everything, do to others what you would have them do to you.

199   **Phil. 2:4** Each of you should look not only to your own interests, but also to the interests of others.

Bible narratives: **Gen. 13:9** Abraham gave Lot the choice of the land. **Gen. 14:12-16** Abraham rescued Lot from the enemy and recovered Lot's property.

B. We should help our neighbor in every need.

200   **Matt. 5:42** Give to the one who asks you, and do not turn away from the one who wants to borrow from you.

201   **Heb. 13:16** Do not forget to do good, and to share with others, for with such sacrifices God is pleased.

202   **1 John 3:17** If anyone has material possessions and sees his brother in need but has no pity on him, how can the love of God be in him?

Bible narratives: **Luke 19:8** Zacchaeus promised to give back four times what he had taken dishonestly and to give half of his goods to the poor. **Luke 10:29-37** The good Samaritan helped his neighbor but the priest and Levite did not.

THE EIGHTH COMMANDMENT: God's Gift of a Good Reputation

You shall not give false testimony against your neighbor.

68. What does this mean?

We should fear and love God so that we do not tell lies about our neighbor, betray him, slander him, or hurt his reputation, but defend him, speak well of him, and explain everything in the kindest way.

69. What does God forbid in the Eighth Commandment?

A. God forbids us to tell lies about our neighbor in a court of law or elsewhere, that is, to lie about, lie to, or withhold the truth from our neighbor.

203   **Prov. 19:5** A false witness will not go unpunished, and he who pours out lies will not go free.

204   **Eph. 4:25** Each of you must put off falsehood and speak truthfully to his neighbor, for we are all members of one body.

Bible narratives: **Matt. 26:59-61** False witnesses testified against Jesus. **1 Kings 21:13** False witnesses testified against Naboth. **2 Kings 5:22-25** Gehazi lied about Elisha and then lied to him

B. God forbids us to betray our neighbor, that is, to reveal our neighbor's secrets.

205 **Pr 11.13** El que anda con chismes revela el secreto; y el de espíritu fiel lo guarda íntegro.

H.B. **1 S 22.6-19** Doeg traicionó a Ahimelec. **Mt 26.14-16** Judas traicionó a Jesús.

C. Dios nos prohibe calumniar y manchar el buen nombre de nuestro prójimo.

206 **Mt 18.15** Por tanto, si tu hermano peca contra ti, ve y repréndelo estando tú y él solos.

207 **Lc 6.37** No juzguéis y no seréis juzgados.

208 **Stg 4.11** Hermanos, no murmuréis los unos de los otros.

H.B. **2 S 15.1-6** Absalón habló mal de su padre.

70. ¿Qué nos ordena Dios en el Octavo Mandamiento?

A. Dios nos ordena interceder, proteger y defender a nuestro prójimo de toda falsa acusación.

209 **Pr 31.8-9** Abre tu boca en favor del mudo en el juicio de todos los desvalidos. Abre tu boca, y juzga con justicia y defiende la causa del pobre y del menesteroso.

B. Debemos hablar bien de él y felicitarlo por sus buenas acciones y cualidades.

H.B. **1 S 19.4** Jonatán habló bien de David. **Lc 7.4-5** La gente de Capernaúm habló bien del oficial romano. **Mr 14.3-9** Jesús habló bien de la mujer que lo ungió.

C. Dios nos ordena disculpar a nuestro prójimo e interpretar todo en el mejor sentido.

210 **1 Co 13.7** [el amor] Todo lo sufre, todo lo cree, todo lo espera, todo lo soporta.

211 **1 Pe 4.8** Y ante todo, tened entre vosotros ferviente amor, porque el amor cubrirá multitud de pecados.

EL NOVENO MANDAMIENTO: Estar satisfecho es un don de Dios

No codiciarás la casa de tu prójimo.

71. ¿Qué quiere decir esto?

Debemos temer y amar a Dios de modo que no tratemos de obtener con astucia la herencia o casa de nuestro prójimo, ni nos apoderemos de ellas con apariencia de derecho, sino que le ayudemos y cooperemos con él en la conservación de lo que le pertenece.

72. ¿Qué es la codicia?

La codicia es el deseo pecaminoso de tener algo o alguien que le pertenece a nuestro prójimo.

212 **Ro 7.8** Pero el pecado... produjo en mí toda codicia.

213 **Mt 15.19** Porque del corazón salen los malos pensamientos, los homicidios, los adulterios, las fornicaciones, los hurtos, los falsos testimonios, las blasfemias.

205   **Prov. 11:13** A gossip betrays a confidence, but a trustworthy man keeps a secret

Bible narratives: **1 Sam. 22:6-19** Doeg betrayed Ahimelech. **Matt. 26:14-16** Judas betrayed Jesus.

C. God forbids us to slander our neighbor or hurt our neighbor's reputation.

206   **Matt. 18:15** If your brother sins against you, go and show him his fault, just between the two of you.

207   **Luke 6:37** Do not judge, and you will not be judged. Do not condemn, and you will not be condemned.

208   **James 4:11** Brothers, do not slander one another.

Bible narrative: **2 Sam. 15:1-6** Absalom slandered his father.

70. *What does God require of us in the Eighth Commandment?*

A. We should defend our neighbor, that is, we should speak up for and protect our neighbor from false accusations.

209   **Prov. 31:8-9** Speak up for those who cannot speak for themselves, for the rights of all who are destitute. Speak up and judge fairly; defend the rights of the poor and needy.

B. We should speak well of our neighbor, that is, we should praise our neighbor's good actions and qualities.

Bible narratives: **1 Sam. 19:4** Jonathan spoke well of David. **Luke 7:4-5** The people of Capernaum spoke well of the centurion. **Mark 14:3-9** Jesus spoke well of the woman who anointed Him.

C. We should put the best meaning on everything, that is, we should explain our neighbor's actions in the best possible way.

210   **1 Cor. 13:7** [Love] always protects, always trusts, always hopes, always perseveres.

211   **1 Peter 4:8** Love covers over a multitude of sins.

THE NINTH COMMANDMENT: God's Gift of Contentment

You shall not covet your neighbor's house.

71. *What does this mean?*

We should fear and love God so that we do not scheme to get our neighbor's inheritance or house, or get it in a way which only appears right, but help and be of service to him in keeping it.

72. *What is coveting?*

Coveting is having a sinful desire for anyone or anything that belongs to our neighbor.

212   **Rom. 7:8** Sin . . . produced in me every kind of covetous desire.

213   **Matt. 15:19** Out of the heart come evil thoughts, murder, adultery, sexual immorality, theft, false testimony, slander.

73. ¿Qué forma de codicia nos prohíbe Dios en el Noveno Mandamiento?

Dios nos prohíbe todo deseo pecaminoso de obtener abierta o engañosamente los bienes de nuestro prójimo.

214 **Miq 2.1-2** "¡Ay de los que en sus camas piensan iniquidad y maquinan el mal, y cuando llega la mañana lo ejecutan, porque tienen en sus manos el poder!" Codician campos y los roban; casas, y las toman; oprimen al hombre y a su familia, al hombre y a su heredad.

215 **1 Ti 6.8-10** Así que, teniendo sustento y abrigo, estemos ya satisfechos; pero los que quieren enriquecerse caen en tentación y lazo, y en muchas codicias necias y dañosas que hunden a los hombres en destrucción y perdición, porque la raíz de todos los males es el amor al dinero, el cual codiciando algunos, se extraviaron de la fe y fueron atormentados con muchos dolores.

H.B. **1 R 21.1-16** Acab codició la viña a Nabot y la consiguió con apariencia de derecho.

74. ¿Qué nos ordena Dios en el Noveno Mandamiento?

Dios nos ordena estar contentos con lo que nos ha dado y ayudar a nuestro prójimo a conservar lo que Dios le ha dado.

216 **Flp 4.11** No lo digo porque tenga escasez, pues he aprendido a contentarme, cualquiera que sea mi situación.

217 **1 Ti 6.6** Pero gran ganancia es la piedad acompañada de contentamiento.

218 **Heb 13.5** Sean vuestras costumbres sin avaricia, contentos con lo que tenéis ahora, pues él dijo: "No te desampararé ni te dejaré".

H.B. **Hch 20.32-35** Pablo superó la codicia.

EL DÉCIMO MANDAMIENTO: Estar satisfecho es un don de Dios

No codiciarás la mujer de tu prójimo, ni su siervo, criada, ganado ni cosa alguna de su pertenencia.

75. ¿Qué quiere decir esto?

Debemos temer y amar a Dios de modo que no le quitemos al prójimo su mujer, sus criados o sus animales, ni los alejemos, ni hagamos que lo abandonen, sino que los instemos a que permanezcan con él y cumplan con sus obligaciones.

76. ¿Qué forma de codicia nos prohíbe Dios en el Décimo Mandamiento?

Dios nos prohíbe todo deseo pecaminoso de quitarle al prójimo su cónyuge o sus empleados.

219 **Lc 12.15** Mirad, guardaos de toda avaricia, porque la vida del hombre no consiste en la abundancia de los bienes que posee.

220 **Col 3.5** Haced morir, pues, lo terrenal en vosotros: fornicación, impureza, pasiones desordenadas, malos deseos y avaricia, que es idolatría.

73. *What coveting does God forbid in the Ninth Commandment?*

God forbids every sinful desire to get our neighbor's possessions openly or by trickery.

214   **Micah 2:1-2** Woe to those who plan iniquity.... They covet fields and seize them, and houses, and take them. They defraud a man of his home, a fellow-man of his inheritance.

215   **1 Tim. 6:8-10** If we have food and clothing, we will be content with that. People who want to get rich fall into temptation and a trap and into many foolish and harmful desires that plunge men into ruin and destruction. For the love of money is a root of all kinds of evil. Some people, eager for money, have wandered from the faith and pierced themselves with many griefs.

Bible narrative: **1 Kings 21:1-16** Ahab coveted Naboth's vineyard and got it in a way which only seemed right.

74. *What does God require of us in the Ninth Commandment?*

We should be content with what God has given us and assist our neighbor in keeping what God has given that person.

216   **Phil. 4:11** I am not saying this because I am in need, for I have learned to be content whatever the circumstances.

217   **1 Tim. 6:6** Godliness with contentment is great gain.

218   **Heb. 13:5** Keep your lives free from the love of money and be content with what you have, because God has said, "Never will I leave you; never will I forsake you."

Bible narrative: **Acts 20:32-35** Paul overcame coveting.

THE TENTH COMMANDMENT: God's Gift of Contentment

You shall not covet your neighbor's wife, or his manservant or maidservant, his ox or donkey, or anything that belongs to your neighbor.

75. *What does this mean?*

We should fear and love God so that we do not entice or force away our neighbor's wife, workers, or animals, or turn them against him, but urge them to stay and do their duty.

76. *What coveting does God forbid in the Tenth Commandment?*

God forbids every sinful desire to take from our neighbor that person's spouse or workers.

219   **Luke 12:15** He said to them, "Watch out! Be on your guard against all kinds of greed; a man's life does not consist in the abundance of his possessions."

220   **Col. 3:5** Put to death, therefore, whatever belongs to your earthly nature: sexual immorality, impurity, lust, evil desires and greed, which is idolatry.

H.B. **2 S 11.2-4** David codició a la mujer de Urías. **2 S 15.1-6** Absalón codició la popularidad de su padre.

77. ¿Qué nos ordena Dios en el Décimo Mandamiento?

Dios nos ordena estar satisfechos con las personas que puso a nuestro lado, y ayudar a ser fieles a aquéllas que están con nuestro prójimo.

221 **Flp 2.4** No busquéis vuestro propio provecho, sino el de los demás.

H.B. **Flm** Pablo devolvió a Onésimo a su amo Filemón.

78. ¿Qué nos recuerda el Señor en particular en los últimos dos mandamientos?

A. A la vista de Dios la codicia en sí es un verdadero pecado y merece condenación.

222 **Gn 3.6** Al ver la mujer que el árbol era bueno para comer, agradable a los ojos y deseable para alcanzar la sabiduría, tomó de su fruto y comió.

223 **Stg 1.14-15** Sino que cada uno es tentado, cuando de su propia pasión es atraído y seducido. Entonces la pasión, después que ha concebido, da a luz el pecado; y el pecado, siendo consumado, da a luz la muerte.

B. Dios quiere que lo amemos a él y que tengamos deseos santos.

224 **Sal 37.4** Deléitate asimismo en Jehová y él te concederá las peticiones de tu corazón.

225 **Sal 119.35-36** Guíame por la senda de tus mandamientos, porque en ella tengo mi voluntad. Inclina mi corazón a tus testimonios y no a la avaricia.

226 **Flp 4.8** Por lo demás, hermanos, todo lo que es verdadero, todo lo honesto, todo lo justo, todo lo puro, todo lo amable, todo lo que es de buen nombre; y si hay virtud alguna, si algo digno de alabanza, en esto pensad.

LA CONCLUSIÓN DE LOS MANDAMIENTOS

79. ¿Qué dice Dios acerca de todos estos mandamientos?

Dice así: "Yo soy Jehová, tu Dios, fuerte, celoso, que visito la maldad de los padres sobre los hijos hasta la tercera y cuarta generación de los que me aborrecen, y hago misericordia por millares a los que me aman y guardan mis mandamientos." (**Ex 20.5-6**).

80. ¿Qué quiere decir esto?

Dios amenaza castigar a todos los que traspasan estos mandamientos. Por lo tanto, debemos temer su ira y no actuar en contra de dichos mandamientos. En cambio, él promete gracia y todo género de bienes a todos los que los cumplen. Así que debemos amarlo y confiar en él, y actuar gustosos conforme a sus mandamientos.

81. ¿Por qué se llama Dios a sí mismo Dios celoso?

Porque Dios es santo

A. Odia el pecado e insiste en una obediencia perfecta y estricta;

B. No compartirá con ídolos el honor y respeto que le debemos sólo a él;

Bible narratives: **2 Sam. 11:2-4** David coveted Uriah's wife and took her. **2 Sam. 15:1-6** Absalom estranged the hearts of the people from David.

77. *What does God require of us in the Tenth Commandment?*

We should be content with the helpers God has given us and encourage our neighbor's helpers to be faithful to our neighbor.

221   **Phil. 2:4** Each of you should look not only to your own interests, but also to the interests of others.

Bible narrative: **Philemon** Paul returned a runaway slave to his master Philemon.

78. *What does God particularly impress upon us in the last two commandments?*

A. In God's sight evil desire, coveting, is indeed sin and deserves condemnation.

222   **Gen. 3:6** When the woman saw that the fruit of the tree was good for food and pleasing to the eye, and also desirable for gaining wisdom, she took some and ate it.

223   **James 1:14-15** Each one is tempted when, by his own evil desire, he is dragged away and enticed. Then, after desire has conceived, it gives birth to sin; and sin, when it is full-grown, gives birth to death.

B. God wants us to love Him and to have holy desires.

224   **Ps. 37:4** Delight yourself in the Lord and He will give you the desires of your heart.

225   **Ps. 119:35-36** Direct me in the path of Your commands, for there I find delight. Turn my heart toward Your statutes and not toward selfish gain.

226   **Phil. 4:8** Finally, brothers, whatever is true, whatever is noble, whatever is right, whatever is pure, whatever is lovely, whatever is admirable—if anything is excellent or praiseworthy—think about such things.

THE CLOSE OF THE COMMANDMENTS

79. *What does God say about all these commandments?*

He says: "I, the Lord your God, am a jealous God, punishing the children for the sin of the fathers to the third and fourth generation of those who hate Me, but showing love to a thousand generations of those who love Me and keep My commandments." [**Ex. 20:5-6**]

80. *What does this mean?*

God threatens to punish all who break these commandments. Therefore, we should fear His wrath and not do anything against them. But He promises grace and every blessing to all who keep these commandments. Therefore, we should also love and trust in Him and gladly do what He commands.

81. *Why does God call Himself a jealous God?*

Because God is holy

A. He hates sin and insists on strict and perfect obedience;

B. He will not share with idols the love and honor we owe Him;

C. Castigará a los que lo odian.

227 **Sal 5.4-5** Porque tú no eres un Dios que se complace en la maldad, el malo no habitará junto a ti. Los insensatos no estarán delante de tus ojos; aborreces a todos los que hacen iniquidad.

228 **Is 42.8** ¡Yo, Jehová, este es mi nombre! A ningún otro daré mi gloria, ni a los ídolos mi alabanza.

229 **Ez 6.9** Porque yo me quebranté a causa de su corazón fornicario que se apartó de mí, y a causa de sus ojos que fornicaron tras sus ídolos.

230 **Stg 4.12** Uno solo es el dador de la Ley, que puede salvar y condenar.

82. ¿Con qué amenaza Dios a todos los que lo odian y no cumplen sus mandamientos?

Dios los amenaza con castigo terrenal, la muerte temporal y la condenación eterna.

231 **Lv 26.18** Si aun con estas cosas no me escucháis, yo volveré a castigaros siete veces más por vuestros pecados.

232 **Ro 6.23** Porque la paga del pecado es muerte.

233 **Gl 3.10** Maldito sea el que no permanezca en todas las cosas escritas en el libro de la Ley, para cumplirlas.

83. ¿Qué quiere decir Dios cuando amenaza que él visitará la maldad de los padres sobre los hijos hasta la tercera y cuarta generación de los que me aborrecen?

Si los hijos, nietos y bisnietos también odian a Dios y siguen en los pasos pecaminosos de su padres, entonces Dios los castigará durante esta vida por los pecados de sus antepasados.

234 **Ez 18.20** El alma que peque, esa morirá. El hijo no llevará el pecado del padre ni el padre llevará el pecado del hijo; la justicia del justo recaerá sobre él y la impiedad del impío recaerá sobre él.

H.B. **2 R 9.7-8; 10.11** La familia del malvado Acab y Jezabel fueron destruidos. **2 Cr 36.17-21** Israel fue llevada al cautiverio por su desobediencia y maldad.

84. ¿A qué debe inducirnos esta amenaza?

Esta amenaza debe inducirnos a temer la ira de Dios y no hacer nada contra sus mandamientos.

235 **Ec 12.13-14** Teme a Dios y guarda sus mandamientos, porque esto es el todo del hombre. Pues Dios traerá toda obra a juicio, juntamente con toda cosa oculta, sea buena o sea mala.

236 **Mt 10.28** No temáis a los que matan el cuerpo pero el alma no pueden matar; temed más bien a aquel que puede destruir el alma y el cuerpo en el infierno.

C. He will punish those who hate Him.

227   **Ps. 5:4-5** You are not a God who takes pleasure in evil; with You the wicked cannot dwell. The arrogant cannot stand in Your presence; You hate all who do wrong.

228   **Is. 42:8** I am the Lord; that is My name! I will not give My glory to another or My praise to idols

229   **Ezek. 6:9** I have been grieved by their adulterous hearts, which have turned away from Me, and by their eyes, which have lusted after their idols.

230   **James 4:12** There is only one Lawgiver and Judge, the one who is able to save and destroy.

82. *What does God threaten to do to all who hate Him and break His commandments?*

God threatens earthly punishment, physical death, and eternal damnation.

231   **Lev. 26:18** If after all this you will not listen to Me, I will punish you for your sins seven times over.

232   **Rom. 6:23** The wages of sin is death.

233   **Gal. 3:10** Cursed is everyone who does not continue to do everything written in the Book of the Law.

238   **Lv 19.2** Santos seréis, porque santo soy yo, Jehová, vuestro Dios.

83. *What does God mean when He threatens to punish the children for the sin of the fathers to the third and fourth generation of those who hate Him?*

If the children, grandchildren, and great-grandchildren also hate God and follow in the evil ways of their parents, then God will during their earthly lives punish them for the sins of their ancestors.

234   **Ezek. 18:20** The soul who sins is the one who will die. The son will not share the guilt of the father, nor will the father share the guilt of the son. The righteousness of the righteous man will be credited to him, and the wickedness of the wicked will be charged against him.

Bible narratives: **2 Kings 9:7-8; 10:11** The family of wicked Ahab and Jezebel were destroyed. **2 Chron. 36:17-21** Israel was led into captivity for its disobedience and wickedness.

84. *Why does God threaten such punishment?*

God threatens such punishment to make us fear His anger, so that we do not act against His commandments.

235   **Eccl. 12:13-14** Fear God and keep His commandments, for this is the whole duty of man. For God will bring every deed into judgment, including every hidden thing, whether it is good or evil.

236   **Matt. 10:28** Do not be afraid of those who kill the body but cannot kill the soul. Rather, be afraid of the One who can destroy both soul and body in hell.

85. ¿Qué promete Dios a todos los que aman y guardan sus mandamientos?

A aquéllos que creen en él, y a sus descendientes que le temen, Dios les promete su amor y toda clase de bienes.

237 **1 Ti 4.8** Pero la piedad para todo aprovecha, pues tiene la promesa de esta vida presente y de la venidera.

H.B. **Job 42.10-17** Dios bendijo a Job por su fidelidad.

EL CUMPLIMIENTO DE LA LEY DIVINA

86. ¿Cómo quiere Dios que guardemos sus mandamientos?

Dios quiere que guardemos sus mandamientos de una manera perfecta en pensamientos, deseos, palabras y obras.

238 **Lv 19.2** Santos seréis, porque santo soy yo, Jehová, vuestro Dios.

239 **Stg 2.10** Porque cualquiera que guarde toda la Ley, pero ofenda en un punto, se hace culpable de todos.

87. ¿Qué nos impide guardar la ley de Dios de una manera perfecta?

Nuestra naturaleza pecadora lo hace imposible.

240 **Sal 14.3** Todos se desviaron, a una se han corrompido; no hay quien haga lo bueno, no hay ni siquiera uno.

241 **Ec 7.20** Ciertamente no hay en la tierra hombre tan justo, que haga el bien y nunca peque.

242 **Is 64.6** Pues todos nosotros somos como cosa impura, todas nuestras justicias como trapo de inmundicia. Todos nosotros caímos como las hojas y nuestras maldades nos llevaron como el viento.

243 **1 Jn 1.8** Si decimos que no tenemos pecado, nos engañamos a nosotros mismos y la verdad no está en nosotros.

H.B. **Ro 7.15-20** El apóstol Pablo sintió dolor por su incapacidad de poder guardar la ley.

88. ¿Quién puede ser salvado por la Ley?

Nadie; la ley nos condena a todos.

244 **Gl 3.10-11** Todos los que dependen de las obras de la Ley están bajo maldición, pues escrito está: "Maldito sea el que no permanezca en todas las cosas escritas en el libro de la Ley, para cumplirlas". Y que por la Ley nadie se justifica ante Dios es evidente, porque "el justo por la fe vivirá".

245 **1 Ti 1.9** Que la Ley no fue dada para el justo, sino para los transgresores y desobedientes, para los impíos y pecadores, para los irreverentes y profanos, para los parricidas y matricidas, para los homicidas.

85. *How does God bless those who love Him and keep His commandments?*

He showers those who believe in Him and their God-fearing descendants with His constant love and good gifts.

237   **1 Tim. 4:8** Godliness has value for all things, holding promise for both the present life and the life to come.

Bible narrative: **Job 42:10-17** God blessed Job for his faithfulness.

THE FULFILLMENT OF THE LAW

86. *How carefully does God want us to keep His commandments?*

God wants us to keep His commandments perfectly in thoughts, desires, words, and deeds.

238   **Lev. 19:2** Be holy because I, the Lord your God, am holy.

239   **James 2:10** Whoever keeps the whole law and yet stumbles at just one point is guilty of breaking all of it.

87. *What prevents us from keeping God's commandments perfectly?*

Our sinful nature makes it impossible

240   **Ps. 14:3** All have turned aside, they have together become corrupt; there is no one who does good, not even one.

241   **Eccl. 7:20** There is not a righteous man on earth who does what is right and never sins.

242   **Is. 64:6** All of us have become like one who is unclean, and all our righteous acts are like filthy rags.

243   **1 John 1:8** If we claim to be without sin, we deceive ourselves and the truth is not in us.

Bible narrative: **Rom. 7:15-20** The apostle Paul grieved over his failure to keep the Law.

88. *Can anyone, then, be saved by the Law?*

No; the Law condemns everyone.

244   **Gal. 3:10-11** All who rely on observing the law are under a curse, for it is written: "Cursed is everyone who does not continue to do everything written in the Book of the Law." Clearly no one is justified before God by the law.

245   **1 Tim. 1:9** We also know that law is made not for the righteous [good people] but for lawbreakers and rebels, the ungodly and sinful, the unholy and irreligious; for those who kill their fathers or mothers.

EL PROPÓSITO DE LA LEY DIVINA

89. *¿Para qué, pues, sirve la ley?*

A. Primero: La ley ayuda a controlar los brotes violentos del pecado y mantiene el orden en el mundo (Freno).

245   **1 Ti 1.9** Que la ley no fue dada para el justo, sino para los transgresores y desobedientes, para los impíos y pecadores, para los irreverentes y profanos, para los parricidas y matricidas, para los homicidas.

246   **Ro 2.14-15** Cuando los gentiles que no tienen la Ley hacen por naturaleza lo que es de la Ley, estos, aunque no tengan la Ley, son ley para sí mismos, mostrando la obra de la Ley escrita en sus corazones, dando testimonio su conciencia y acusándolos o defendiéndolos sus razonamientos.

B. Segundo, y principalmente, la ley nos acusa y nos enseña nuestro pecado (Espejo).

247   **Ro 3.20** Ya que por medio de la Ley es el conocimiento del pecado.

248   **Ro 7.7** Tampoco conocería la codicia, si la Ley no dijera: "No codiciarás."

C. Tercero: La ley enseña al cristiano cuáles son las obras verdaderamente buenas (Regla).

249   **Sal 119.9** ¿Con qué limpiará el joven su camino? ¡Con guardar tu palabra!

250   **Sal 119.105** Lámpara es a mis pies tu palabra y lumbrera a mi camino.

251   **1 Jn 4.9, 11** En esto se mostró el amor de Dios para con nosotros: en que Dios envió a su hijo unigénito al mundo para que vivamos por él... Amados, si Dios así nos ha amado, también debemos amarnos unos a otros.

Nota: Veáse Lucas 10.27

EL PECADO

90. *¿Qué es el pecado?*

Pecado es todo pensamiento, deseo, palabra o acción contrarios a la ley de Dios.

252   **1 Jn 3.4** Todo aquel que comete pecado, infringe también la Ley, pues el pecado es infracción de la Ley.

Nota: Otros nombres que se le dan al pecado son *desobediencia* **Ro 5.19;** *deuda* **Mt 6.12;** *iniquidad, rebelión* **Ex 34.7;** *faltas* **Mt 18.15;** *transgresiones* **Ro 5.17;** *iniquidad* **Ro 6.13;** e *injusticia* **Col 3.25.**

91. *¿Por quién vino el pecado al mundo?*

El pecado vino al mundo por el diablo, quien tentó a Adán y Eva, quienes por su propia voluntad se dejaron seducir al pecado.

253   **1 Jn 3.8** El que practica el pecado es del diablo, porque el diablo peca desde el principio.

254   **Ro 5.12** Por tanto, como el pecado entró en el mundo por un hombre y por el pecado la muerte, así la muerte pasó a todos los hombres, por cuanto todos pecaron.

THE PURPOSES OF THE LAW

89. *What purposes does the Law then serve?*

A. First, the Law helps to control violent outbursts of sin and keeps order in the world (a curb).

245   **1 Tim. 1:9** We also know that law is made not for the righteous [good people] but for lawbreakers and rebels, the ungodly and sinful, the unholy and irreligious; for those who kill their fathers or mothers.

246   **Rom. 2:14-15** Indeed, when Gentiles, who do not have the law, do by nature things required by the law, they are a law for themselves, even though they do not have the law, since they show that the requirements of the law are written on their hearts, their consciences also bearing witness, and their thoughts now accusing, now even defending them.

B. Second, the Law accuses us and shows us our sin (a mirror).

247   **Rom. 3:20** Through the law we become conscious of sin.

248   **Rom. 7:7** I would not have known what coveting really was if the law had not said, "Do not covet."

C. Third, the Law teaches us Christians what we should and should not do to lead a God-pleasing life (a guide). The power to live according to the Law comes from the Gospel.

249   **Ps. 119:9** How can a young man keep his way pure? By living according to Your word.

250   **Ps. 119:105** Your word is a lamp to my feet and a light for my path.

251   **1 John 4:9, 11** This is how God showed His love among us: He sent His one and only Son into the world that we might live through Him.... Dear friends, since God so loved us, we also ought to love one another.

Note: See Luke 10:27.

SIN

90. *What is sin?*

Sin is every thought, desire, word, and deed which is contrary to God's Law.

252   **1 John 3:4** Everyone who sins breaks the law; in fact, sin is lawlessness.

Note:—Other names for sin are *disobedience* **Rom. 5:19**; *debts* **Matt. 6:12**; *wickedness, rebellion,* **Ex. 34:7**; *fault* **Matt. 18:15**; *trespass* **Rom. 5:17**; *wickedness* **Rom. 6:13**; and *wrong* **Col. 3:25**

91. *Who brought sin into the world?*

The devil brought sin into the world by tempting Adam and Eve, who of their own free will yielded to the temptation.

253   **1 John 3:8** He who does what is sinful is of the devil, because the devil has been sinning from the beginning.

254   **Rom. 5:12** Sin entered the world through one man.

H.B. **Gn 3.1-7** La caída de la humanidad.

92. ¿Cuántas clases de pecados hay?

Hay dos clases de pecado: el pecado original y el pecado actual.

93. ¿Qué es el pecado original?

El pecado original es la corrupción total de toda la naturaleza humana, que hemos heredado de Adán por medio de nuestros padres.

255 **Sal 51.5** En maldad he sido formado y en pecado me concibió mi madre.

256 **Jn 3.6** Lo que nace de la carne, carne es; y lo que nace del Espíritu, espíritu es.

257 **Ro 5.12** Por tanto, como el pecado entró en el mundo por un hombre y por el pecado la muerte, así la muerte pasó a todos los hombres, por cuanto todos pecaron.

258 **Ef 4.22** En cuanto a la pasada manera de vivir, despojaos del viejo hombre, que está corrompido por los deseos engañosos.

94. ¿Qué ha hecho el pecado original a la naturaleza humana?

El pecado original:

A. ha traído culpa y condenación a todos los seres humanos;

259 **Ro 5.19** Por la desobediencia de un hombre muchos fueron constituidos pecadores.

260 **Ef 2.3** Y éramos por naturaleza hijos de ira, lo mismo que los demás.

B. nos ha dejado a todos sin verdadero temor y amor a Dios, esto es, espiritualmente ciegos, muertos y enemigos de Dios;

261 **Gn 8.21** Porque el corazón del hombre se inclina al mal desde su juventud.

262 **1 Co 2.14** Pero el hombre natural no percibe las cosas que son del Espíritu de Dios, porque para él son locura; y no las puede entender, porque se han de discernir espiritualmente.

263 **Ef 2.1** Él os dio vida a vosotros, cuando estabais muertos en vuestros delitos y pecados.

264 **Ro 8.7** Por cuanto los designios de la carne son enemistad contra Dios, porque no se sujetan a la Ley de Dios, ni tampoco pueden.

C. Nos hace cometer toda clase de pecados actuales.

265 **Mt 7.17** Así, todo buen árbol da buenos frutos, pero el árbol malo da malos frutos.

266 **Gl 5.19-21** Manifiestas son las obras de la carne, que son: adulterio, fornicación, inmundicia, lujuria, idolatría, hechicerías, enemistades, pleitos, celos, iras, contiendas, divisiones, herejías, envidias, homicidios, borracheras, orgías, y cosas semejantes a estas.

95. ¿Qué es el pecado actual?

Bible narrative: **Gen. 3:1-7** The fall of humanity

92. *How many kinds of sin are there?*

There are two kinds of sin: original sin and actual sin.

93. *What is original sin?*

Original sin is that total corruption of our whole human nature which we have inherited from Adam through our parents.

255　**Ps. 51:5** I was sinful at birth, sinful from the time my mother conceived me.

256　**John 3:6** Flesh gives birth to flesh, but the Spirit gives birth to spirit.

257　**Rom. 5:12** Sin entered the world through one man, and death through sin, and in this way death came to all men, because all sinned.

258　**Eph. 4:22** Put off, concerning your former conduct, the old man which grows corrupt according to the deceitful lusts (NKJV).

94. *What has original sin done to human nature?*

Original sin:

A. has brought guilt and condemnation to all people;

259　**Rom. 5:19** Through the disobedience of the one man the many were made sinners.

260　**Eph. 2:3** Like the rest, we were by nature objects of wrath.

B. has left everyone without true fear and love of God, that is, spiritually blind, dead, and enemies of God;

261　**Gen. 8:21** Every inclination of his [man's] heart is evil from childhood.

262　**1 Cor. 2:14** The man without the Spirit does not accept the things that come from the Spirit of God, for they are foolishness to him, and he cannot understand them, because they are spiritually discerned.

263　**Eph. 2:1** As for you, you were dead in your transgressions and sins.

264　**Rom. 8:7** The sinful mind is hostile to God. It does not submit to God's law, nor can it do so.

C. causes everyone to commit all kinds of actual sins.

265　**Matt. 7:17** Every good tree bears good fruit, but a bad tree bears bad fruit.

266　**Gal. 5:19-21** The acts of the sinful nature are obvious: sexual immorality, impurity and debauchery; idolatry and witchcraft; hatred, discord, jealousy, fits of rage, selfish ambition, dissensions, factions and envy; drunkenness, orgies, and the like.

95. *What is actual sin?*

El pecado actual es toda acción en contra de la ley de Dios en deseos, pensamientos, palabras y obras.

267   **Mt 15.19** Porque del corazón salen los malos pensamientos, los homicidios, los adulterios, las fornicaciones, los hurtos, los falsos testimonios, las blasfemias.

268   **Stg 1.15** Entonces la pasión, después que ha concebido, da a luz el pecado; y el pecado, siendo consumado, da a luz la muerte.

269   **Stg 4.17** El que sabe hacer lo bueno y no lo hace, comete pecado.

LA LEY Y EL EVANGELIO

96. *¿Dónde sólo ofrece Dios el perdón de los pecados?*

Dios ofrece el perdón de los pecados sólo en el evangelio, la buena noticia de que somos liberados de la culpa, del castigo y del poder del pecado; y de que somos salvos por toda la eternidad porque Cristo cumplió la ley, sufrió, murió y resucitó por nosotros.

270   **Jn 3.16** De tal manera amó Dios al mundo, que ha dado a su Hijo unigénito, para que todo aquel que en él cree no se pierda, sino que tenga vida eterna.

271   **Ro 1.16** No me avergüenzo del evangelio, porque es poder de Dios para salvación de todo aquel que cree.

272   **Ro 10.4** Pues el fin de la Ley es Cristo, para justicia a todo aquel que cree.

273   **Gl 3.13** Cristo nos redimió de la maldición de la Ley, haciéndose maldición por nosotros (pues está escrito: "Maldito todo el que es colgado de un madero".)

274   **Col 1.13-14** Él nos ha librado del poder de las tinieblas y nos ha trasladado al reino de su amado Hijo, en quien tenemos redención por su sangre, el perdón de pecados.

97. *¿Qué diferencia hay entre la ley y el evangelio?*

A. La ley enseña lo que nosotros debemos hacer y dejar de hacer; el evangelio enseña lo que Dios ha hecho y todavía está haciendo para nuestra salvación.

B. La ley nos hace ver nuestro pecado y la ira de Dios; el evangelio, nuestro Salvador y la gracia de Dios.

C. La ley debe predicarse a todas las personas, pero especialmente a los pecadores impenitentes; el evangelio debe proclamarse a los pecadores alarmados y aterrorizados a causa de sus pecados.

Actual sin is every act against a commandment of God in thoughts, desires, words, or deeds.

267   **Matt. 15:19** Out of the heart come evil thoughts, murder, adultery, sexual immorality, theft, false testimony, slander.

268   **James 1:15** After desire has conceived, it gives birth to sin. (Sins of commission)

269   **James 4:17** Anyone, then, who knows the good he ought to do and doesn't do it, sins. (Sins of omission)

LAW AND GOSPEL

96. *Where alone does God offer the forgiveness of sins?*

God offers the forgiveness of sins only in the Gospel, the good news that we are freed from the guilt, the punishment, and the power of sin, and are saved eternally because of Christ's keeping the Law and His suffering and death for us.

270   **John 3:16** God so loved the world that He gave His one and only Son, that whoever believes in Him shall not perish but have eternal life.

271   **Rom. 1:16** I am not ashamed of the gospel, because it is the power of God for the salvation of everyone who believes.

272   **Rom. 10:4** Christ is the end of the law so that there may be righteousness for everyone who believes.

273   **Gal. 3:13** Christ redeemed us from the curse of the law by becoming a curse for us, for it is written: "Cursed is everyone who is hung on a tree."

274   **Col. 1:13-14** He has rescued us from the dominion of darkness and brought us into the kingdom of the Son He loves, in whom we have redemption, the forgiveness of sins.

97. *What is the difference between the Law and the Gospel?*

A. The Law teaches what we are to do and not to do; the Gospel teaches what God has done, and still does, for our salvation.

B. The Law shows us our sin and the wrath of God; the Gospel shows us our Savior and the grace of God.

C. The Law must be proclaimed to all people, but especially to impenitent sinners; the Gospel must be proclaimed to sinners who are troubled in their minds because of their sins.

EL CREDO APOSTÓLICO

98. ¿Qué es un credo?

Un credo es una afirmación de lo que creemos, enseñamos y confesamos.

275 **Ro 10.10** Porque con el corazón se cree para justicia, pero con la boca se confiesa para salvación.

CREO

99. ¿Qué quiere decir "creo en Dios"?

Quiere decir que confío en Dios y en sus promesas, y que acepto como verdaderas todas sus enseñanzas en las Sagradas Escrituras.

276 **Sal 31.14** Mas yo en ti, Jehová, confío; digo: "¡Tú eres mi Dios!"

277 **Sal 37.5** Encomienda a Jehová tu camino, confía en él y él hará.

278 **Ro 10.17** Así que la fe es por el oír, y el oír, por la palabra de Dios.

279 **Heb 11.1** Es, pues, la fe la certeza de lo que se espera, la convicción de lo que no se ve.

100. ¿Por qué decimos en cada uno de los tres artículos creo y no creemos?

Ninguno puede ser salvo por la fe de otro, sino que cada uno tiene que creer por sí mismo.

280 **Hab 2.4** Mas el justo por su fe vivirá.

281 **Lc 7.50** Tu fe te ha salvado; ve en paz.

H.B. **Mt 25.1-13** Las vírgenes insensatas no pudieron conseguir aceite.

101. ¿Cuáles son los tres credos que usa la iglesia?

El Credo Apostólico, el Credo Niceno y el Credo Atanasiano.

102. ¿Qué credo se usa en el Catecismo Menor de Lutero?

El Credo Apostólico

103. ¿Por qué se lo llama Credo Apostólico?

Se lo llama Apostólico no porque haya sido escrito por los apóstoles, sino porque en forma resumida enseña la doctrina que Dios dio por medio de los apóstoles en la Biblia.

El Credo es trinitario porque las Escrituras revelan a Dios como trino. Los cristianos son bautizados en el nombre del Dios trino: Padre, Hijo y Espíritu Santo.

282 **Mt 28.19** Por tanto, id y haced discípulos a todas las naciones, bautizándolos en el nombre del Padre, del Hijo y del Espíritu Santo.

283 **Ef 4.4-6** Un solo cuerpo y un solo Espíritu, como fuisteis también llamados en una misma esperanza de vuestra vocación; un solo Señor, una sola fe, un solo bautismo, un solo Dios y Padre de todos, el cual es sobre todos y por todos y en todos.

THE APOSTLES' CREED

98. *What is a creed?*

A creed is a statement of what we believe, teach, and confess.

275   **Rom. 10:10** It is with your heart that you believe and are justified, and it is with your mouth that you confess and are saved.

I BELIEVE

99. *What is meant by "I believe in God"?*

It means I trust God and His promises and accept as true all He teaches in the Holy Scriptures.

276   **Ps. 31:14** I trust in You, O Lord; I say, "You are my God."

277   **Ps. 37:5** Commit your way to the Lord; trust in Him.

278   **Rom. 10:17** Faith comes from hearing the message, and the message is heard through the word of Christ.

279   **Heb. 11:1** Faith is being sure of what we hope for and certain of what we do not see.

100. *Why do we say, "I believe," and not, "We believe"?*

Everyone must believe for himself or herself; no one can be saved by another's faith.

280   **Hab. 2:4** The righteous will live by his faith.

281   **Luke 7:50** Your faith has saved you; go in peace.

Bible narrative: **Matt. 25:1-13** The foolish virgins could not obtain oil from the wise virgins.

101. *What three creeds are used by the church?*

The Apostles', the Nicene, and the Athanasian.

102. *Which creed is used in Luther's Catechism?*

The Apostles' Creed.

103. *Why is it called the Apostles' Creed?*

It is called the Apostles' Creed, not because it was written by the apostles themselves, but because it states briefly the doctrine (teaching) which God gave through the apostles in the Bible. The Creed is trinitarian because the Scriptures reveal God as triune. Christians are baptized in the name of the triune God: Father, Son, and Holy Spirit.

282   **Matt. 28:19** Go and make disciples of all nations, baptizing them in the name of the Father and of the Son and of the Holy Spirit.

283   **Eph. 4:4-6** There is one body and one Spirit—just as you were called to one hope when you were called—one Lord, one faith, one baptism; one God and Father of all, who is over all and through all and in all.

104. *¿En qué maneras se da a conocer el Dios trino?*

A. A través de la existencia del mundo (el conocimiento natural de Dios).

284 **Sal 19.1** Los cielos cuentan la gloria de Dios y el firmamento anuncia la obra de sus manos.

285 **Ro 1.19-20** Porque lo que de Dios se conoce les es manifiesto, pues Dios se lo manifestó: Lo invisible de él, su eterno poder y su deidad, se hace claramente visible desde la creación del mundo y se puede discernir por medio de las cosas hechas. Por lo tanto, no tienen excusa.

286 **Heb 3.4** Toda casa es hecha por alguien; pero el que hizo todas las cosas es Dios.

B. A través de la conciencia (conocimiento natural de Dios)

287 **Ro 2.15** Mostrando la obra de la Ley escrita en sus corazones, dando testimonio su conciencia y acusándolos o defendiéndolos sus razonamientos.

C. Especialmente a través de las Sagradas Escrituras en las cuales Dios claramente se revela a sí mismo y también su regalo de salvación por medio de Cristo (conocimiento revelado de Dios)

288 **Jn 20.31** Pero estas se han escrito para creáis que Jesús es el Cristo, el Hijo de Dios, y para que, creyendo, tengáis vida en su nombre.

289 **2 Ti 3.15** Y que desde la niñez has sabido las Sagradas Escrituras, las cuales te pueden hacer sabio para la salvación por la fe que es en Cristo Jesús.

290 **Heb 1.1-2** Dios, habiendo hablado muchas veces y de muchas maneras en otro tiempo a los padres por los profetas, en estos últimos días nos ha hablado por el Hijo, a quien constituyó heredero de todo y por quien asimismo hizo el universo.

DIOS

105. *¿Quién es Dios?*

En su Palabra Dios nos ha dicho que él:

A. es Espíritu (un ser personal sin cuerpo natural)

291 **Jn 4.24** Dios es Espíritu, y los que lo adoran, en espíritu y en verdad es necesario que lo adoren.

B. es eterno (sin principio y sin fin)

292 **Sal 90.1-2** Señor, tú nos has sido refugio de generación en generación. Antes que nacieran los montes y formaras la tierra y el mundo, desde el siglo y hasta el siglo, tú eres Dios.

293 **1 Ti 1.17** Por tanto, al Rey de los siglos, inmortal, invisible, al único y sabio Dios, sea honor y gloria por los siglos de los siglos. Amén.

C. no cambia (inmutable)

294 **Sal 102.27** Pero tú eres el mismo y tus años no se acabarán.

295 **Mal 3.6** Porque yo, Jehová, no cambio.

104. *In what ways does the triune God make Himself known?*

A. Through the existence of the world (natural knowledge of God).

284 **Ps. 19:1** The heavens declare the glory of God; the skies proclaim the work of His hands.

285 **Rom. 1:19-20** What may be known about God is plain to them, because God has made it plain to them. For since the creation of the world God's invisible qualities—His eternal power and divine nature—have been clearly seen, being understood from what has been made, so that men are without excuse.

286 **Heb. 3:4** Every house is built by someone, but God is the builder of everything.

B. Through conscience (natural knowledge of God).

287 **Rom. 2:15** They show that the requirements of the law are written on their hearts, their consciences also bearing witness, and their thoughts now accusing, now even defending them.

C. Especially through the Holy Scriptures in which God clearly reveals Himself and His gift of salvation in Christ (revealed knowledge of God).

288 **John 20:31** These [acts of Jesus] are written that you may believe that Jesus is the Christ, the Son of God, and that by believing you may have life in His name.

289 **2 Tim. 3:15** From infancy you have known the holy Scriptures, which are able to make you wise for salvation through faith in Christ Jesus.

290 **Heb. 1:1-2** In the past God spoke to our forefathers through the prophets at many times and in various ways, but in these last days He has spoken to us by His Son, whom He appointed heir of all things, and through whom He made the universe.

GOD

105. *Who is God?*

In His Word God has told us that He is

A. spirit (a personal being without a body);

291 **John 4:24** God is spirit.

B. eternal (without beginning and without end);

292 **Ps. 90:1-2** Lord, You have been our dwelling place throughout all generations. Before the mountains were born or You brought forth the earth and the world, from everlasting to everlasting You are God.

293 **1 Tim. 1:17** To the King eternal, immortal, invisible, the only God, be honor and glory for ever and ever. Amen.

C. unchangeable (immutable);

294 **Ps. 102:27** You remain the same, and Your years will never end.

295 **Mal 3:6** I the Lord do not change.

296   **Stg 1.17** Toda buena dádiva y todo don perfecto desciende de lo alto, del Padre de las luces, en el cual no hay mudanza ni sombra de variación.

D. es omnipotente (todopoderoso)

297   **Gn 17.1** Yo soy el Dios Todopoderoso.

298   **Mt 19.26** Para Dios todo es posible.

E. lo sabe todo (omnisciente)

299   **Sal 139.1-4** Jehová, tú me has examinado y conocido. Tú has conocido mi sentarme y mi levantarme. Has entendido desde lejos mis pensamientos. Has escudriñado mi andar y mi reposo, y todos mis caminos te son conocidos, pues aún no está la palabra en mi lengua y ya tú, Jehová, la sabes toda.

300   **Jn 21.17** Señor, tú lo sabes todo.

F. está presente en todo lugar (omnipresente)

301   **Jer 23.23-24** ¿Soy yo Dios de cerca solamente, dice Jehová, y no Dios de lejos? ¿Se ocultará alguno, dice Jehová, en escondrijos donde yo no lo vea? ¿No lleno yo, dice Jehová, los cielos y la tierra?

302   **Hch 17.27** Ciertamente no está lejos de cada uno de nosotros.

G. es santo (sin pecado y odia el pecado)

303   **Lv 19.2** Porque santo soy yo, Jehová, vuestro Dios.

304   **Sal 5.4-5** Porque tú no eres un Dios que se complace en la maldad, el malo no habitará junto a ti. Los insensatos no estarán delante de tus ojos; aborreces a todos los que hacen iniquidad.

305   **Is 6.3** ¡Santo, santo, santo, Jehová de los ejércitos! ¡Toda la tierra está llena de su gloria!

H. es justo (equitativo e imparcial)

306   **Dt 32.4** Él es la Roca, cuya obra es perfecta, porque todos sus caminos son rectos. Es un Dios de verdad y no hay maldad en él; es justo y recto.

I. es fiel (cumple sus promesas)

307   **2 Ti 2.13** Si somos infieles, él permanece fiel, porque no puede negarse a sí mismo.

J. es bueno (amoroso, desea nuestro bienestar)

308   **Sal 118.1** Alabad a Jehová, porque él es bueno, porque para siempre es su misericordia.

309   **Sal 145.9** Bueno es Jehová para con todos, y sus misericordias sobre todas sus obras.

K. es misericordioso (lleno de compasión)

310   **Jer 3.12** Porque misericordioso soy yo, dice Jehová.

311   **Tit 3.5** Nos salvó, no por obras de justicia que nosotros hubiéramos hecho, sino por su misericordia.

L. es lleno de gracia.

296   **James 1:17** Every good and perfect gift is from above, coming down from the Father of the heavenly lights, who does not change like shifting shadows.

D. almighty, all-powerful (omnipotent);

297   **Gen. 17:1** I am God Almighty.

298   **Matt. 19:26** With God all things are possible.

E. all-knowing (omniscient);

299   **Ps. 139:1-4** O Lord, You have searched me and You know me. You know when I sit and when I rise; You perceive my thoughts from afar. You discern my going out and my lying down; You are familiar with all my ways. Before a word is on my tongue You know it completely, O Lord.

300   **John 21:17** Lord, You know all things.

F. present everywhere (omnipresent);

301   **Jer. 23:24** "Can anyone hide in secret places so that I cannot see him?" declares the Lord. "Do not I fill heaven and earth?" declares the Lord.

302   **Acts 17:27** He is not far from each one of us.

G. holy (sinless and hating sin);

303   **Lev. 19:2** I, the Lord your God, am holy.

304   **Ps. 5:4-5** You are not a God who takes pleasure in evil; with You the wicked cannot dwell. The arrogant cannot stand in Your presence; You hate all who do wrong.

305   **Is. 6:3** Holy, holy, holy is the Lord Almighty.

H. just (fair and impartial);

306   **Deut. 32:4** He is the Rock, His works are perfect, and all His ways are just. A faithful God who does no wrong, upright and just is He.

I. faithful (keeping His promises);

307   **2 Tim. 2:13** If we are faithless, He will remain faithful, for He cannot disown Himself.

J. good (kind, desiring our welfare);

308   **Ps. 118:1** Give thanks to the Lord, for He is good; His love endures forever.

309   **Ps. 145:9** The Lord is good to all; He has compassion on all He has made.

K. merciful (full of pity);

310   **Jer. 3:12** "I am merciful," declares the Lord.

311   **Titus 3:5** He saved us, not because of righteous things we had done, but because of His mercy.

L. gracious (showing undeserved kindness, forgiving);

312   **Ex 34.6-7** ¡Jehová! ¡Jehová! Dios fuerte, misericordioso y piadoso; tardo para la ira y grande en misericordia y verdad, que guarda misericordia a millares, que perdona la iniquidad, la rebelión y el pecado, pero que de ningún modo tendrá por inocente al malvado; que castiga la maldad de los padres en los hijos y en los hijos de los hijos, hasta la tercera y cuarta generación.

M. es amor

313   **Jn 3.16** De tal manera amó Dios al mundo, que ha dado a su Hijo unigénito, para que todo aquel que en él cree no se pierda, sino que tenga vida eterna.

314   **1 Jn 4.8** Dios es amor.

Nota: Los atributos de Dios nos dicen lo que él es. Dios es cada uno de ellos, todos ellos, y más que esos atributos.

106. *¿Quién es el único verdadero Dios?*

El único verdadero Dios es el Dios trino: Padre, Hijo y Espíritu Santo, tres personas distintas en una sola esencia divina.

107. *¿Cómo se distinguen estas tres personas divinas entre sí?*

El Padre engendró al Hijo desde la eternidad; el Hijo fue engendrado del Padre desde la eternidad; el Espíritu Santo procede desde la eternidad del Padre y del Hijo. Al Padre se le atribuye especialmente la obra de la creación; al Hijo, la obra de la redención; al Espíritu Santo, la obra de la santificación.

315   **Sal 2.7** Mi hijo eres tú; yo te engendré hoy.

316   **Jn 15.26** Pero cuando venga el Consolador, a quien yo os enviaré del Padre, el Espíritu de verdad, el cual procede del Padre, él dará testimonio acerca de mí.

317   **Gl 4.6** Y por cuanto sois hijos, Dios envió a vuestros corazones el Espíritu de su Hijo, el cual clama: "¡Abba, Padre!"

ARTÍCULO PRIMERO
La creación

Creo en Dios Padre todopoderoso, creador del cielo y de la tierra.

108. *¿Qué quiere decir esto?*

Creo que Dios me ha creado y también a todas las criaturas; que me ha dado cuerpo y alma, ojos, oídos y todos los miembros, la razón y todos los sentidos y aún los sostiene; además vestido y calzado, comida y bebida, casa y hogar, esposa e hijos, campos, ganado y todos los bienes; que me provee abundantemente y a diario de todo lo que necesito para sustentar este cuerpo y vida, me protege contra todo peligro y me guarda y preserva de todo mal; y todo esto por pura bondad y misericordia paternal y divina, sin que yo en manera alguna lo merezca, ni sea digno de ello. Por todo esto debo darle gracias, ensalzarlo, servirle y obedecerle. Esto es con toda certeza la verdad.

312   **Ex. 34:6-7** The Lord, the Lord, the compassionate and gracious God, slow to anger, abounding in love and faithfulness, maintaining love to thousands, and forgiving wickedness, rebellion and sin.

M. love.

313   **John 3:16** God so loved the world that He gave His one and only Son, that whoever believes in Him shall not perish but have eternal life.

314   **1 John 4:8** God is love.

Note: God's attributes tell us what God is. God is each of these, all of these, and more than these attributes.

106. *Who is the only true God?*

The only true God is the triune God: Father, Son, and Holy Spirit, three distinct persons in one divine being (the Holy Trinity).

107. *How are the three divine persons distinguished from each other?*

The Father has begotten the Son from eternity; the Son is begotten of the Father from eternity; the Holy Spirit from eternity proceeds from the Father and the Son. To the Father especially is ascribed the work of creation; to the Son, the work of redemption; to the Holy Spirit, the work of sanctification.

315   **Ps. 2:7** You are My Son; today I have become Your Father.

316   **John 15:26** When the Counselor comes, whom I will send to you from the Father, the Spirit of truth who goes out from the Father, He will testify about Me.

317   **Gal. 4:6** Because you are sons, God sent the Spirit of His Son into our hearts, the Spirit who calls out, "Abba, Father."

FIRST ARTICLE
Creation

I believe in God, the Father Almighty, Maker of heaven and earth.

108. *What does this mean?*

I believe that God has made me and all creatures; that He has given me my body and soul, eyes, ears, and all my members, my reason and all my senses, and still takes care of them.

He also gives me clothing and shoes, food and drink, house and home, wife and children, land, animals, and all I have. He richly and daily provides me with all that I need to support this body and life. He defends me against all danger and guards and protects me from all evil.

All this He does only out of fatherly, divine goodness and mercy, without any merit or worthiness in me. For all this it is my duty to thank and praise, serve and obey Him. This is most certainly true.

109. *¿Por qué llamamos aquí Padre a la primera persona?*

A. Llamamos Padre a la primera persona porque él es el Padre de nuestro Señor Jesucristo y también nuestro Padre a través de la fe en Cristo.

318   **Mt 3.17** Y se oyó una voz de los cielos que decía: "Este es mi Hijo amado, en quien tengo complacencia."

319   **Jn 20.17** Subo a mi Padre y a vuestro Padre, a mi Dios y a vuestro Dios.

320   **Gl 3.26** Porque todos sois hijos de Dios por la fe en Cristo Jesús.

B. Dios también es el Padre de todas las naciones porque él las ha creado. Hay una sola raza humana, porque todos los seres humanos son igualmente hijos de Adán y Eva y todos han sido igualmente redimidos por Cristo.

321   **Mal 2.10** ¿Acaso no tenemos todos un mismo Padre? ¿No nos ha creado un mismo Dios?

322   **Hch 17.26** De una sangre ha hecho todo el linaje de los hombres para que habiten sobre toda la faz de la tierra; y les ha prefijado el orden de los tiempos y los límites de su habitación.

323   **1 Co 15.22** Así como en Adán todos mueren, también en Cristo todos serán vivificados.

324   **Ef 3.14-15** Por esta causa doblo mis rodillas ante el Padre de nuestro Señor Jesucristo (de quien toma nombre toda familia en los cielos y en la tierra.)

H.B. **Lc 15.11-32** El hijo pródigo.

DIOS ME HA CREADO A MÍ Y A TODAS LAS DEMÁS CRIATURAS

110. *¿Por qué llamamos a Dios Padre "creador del cielo y de la tierra"?*

Llamamos todopoderoso y creador al Padre porque en seis días por medio de su Palabra creó todas las cosas de la nada.

325   **Gn 1.1** En el principio creó Dios los cielos y la tierra.

326   **Sal 33.6, 9** Por la palabra de Jehová fueron hechos los cielos; y todo el ejército de ellos, por el aliento de su boca... Porque él dijo, y fue hecho; él mandó y existió.

327   **Heb 11.3** Por la fe comprendemos que el universo fue hecho por la palabra de Dios, de modo que lo que se ve fue hecho de lo que no se veía.

H.B. **Gn 1-2** La creación.

111. *¿Qué queremos decir por cielo y tierra?*

Cielo y tierra son todas las cosas, visibles e invisibles.

328   **Col 1.16** Porque en él fueron creadas todas las cosas, las que hay en los cielos y las que hay en la tierra, visibles e invisibles.

109. *Why is the first person of the Trinity called "the Father"?*

A. God is the Father of my Lord Jesus Christ and also my Father through faith in Christ.

318   **Matt. 3:17** A voice from heaven said, "This is My Son, whom I love; with Him I am well pleased."

319   **John 20:17** I am returning to My Father and your Father, to My God and your God.

320   **Gal. 3:26** You are all sons of God through faith in Christ Jesus.

B. He is also the Father of all people because He created them. Strictly speaking, there is only one human race, because all human beings are equally the children of Adam and Eve and are equally redeemed by Christ.

321   **Mal 2:10** Have we not all one Father? Did not one God create us?

322   **Acts 17:26** From one man He made every nation of men, that they should inhabit the whole earth.

323   **1 Cor. 15:22** As in Adam all die, so in Christ all will be made alive.

324   **Eph. 3:14-15** For this reason I kneel before the Father, from whom His whole family in heaven and on earth derives its name.

Bible narrative: **Luke 15:11-32** The prodigal son.

GOD MADE ME AND ALL CREATURES

110. *Why is God, the Father Almighty called "Maker of heaven and earth"?*

Because in six days He created all things, out of nothing, simply by His word.

325   **Gen. 1:1** In the beginning God created the heavens and the earth.

326   **Ps. 33:6, 9** By the word of the Lord were the heavens made, their starry host by the breath of His mouth.... For He spoke, and it came to be; He commanded, and it stood firm.

327   **Heb. 11:3** By faith we understand that the universe was formed at God's command, so that what is seen was not made out of what was visible.

Bible narrative: **Genesis 1-2** Creation.

111. *What is meant by "heaven and earth"?*

All things visible and invisible.

328   **Col. 1:16** By Him all things were created: things in heaven and on earth, visible and invisible.

LOS ÁNGELES

112. *¿Cuáles criaturas invisibles, creadas por Dios, son especialmente importantes para nosotros?*

Los ángeles.

Nota: Ángel significa "mensajero." Dios usó frecuentemente ángeles para anunciar eventos importantes en la historia de la salvación: El nacimiento de Juan el Bautista **Lc 1.1-20**; el nacimiento de Jesús **Lc 1.26-38**; **Mt 1.18-21**; La resurrección de Jesús **Lc 24.4-7**; La ascensión y la segunda venida de Jesucristo **Hch 1.10-11**.

113. *¿Qué nos dice la Biblia acerca de los ángeles?*

A. Son seres espirituales que fueron creados santos.

329   **Gn 1.31** Y vio Dios todo cuanto había hecho, y era bueno en gran manera. Y fue la tarde y la mañana del sexto día.

B. Algunos ángeles se rebelaron contra Dios. Se los llama diablos o demonios.

330   **2 P 2.4** Dios no perdonó a los ángeles que pecaron, sino que los arrojó al infierno y los entregó a prisiones de oscuridad, donde están reservados para el juicio.

C. Los ángeles buenos son numerosos y muy poderosos. Ellos sirven a Dios y nos ayudan.

331   **Dn 7.10** Miles de miles lo servían, y millones de millones estaban delante de él.

332   **Lc 2.13** Repentinamente apareció con el ángel una multitud de las huestes celestiales, que alababan a Dios.

333   **Sal 103.20-21** ¡Bendecid a Jehová, vosotros sus ángeles, poderosos en fortaleza, que ejecutáis su palabra obedeciendo a la voz de su precepto! ¡Bendecid a Jehová, vosotros todos sus ejércitos, ministros suyos que hacéis su voluntad!

334   **Sal 91.11-12** Pues a sus ángeles mandará acerca de ti, que te guarden en todos tus caminos. En las manos te llevarán para que tu pie no tropiece en piedra.

335   **Heb 1.14** ¿No son todos espíritus ministradores, enviados para servicio a favor de los que serán herederos de la salvación?

H.B. **2 R 19.35** Un ángel dio muerte a 185.000 del ejército de Senaquerib. **2 R 6.15-17** Eliseo y su siervo fueron protegidos por las huestes celestiales. **Hch 12.5-11** Un ángel liberó a Pedro.

D. Los ángeles malos son también numerosos y poderosos los cuales, como enemigos declarados de Dios y del hombre, se esfuerzan en destruir la obra de Dios, especialmente la fe en Cristo.

336   **Mr 5.9** Jesús le preguntó: ¿cómo te llamas? y respondió diciendo: Legión me llamo, porque somos muchos.

THE ANGELS

112. *Which invisible beings created by God are especially important to us?*

The angels.

Note: Angel means "messenger." God frequently used angels to announce important events in the history of salvation: the birth of John the Baptist **Luke 1:1-20**; the birth of Jesus **Luke 1:26-38**; **Matt. 1:18-21**; the resurrection of Jesus **Luke 24:4-7**; the ascension and second coming of Jesus **Acts 1:10-11**

113. *What else does the Bible tell us about angels?*

A. They are spirit beings who were created holy.

329   **Gen. 1:31** God saw all that He had made, and it was very good. And there was evening, and there was morning—the sixth day.

B. Some angels rebelled against God. They are the devils or demons.

330   **2 Peter 2:4** God did not spare angels when they sinned, but sent them to hell, putting them into gloomy dungeons to be held for judgment.

C. The good angels are many and powerful. They serve God and help us.

331   **Dan. 7:10** Thousands upon thousands attended Him; ten thousand times ten thousand stood before Him.

332   **Luke 2:13** Suddenly a great company of the heavenly host appeared with the angel, praising God.

333   **Ps. 103:20-21** Praise the Lord, you His angels, you mighty ones who do His bidding, who obey His word. Praise the Lord, all His heavenly hosts, you His servants who do His will.

334   **Ps. 91:11-12** He will command His angels concerning you to guard you in all your ways; they will lift you up in their hands so that you will not strike your foot against a stone.

335   **Heb. 1:14** Are not all angels ministering spirits sent to serve those who will inherit salvation?

Bible narratives: **2 Kings 19:35** One angel put to death 185,000 of Sennacherib's army. **2 Kings 6:15-17** Elisha and his servant were protected by the heavenly hosts. **Acts 12:5-11** An angel set Peter free.

D. The evil angels are also many and powerful. They hate God and seek to destroy everything that is good, especially faith in Christ.

336   **Mark 5:9** Jesus asked him, "What is your name?" "My name is Legion," he replied, "for we are many."

337   **Ef 6.12** Porque no tenemos lucha contra sangre y carne, sino contra principados, contra potestades, contra los gobernadores de las tinieblas de este mundo, contra huestes espirituales de maldad en las regiones celestes.

338   **Mr 4.15** Los de junto al camino son aquellos en quienes se siembra la palabra, pero después que la oyen viene Satanás y quita la palabra que se sembró en sus corazones.

339   **Jn 8.44** Vosotros sois de vuestro padre el diablo, y los deseos de vuestro padre queréis hacer. Él ha sido homicida desde el principio y no ha permanecido en la verdad, porque no hay verdad en él. Cuando habla mentira, de suyo habla, pues es mentiroso y padre de mentira.

340   **1 P 5.8-9** Sed sobrios y velad, porque vuestro adversario el diablo, como león rugiente, anda alrededor buscando a quien devorar. Resistidlo firmes en la fe, sabiendo que los mismos padecimientos se van cumpliendo en vuestros hermanos en todo el mundo.

H.B. **Gn 3.1-5** La serpiente sedujo a los primeros padres. **Job 2** Satanás afligió a Job para destruir su alma. **Mt 4.1-11** El diablo tentó a Jesús.

LA HUMANIDAD

114. ¿Qué son los seres humanos?

Los seres humanos son las más importantes criaturas visibles. Dios creó a Adán y Eva a su propia imagen, y les dio autoridad sobre toda la tierra.

341   **Gn 2.7** Entonces Jehová Dios formó al hombre del polvo de la tierra, sopló en su nariz aliento de vida y fue el hombre un ser viviente.

342   **Gn 1.26-28** Entonces dijo Dios: "Hagamos al hombre a nuestra imagen, conforme a nuestra semejanza; y tenga potestad sobre los peces del mar, las aves de los cielos y las bestias, sobre toda la tierra y sobre todo animal que se arrastra sobre la tierra". Y creó Dios al hombre a su imagen, a imagen de Dios lo creó; varón y hembra los creó. Los bendijo Dios y les dijo: "Fructificad y multiplicaos; llenad la tierra y sometedla; ejerced potestad sobre los peces del mar, las aves de los cielos y todas las bestias que se mueven sobre la tierra."

343   **Mr 10.6** Pero al principio de la creación, hombre y mujer los hizo Dios.

115. ¿Por que decimos "Dios me ha creado"?

Dios creó al primer hombre y a la primera mujer, y Dios ha creado a cada uno de nosotros.

344   **Gn 1.28** Los bendijo Dios y les dijo: "Fructificad y multiplicaos; llenad la tierra y sometedla; ejerced potestad sobre los peces del mar, las aves de los cielos y todas las bestias que se mueven sobre la tierra."

345   **Sal 139.13** Tú formaste mis entrañas; me hiciste en el vientre de mi madre.

346   **Jer 1.5** Antes que te formara en el vientre, te conocí.

337   **Eph. 6:12** Our struggle is not against flesh and blood, but against the rulers, against the authorities, against the powers of this dark world and against the spiritual forces of evil in the heavenly realms.

338   **Mark 4:15** Some people are like seed along the path, where the word is sown. As soon as they hear it, Satan comes along and takes away the word that was sown in them.

339   **John 8:44** You belong to your father, the devil, and you want to carry out your father's desire. He was a murderer from the beginning, not holding to the truth, for there is no truth in him. When he lies, he speaks his native language, for he is a liar and the father of lies.

340   **1 Peter 5:8-9** Be self-controlled and alert. Your enemy the devil prowls around like a roaring lion looking for someone to devour. Resist him, standing firm in the faith, because you know that your brothers throughout the world are undergoing the same kind of sufferings.

Bible narratives: **Gen. 3:1-5** The serpent led Eve into sin. **Job 2** Satan sought the destruction of Job. **Matt. 4:1-11** The tempter tried to mislead Jesus.

HUMANITY

114. *Who are human beings?*

Human beings are the most important visible creatures. God created Adam and Eve in His own image, with authority over all the earth.

341   **Gen. 2:7** The Lord God formed man from the dust of the ground and breathed into his nostrils the breath of life, and the man became a living being.

342   **Gen. 1:26-28** God said, "Let Us make man in Our image, in Our likeness, and let them rule over the fish of the sea and the birds of the air, over the livestock, over all the earth, and over all the creatures that move along the ground." So God created man in His own image, in the image of God He created him; male and female He created them. God blessed them and said to them, "Be fruitful and increase in number; fill the earth and subdue it. Rule over the fish of the sea and the birds of the air and over every living creature that moves on the ground."

343   **Mark 10:6** [Jesus said] "At the beginning of creation God made them male and female."

115. *Why do we say, "God has made me"?*

God created the first man and woman, and God has created each one of us.

344   **Gen. 1:28** God blessed them and said to them, "Be fruitful and increase in number; fill the earth and subdue it. Rule over the fish of the sea and the birds of the air and over every living creature that moves on the ground."

345   **Ps. 139:13** You created my inmost being; You knit me together in my mother's womb.

346   **Jer. 1:5** Before I formed you in the womb I knew you.

116. *¿Cómo dio Dios vida al hombre y a todas las criaturas?*

Dios creó todos los seres vivientes, plantas y animales de la nada, solamente por su Palabra. Luego creó a la humanidad de una manera especial, del polvo, y le dio su propio aliento como vida.

347 **Gn 2.7** Entonces Jehová Dios formó al hombre del polvo de la tierra, sopló en su nariz aliento de vida y fue el hombre un ser viviente.

348 **Sal 139.14** Te alabaré, porque formidables y maravillosas son tus obras; estoy maravillado y mi alma lo sabe muy bien.

117. *¿Cuál plan usa Dios para la reproducción de los seres vivientes?*

Dios ha creado todos los seres vivientes (animales, plantas y seres humanos) para que se reproduzcan "según su especie". Ellos sólo pueden reproducir seres vivientes como ellos.

349 **Gn 1.21** Y creó Dios los grandes monstruos marinos y todo ser viviente que se mueve, que las aguas produjeron según su especie, y toda ave alada según su especie.

350 **Gn 1.24** Luego dijo Dios: "Produzca la tierra seres vivientes según su especie: bestias, serpientes y animales de la tierra según su especie."

118. *¿Qué decimos los cristianos con respecto a la teoría de la evolución en relación al comienzo del mundo?*

Por fe los cristianos creemos lo que la palabra de Dios enseña con respecto a la creación. La teoría de la evolución no se puede comprobar científicamente.

351 **Heb 11.3** Por la fe comprendemos que el universo fue hecho por la palabra de Dios, de modo que lo que se ve fue hecho de lo que no se veía.

352 **2 P 3.5-6** Estos ignoran voluntariamente que en el tiempo antiguo fueron hechos por la palabra de Dios los cielos y también la tierra, que proviene del agua y por el agua subsiste, por lo cual el mundo de entonces pereció anegado en agua.

353 **1 Ti 6.20-21** Guarda lo que se te ha encomendado, evitando las profanas pláticas sobre cosas vanas y los argumentos de la falsamente llamada ciencia, la cual profesando algunos, se desviaron de la fe.

119. *¿En qué consistía la imagen divina?*

La imagen de Dios consistía en que:

A. Adán y Eva conocían a Dios como él deseaba ser conocido y eran felices en él.

354 **Col 3.10** Habiéndoos... revestido del nuevo. Este, conforme a la imagen del que lo creó, se va renovando hasta el conocimiento pleno.

B. Ellos eran justos y santos, haciendo la voluntad de Dios

355 **Ef 4.24** Y vestíos del nuevo hombre, creado según Dios en la justicia y santidad de la verdad.

120. *¿Poseemos todavía esa imagen de Dios?*

116. *How did God first create life?*

God created all living things, both plant and animal, by His Word alone, from nothing. He created humanity specially, from dust, then gave us His own breath as life.

347   **Gen. 2:7** The Lord God formed the man from the dust of the ground and breathed into his nostrils the breath of life, and the man became a living being.

348   **Ps. 139:14** I praise You because I am fearfully and wonderfully made; Your works are wonderful, I know that full well.

117. *What plan does God use for the reproduction of living things?*

God created living things to reproduce "according to their kinds." Animals, plants, and people can reproduce only living things like themselves.

349   **Gen. 1:21** God created the great creatures of the sea and every living and moving thing with which the water teems, according to their kinds, and every winged bird according to its kind. And God saw that it was good.

350   **Gen. 1:24** God said, "Let the land produce living creatures according to their kinds: livestock, creatures that move along the ground, and wild animals, each according to its kind."

118. *What is the Christian's proper response to theories of evolution regarding the beginning of the world?*

By faith Christians believe what the Word of God teaches about creation. Evolutionary theories are not scientifically verifiable.

351   **Heb. 11:3** By faith we understand that the universe was formed at God's command, so that what is seen was not made out of what is visible.

352   **2 Peter 3:5-6** They deliberately forget that long ago by God's word the heavens existed and the earth was formed out of water and by water. By these waters also the world of that time was deluged and destroyed.

353   **1 Tim. 6:20-21** Guard what has been entrusted to your care. Turn away from godless chatter and the opposing ideas of what is falsely called knowledge, which some have professed and in so doing have wandered from the faith.

119. *What was the image of God?*

The image of God was this:

A. Adam and Eve truly knew God as He wishes to be known and were perfectly happy in Him.

354   **Col. 3:10** Put on the new man who is renewed in knowledge according to the image of Him who created him (NKJV).

B. They were righteous and holy, doing God's will.

355   **Eph. 4:24** Put on the new man which was created according to God, in righteousness and true holiness (NKJV).

120. *Do people still have the image of God?*

No, la imagen de Dios se perdió en la caída en pecado de Adán; su mente y su voluntad perdieron la habilidad de conocer y agradar a Dios; y aun cuando Dios empieza a renovarla en los creyentes, no será restituida plenamente hasta la vida eterna.

356   **Gn 3.8-10** Luego oyeron la voz de Jehová Dios que se paseaba por el huerto, al aire del día; y el hombre y su mujer se escondieron de la presencia de Jehová Dios entre los árboles del huerto. Pero Jehová Dios llamó al hombre, y le preguntó: ¿Dónde estás? El respondió: Oí tu voz en el huerto y tuve miedo, porque estaba desnudo; por eso me escondí.

357   **Gn 5.3** Vivió Adán ciento treinta años, y engendró un hijo a su semejanza, conforme a su imagen.

358   **1 Co 2.14** Pero el hombre natural no percibe las cosas que son del Espíritu de Dios, porque para él son locura; y no las puede entender, porque se han de discernir espiritualmente.

359   **Sal 17.15** En cuanto a mí, veré tu rostro en justicia; estaré satisfecho cuando despierte a tu semejanza.

DIOS TODAVÍA CUIDA A TODAS LAS CRIATURAS

121. *¿Cómo depende todavía el universo de Dios?*

Dios sostiene todas las cosas por su sabiduría y poder.

360   **Sal 36.6** Tú, Jehová, al hombre y al animal conservas.

361   **Sal 147.4** Él cuenta el numero de las estrellas; a todas ellas llama por sus nombres.

362   **Heb 1.3** Él, que es el resplandor de su gloria, la imagen misma de su sustancia y quien sustenta todas las cosas con la palabra de su poder.

363   **Col 1.17** Y él es antes que todas las cosas, y todas las cosas en él subsisten.

122. *¿Por qué hay maldad y sufrimiento en este mundo?*

En este mundo hay maldad y sufrimiento por el pecado. Pero en el sufrimiento, muerte y resurrección de Jesucristo, Dios ha demostrado su poder sobre el pecado y la muerte. Dios en su infinito poder y amor hace que todas las cosas trabajen para el bien de los que lo aman.

364   **Ro 6.23** Porque la paga del pecado es muerte, pero la dádiva de Dios es vida eterna en Cristo Jesús, Señor nuestro.

365   **Ro 8.28** Sabemos, además, que a los que aman a Dios, todas las cosas los ayudan a bien, esto es, a los que conforme a su propósito son llamados.

366   **Ro 8.37** Antes, en todas estas cosas somos más que vencedores por medio de aquel que nos amó.

123. *¿Qué hace Dios para sostenerte?*

No, this image was lost when our first parents disobeyed God and fell into sin. Their will and intellect lost the ability to know and please God. In Christians God has begun to rebuild His image, but only in heaven will it be fully restored.

356 **Gen. 3:8-10** The man and his wife heard the sound of the Lord God as He was walking in the garden in the cool of the day, and they hid from the Lord God among the trees of the garden. But the Lord God called to the man, "Where are you?" He answered, "I heard You in the garden, and I was afraid because I was naked; so I hid."

357 **Gen. 5:3** [Adam] had a son in his own likeness, in his own image.

358 **1 Cor. 2:14** The man without the Spirit does not accept the things that come from the Spirit of God, for they are foolishness to him, and he cannot understand them, because they are spiritually discerned.

359 **Ps. 17:15** In righteousness I will see Your face; when I awake, I will be satisfied with seeing Your likeness.

GOD STILL TAKES CARE OF ME AND ALL CREATURES

121. *How does the universe still depend on God?*

God sustains all things by His wisdom and power.

360 **Ps. 36:6** O Lord, You preserve both man and beast.

361 **Ps. 147:4** He determines the number of the stars and calls them each by name.

362 **Heb. 1:3** The Son is the radiance of God's glory and the exact representation of His being, sustaining all things by His powerful word.

363 **Col. 1:17** [Jesus] is before all things, and in Him all things hold together.

122. *Why are there evil and suffering in this world?*

Evil and suffering are in the world because of sin. But in the suffering, death, and resurrection of Jesus Christ, God has demonstrated His power over sin and death. God in His almighty power and love causes all things to work together for good to those who love Him.

364 **Rom. 6:23** The wages of sin is death, but the gift of God is eternal life in Christ Jesus our Lord.

365 **Rom. 8:28** We know that in all things God works for the good of those who love Him, who have been called according to His purpose.

366 **Rom. 8:37** In all these things we are more than conquerors through Him who loved us.

123. *What does God do to take care of me?*

A. Dios me da comida y ropa, familia y hogar, trabajo y entretenimiento, y todo lo que necesito cada día.

367 **Sal 145.15-16** Los ojos de todos esperan en ti y tú les das su comida a su tiempo. Abres tu mano y colmas de bendición a todo ser viviente.

368 **1 P 5.7** Echad toda vuestra ansiedad sobre él, porque él tiene cuidado de vosotros.

H.B. **Gn 9.1-3** Dios prometió sostener a Noé y a sus descendientes. **Dt 8.3-4** Dios sostuvo milagrosamente a Israel en el desierto. **1 R 17** Dios proveyó de comida a Elías, la viuda y su hijo. Ver Salmos 37 y 104.

B. Dios me protege de todo peligro, y me guarda y preserva de todo mal.

369 **Gn 50.20** Vosotros pensasteis hacerme mal, pero Dios lo encaminó a bien, para hacer lo que vemos hoy, para mantener con vida a mucha gente.

370 **Sal 31.15** En tu mano están mis tiempos.

371 **Mt 10.29-30** ¿No se venden dos pajarillos por un cuarto? Con todo, ni uno de ellos cae a tierra sin el permiso de vuestro Padre. Pues bien, aun vuestros cabellos están todos contados.

H.B. **Gn 19** Dios salvó a Lot de la destrucción de Sodoma. **Ex 13.14** Dios libró a Israel de la esclavitud y los guió y protegió en su camino. Ver también Salmos 37 y 73

124. *¿Por qué hace Dios todo esto por ti?*

Todo esto lo hace por su bondad y misericordia divina y paternal, sin que yo lo merezca, ni sea digno de ello.

372 **Gn 32.10** ¡No merezco las misericordias y toda la verdad con que has tratado a tu siervo!

373 **Sal 103.13** Como el padre se compadece de sus hijos, se compadece Jehová de los que lo temen.

H.B. **Lc 7.6-7** El oficial romano confesó no ser digno de la bondad de Dios.

125. *¿Qué debes a tu Padre celestial por todo esto?*

Es nuestro deber:

A. Darle gracias y alabarle, servirle y obedecerle.

374 **Sal 116.12** ¿Qué pagaré a Jehová por todos sus beneficios para conmigo?

375 **Sal 118.1** Alabad a Jehová, porque él es bueno, porque para siempre es su misericordia.

B. Cuidar y ser buenos administradores de su creación.

376 **Gn 2.15** Tomó, pues, Jehová Dios al hombre y lo puso en el huerto de Edén, para que lo labrara y lo cuidara.

Nota: Somos buenos administradores cuando no contaminamos el aire, el suelo y el agua; cuando cuidadosamente nos despojamos de los desperdicios; cuando usamos y no malgastamos nuestros recursos naturales;

A. He gives me food and clothing, home and family, work and play, and all that I need from day to day.

367   **Ps. 145:15-16** The eyes of all look to You, and You give them their food at the proper time. You open Your hand and satisfy the desires of every living thing.

368   **1 Peter 5:7** Cast all your anxiety on Him because He cares for you.

Bible narratives: **Gen. 9:1-3** God took care of Noah and his descendants. **Deut. 8:3-4** God took care of Israel in the wilderness. **1 Kings 17** God took care of Elijah, the widow, and her son during the famine. See Psalms 37 and 104.

B. "He defends me against all danger and guards and protects me from all evil."

369   **Gen. 50:20** You intended to harm me, but God intended it for good to accomplish what is now being done, the saving of many lives.

370   **Ps. 31:15** My times are in Your hands.

371   **Matt. 10:29-30** Are not two sparrows sold for a penny? Yet not one of them will fall to the ground apart from the will of your Father. And even the very hairs of your head are all numbered.

Bible narratives: **Genesis 19** God directed Lot to flee to the mountains before the destruction of Sodom. **Ex. 13:14** God delivered Israel from slavery and guided and protected them on their way. See also Psalms 37 and 73.

124. *Why does God do this for us?*

"All this He does only out of fatherly, divine goodness and mercy, without any merit or worthiness in me."

372   **Gen. 32:10** I am unworthy of all the kindness and faithfulness You have shown Your servant.

373   **Ps. 103:13** As a father has compassion on his children, so the Lord has compassion on those who fear Him.

Bible narrative: **Luke 7:6-7** The centurion of Capernaum confessed that he did not deserve to have the Lord come under his roof.

125. *What do we owe our heavenly Father for all His goodness?*

It is our duty to

A. "Thank and praise, serve and obey Him";

374   **Ps. 116:12** How can I repay the Lord for all His goodness to me?

375   **Ps. 118:1** Give thanks to the Lord, for He is good; His love endures forever.

B. be good stewards of His creation.

376   **Gen. 2:15** The Lord God took the man and put him in the Garden of Eden to work it and take care of it.

Note: We are good stewards when we avoid polluting air, land, and water; carefully dispose of waste;

cuando conservamos y no malgastamos energía; reciclamos y volvemos a usar materiales cada vez que esto sea posible y valoramos y cuidamos de toda la creación de Dios.

126. *¿Por qué concluimos la explicación del primer artículo con las palabras: "Esto es con toda certeza la verdad"?*

Todo lo que confieso en este artículo está enseñado en forma sencilla en la Sagrada Escritura, por lo tanto lo creo firmemente.

ARTICULO SEGUNDO
La redención

[Creo] en Jesucristo, su único Hijo, nuestro Señor; que fue concebido por obra del Espíritu Santo, nació de la virgen María; padeció bajo el poder de Poncio Pilatos, fue crucificado, muerto y sepultado; descendió a los infiernos; al tercer día resucitó de entre los muertos; subió a los cielos y está sentado a la diestra de Dios Padre todopoderoso; y desde allí ha de venir a juzgar a los vivos y a los muertos.

127. *¿Qué quiere decir esto?*

Creo que Jesucristo, verdadero Dios, engendrado del Padre en la eternidad, y también verdadero hombre, nacido de la virgen María, es mi Señor, que me ha redimido a mí, hombre perdido y condenado, y me ha rescatado y librado de todos mis pecados, de la muerte y del poder del diablo, no con oro o plata, sino con su santa y preciosa sangre y con su inocente pasión y muerte; y todo esto lo hizo para que yo sea suyo y viva bajo él en su reino, y le sirva en justicia, inocencia y bienaventuranza eternas, así como él resucitó de la muerte y vive y reina eternamente. Esto es con toda certeza la verdad.

LOS NOMBRES JESÚS Y CRISTO

128. *¿De quién trata el segundo artículo?*

El segundo artículo trata de Jesucristo, su persona y su obra.

129. *¿Por qué se le llama Jesús?*

El nombre Jesús significa: "el Señor salva." Jesús es su nombre personal.

377   **Mt 1.21** Dará a luz un hijo, y le pondrás por nombre Jesús, porque él salvará a su pueblo de sus pecados.

378   **Jn 4.42** Y sabemos que verdaderamente éste es el Salvador del mundo, el Cristo.

379   **Hch 4.12** Y en ningún otro hay salvación, porque no hay otro nombre bajo el cielo, dado a los hombres, en que podamos ser salvos.

130. *¿Por qué se le llama Cristo?*

El título Cristo (griego) o Mesías (hebreo) significa "el ungido". Jesús fue ungido con el Espíritu Santo sin medida, para ser nuestro profeta, sacerdote y rey.

use rather than waste natural resources; conserve rather than waste energy; recycle or reuse materials whenever possible; and value and take care of all God's creation.

126. *Why do we close the explanation of the First Article with the words, "This is most certainly true"?*

Everything I confess in this article is plainly taught in God's Word, Holy Scripture. Therefore, I firmly believe it.

SECOND ARTICLE
Redemption

[I believe] in Jesus Christ, His only Son, our Lord, who was conceived by the Holy Spirit, born of the Virgin Mary, suffered under Pontius Pilate, was crucified, died and was buried. He descended into hell. The third day He rose again from the dead. He ascended into heaven and sits at the right hand of God, the Father Almighty. From thence He will come to judge the living and the dead.

127. *What does this mean?*

I believe that Jesus Christ, true God, begotten of the Father from eternity, and also true man, born of the Virgin Mary, is my Lord, who has redeemed me, a lost and condemned person, purchased and won me from all sins, from death, and from the power of the devil; not with gold or silver, but with His holy, precious blood and with His innocent suffering and death, that I may be His own and live under Him in His kingdom and serve Him in everlasting righteousness, innocence, and blessedness, just as He is risen from the dead, lives and reigns to all eternity. This is most certainly true.

THE NAMES OF JESUS AND CHRIST

128. *Of whom does this article speak?*

It speaks about Jesus Christ—His person and His work.

129. *Why is He named Jesus?*

The name Jesus means "the Lord saves." Jesus is His personal name.

377   **Matt. 1:21** She will give birth to a son, and you are to give Him the name Jesus, because He will save His people from their sins.

378   **John 4:42** We know that this man really is the Savior of the world.

379   **Acts 4:12** Salvation is found in no one else, for there is no other name under heaven given to men by which we must be saved.

130. *Why is He called Christ?*

The title Christ (Greek) or Messiah (Hebrew) means "the Anointed." Jesus has been anointed with the Holy Spirit without limit to be our Prophet, Priest, and King.

Nota: El ungimiento era el ritual que se usaba para apartar a profetas, sacerdotes y reyes para una tarea especial.

380 **Sal 45.7** Has amado la justicia y aborrecido la maldad; por tanto, te ungió Dios, el Dios tuyo, con óleo de alegría más que a tus compañeros.

381 **Jn 3.34** Porque aquel a quien Dios envió, las palabras de Dios habla, pues Dios no da el Espíritu por medida.

382 **Hch 10.38** Dios ungió con el Espíritu Santo y con poder a Jesús de Nazaret.

Nota: Los siguientes son otros nombres con los cuales también se conoce a Jesucristo: Ángel de Dios **Éx 14.19**; Redentor **Is 59.20**; Emanuel **Mt 1.23**; Hijo del Dios viviente **Mt 16.16**; Hijo del hombre **Mt 25.31**; el Verbo **Jn 1.14**; Señor **Jn 20.28** Sus nombres son, dicho simplemente, el evangelio.

131. ¿Qué significa tu confesión "Creo en Jesucristo"?

Significa que acepto y confío en Jesucristo como a mi único Salvador del pecado, la muerte y el diablo y que creo que él me da la vida eterna.

383 **Jn 17.3** Y esta es la vida eterna: que te conozcan a ti, el único Dios verdadero, y a Jesucristo, a quien has enviado.

384 **Jn 3.36** El que cree en el Hijo tiene la vida eterna; pero el que se niega a creer en el Hijo no verá la vida, sino que la ira de Dios está sobre él.

385 **2 Ti 1.12** Porque yo sé a quién he creído y estoy seguro de que es poderoso para guardar mi depósito para aquel día.

386 **Ro 10.10** Porque con el corazón se cree para justicia, pero con la boca se confiesa para salvación.

LAS DOS NATURALEZAS DE JESUCRISTO

132. ¿Quién es Jesucristo?

Jesucristo es verdadero Dios, engendrado del Padre en la eternidad, y también verdadero hombre, nacido de la virgen María.

133. ¿Por qué creemos que Jesucristo es verdadero Dios?

Las Sagradas Escrituras claramente lo llaman Dios y enseñan que:

A. Jesús tiene nombres divinos.

387 **Jn 20.28** Entonces Tomás respondió y le dijo: ¡Señor mío y Dios mío!

388 **Ro 9.5** A ellos también pertenecen los patriarcas, de los cuales, según la carne, vino Cristo, el cual es Dios sobre todas las cosas, bendito por todos los siglos. Amén.

389 **1 Jn 5.20** Este es el verdadero Dios y la vida eterna.

Nota: Estos no son simplemente títulos honorarios, sino muestran exactamente quien es Jesús, y pueden ser verdaderos sólo de Dios.

B. Jesús posee atributos divinos (cualidades o características). Él es

1. eterno (sin principio ni fin)

Note: Anointing was the way prophets, priests, and kings were set apart for special work.

380　**Ps. 45:7** God, your God, has set you above your companions by anointing you with the oil of joy.

381　**John 3:34** The one whom God has sent speaks the words of God, for God gives the Spirit without limit.

382　**Acts 10:38** God anointed Jesus of Nazareth with the Holy Spirit and power.

Note: The following are other titles for Jesus: Angel of God **Ex. 14:19**; Redeemer **Is. 59:20**; Immanuel **Matt. 1:23**; Son of the living God **Matt. 16:16**; Son of Man **Matt. 25:31**; the Word **John 1:14**; Lord **John 20:28**. His names are the Gospel simply stated.

131. *What does it mean when you confess, "I believe in Jesus Christ"?*

It means that I know and trust in Jesus Christ as my only Savior from sin, death, and the devil and believe that He gives me eternal life.

383　**John 17:3** This is eternal life: that they may know You, the only true God, and Jesus Christ, whom You have sent.

384　**John 3:36** Whoever believes in the Son has eternal life, but whoever rejects the Son will not see life, for God's wrath remains on him.

385　**2 Tim. 1:12** I know whom I have believed, and am convinced that He is able to guard what I have entrusted to Him for that day.

386　**Rom. 10:10** It is with your heart that you believe and are justified, and it is with your mouth that you confess and are saved.

THE TWO NATURES OF JESUS CHRIST

132. *Who is Jesus Christ?*

Jesus Christ is "true God, begotten of the Father from eternity, and also true man, born of the Virgin Mary."

133. *How do you know that Jesus Christ is true God?*

Because the Scriptures clearly call Him God, teaching the following:

A. Jesus has divine names.

387　**John 20:28** Thomas said to Him, "My Lord and my God!"

388　**Rom. 9:5** From them is traced the human ancestry of Christ, who is God over all, forever praised!

389　**1 John 5:20** He is the true God and eternal life.

Note: These names are not mere honorary titles but tell exactly who Jesus is, and they can be true only of God.

B. Jesus possesses divine attributes (qualities or characteristics). He is

1. eternal (without beginning and without end);

390   **Jn 1.1-2** En el principio era el Verbo, el Verbo estaba con Dios y el Verbo era Dios. Este estaba en el principio con Dios.

2. inmutable (no cambia)

391   **Heb 13.8** Jesucristo es el mismo ayer, hoy y por los siglos.

3. todopoderoso (omnipotente)

392   **Mt 28.18** Toda potestad me es dada en el cielo y en la tierra.

4. todo lo sabe (omnisciente)

393   **Jn 21.17** Señor, tú lo sabes todo.

5. presente en todo lugar (omnipresente)

394   **Mt 28.20** Y yo estoy con vosotros todos los días, hasta el fin del mundo.

H.B. **Lc 5.4-6; Jn 21.6** La pesca milagrosa. **Jn 1.48** Jesús conoce el nombre y el carácter de Natanael. **Jn 4.17-18** Jesús y la mujer junto al pozo de Jacob.

Nota: Ver Mt 21.1-7; 26.20-25; Lc 18.31-33; 22.8-13.

C. Jesús hace obras divinas (que solamente Dios puede hacer).

1. Él perdona

395   **Mt 9.6** El Hijo del hombre tiene potestad en la tierra para perdonar pecados.

2. Él creo todas las cosas

396   **Jn 1.3** Todas las cosas por medio de él fueron hechas, y sin él nada de lo que ha sido hecho fue hecho.

3. Él juzgará

397   **Jn 5.27** [El Padre] le dio autoridad de hacer juicio.

4. Él preserva todas las cosas

398   **Heb 1.3** Él... sustenta todas las cosas con la palabra de su poder.

H.B. **Jn 2.1-11** En las bodas de Caná Jesús reveló su gloria convirtiendo el agua en vino . **Lc 8.22-25** Jesús calmó la tempestad con una sola palabra. **Mt 9.1-8** Jesús sanó al paralítico y le perdonó los pecados. **Jn 11.38-44** Jesús resucitó a Lázaro. **Mt 28.6-7** Jesús resucitó de la muerte.

D. Jesús recibe honor y gloria divinas.

399   **Jn 5.22-23** Porque el Padre a nadie juzga, sino que todo el juicio dio al Hijo, para que todos honren al Hijo como honran al Padre. El que no honra al Hijo no honra al Padre, que lo envió.

400   **Heb 1.6** Adórenlo todos los ángeles de Dios.

Nota: Véase Flp 2.10; Ap 5.12-13.

134. ¿Por qué creemos que Jesucristo es también verdadero hombre?

Porque las Sagradas Escrituras:

A. expresamente llaman a Jesucristo hombre

390   **John 1:1-2** In the beginning was the Word, and the Word was with God, and the Word was God. He was with God in the beginning.

2. unchangeable;

391   **Heb. 13:8** Jesus Christ is the same yesterday and today and forever.

3. almighty (omnipotent);

392   **Matt. 28:18** All authority in heaven and on earth has been given to Me.

4. all-knowing (omniscient);

393   **John 21:17** Lord, You know all things.

5. present everywhere (omnipresent).

394   **Matt. 28:20** Surely I am with you always, to the very end of the age.

Bible narratives: **Luke 5:4-6; John 21:6** Miraculous catch of fish. **John 1:48** Jesus knows the name and character of Nathanael. **John 4:17-18** Jesus and the woman at Jacob's well.

Note: See also Matt. 21:1-7; 26:20-25; Luke 18:31-33; 22:8-13.

C. Jesus does divine works (which only God can do).

1. He forgives.

395   **Matt. 9:6** The Son of Man has authority on earth to forgive sins.

2. He created.

396   **John 1:3** Through Him all things were made; without Him nothing was made that has been made.

3. He will judge.

397   **John 5:27** [The Father] has given Him authority to judge.

4. He preserves.

398   **Heb. 1:3** [He sustains] all things by His powerful word.

Bible narratives: **John 2:1-11** At the wedding feast in Cana, Jesus revealed His glory by turning water into wine. **Luke 8:22-25** He rebuked the storm. **Matt. 9:1-8** He healed the paralytic. **John 11:38-44** He called Lazarus back to life. **Matt. 28:6-7** He rose from the dead.

D. Jesus receives divine honor and glory.

399   **John 5:22-23** The Father judges no one, but has entrusted all judgment to the Son, that all may honor the Son just as they honor the Father. He who does not honor the Son does not honor the Father, who sent Him.

400   **Heb. 1:6** Let all God's angels worship Him.

Note: See Phil. 2:10; Rev. 5:12-13.

134. *How do you know that Jesus Christ is also true man?*

Because the Scriptures

A. clearly call Him man;

401   **1 Ti 2.5** Pues hay un solo Dios, y un solo mediador entre Dios y los hombres: Jesucristo hombre.

B. le atribuyen cuerpo y alma

402   **Lc 24.39** Mirad mis manos y mis pies, que yo mismo soy. Palpad y ved, porque un espíritu no tiene carne ni huesos como veis que yo tengo.

403   **Mt 26.38** Mi alma está muy triste, hasta la muerte.

C. habla de sus emociones y acciones humanas pero sin pecado.

404   **Mt 4.2** Sintió hambre.

405   **Jn 11.35** Jesús lloró.

406   **Jn 19.28** ¡Tengo sed!

407   **He 4.14-16** Por tanto, teniendo un gran sumo sacerdote que traspasó los cielos, Jesús el Hijo de Dios, retengamos nuestra profesión. No tenemos un sumo sacerdote que no pueda compadecerse de nuestras debilidades, sino uno que fue tentado en todo según nuestra semejanza, pero sin pecado. Acerquémonos, pues, confiadamente al trono de la gracia, para alcanzar misericordia y hallar gracia para el oportuno socorro.

H.B. **Mt 26-27** Jesús sufrió y murió. **Mr 4.38** Jesús durmió. **Lc 2** Jesús nació.

135. ¿Qué dos naturalezas están, pues, unidas en la persona de Cristo?

La naturaleza divina y humana están unidas en Cristo Jesús. Esta unión personal comenzó cuando él se hizo hombre (la encarnación) y continúa para siempre.

408   **Jn 1.14** Y el Verbo se hizo carne y habitó entre nosotros lleno de gracia y de verdad; y vimos su gloria, gloria como del unigénito del Padre.

409   **1 Ti 3.16** Indiscutiblemente, grande es el misterio de la piedad: Dios fue manifestado en carne.

410   **Col 2.9** Porque en él habita corporalmente toda la plenitud de la divinidad.

411   **Is 9.6** Porque un niño nos ha nacido, hijo nos ha sido dado, y el principado sobre su hombro. Se llamará su nombre "Admirable consejero", "Dios fuerte", "Padre eterno", "Príncipe de paz".

412   **Mt 28.18** Toda potestad me es dada en el cielo y en la tierra.

413   **Mt 28.20** Y yo estoy con vosotros todos los días, hasta el fin del mundo.

414   **Hch 3.15** Y matasteis al Autor de la vida.

415   **1 Jn 1.7** La sangre de Jesucristo, su Hijo, nos limpia de todo pecado.

416   **Hch 20.28** Por tanto, mirad por vosotros y por todo el rebaño en que el Espíritu Santo os ha puesto por obispos para apacentar la iglesia del Señor, la cual él ganó por su propia sangre.

136. ¿Por qué era necesario que nuestro Salvador fuera verdadero hombre?

Cristo tenía que ser verdadero hombre para

401   **1 Tim. 2:5** There is one God and one mediator between God and men, the man Christ Jesus.

B. say that He has a human body and soul;

402   **Luke 24:39** Look at My hands and My feet. It is I Myself! Touch Me and see; a ghost does not have flesh and bones, as you see I have.

403   **Matt. 26:38** My soul is overwhelmed with sorrow to the point of death.

C. speak of His human, but sinless, feelings and actions.

404   **Matt. 4:2** He was hungry.

405   **John 11:35** Jesus wept.

406   **John 19:28** Jesus said, "I am thirsty."

407   **Heb. 4:14-16** Since we have a great high priest who has gone through the heavens, Jesus the Son of God, let us hold firmly to the faith we profess. For we do not have a high priest who is unable to sympathize with our weaknesses, but we have one who has been tempted in every way, just as we are—yet was without sin. Let us then approach the throne of grace with confidence, so that we may receive mercy and find grace to help us in our time of need.

Bible narratives: **Matthew 26-27** Jesus suffered and died. **Mark 4:38** Jesus slept. **Luke 2.** Jesus was born.

135. *What two natures, therefore, are united in the one person of Jesus Christ?*
The divine and the human natures are united in Jesus Christ. This personal union began when He became man (incarnation) and continues forever.

408   **John 1:14** The Word became flesh and made His dwelling among us. We have seen His glory, the glory of the One and Only, who came from the Father, full of grace and truth.

409   **1 Tim. 3:16** Beyond all question, the mystery of godliness is great: He appeared in a body.

410   **Col. 2:9** In Christ all the fullness of the Deity lives in bodily form.

411   **Is. 9:6** To us a child is born, to us a son is given, and the government will be on His shoulders. And He will be called Wonderful Counselor, Mighty God, Everlasting Father, Prince of Peace.

412   **Matt. 28:18** All authority in heaven and on earth has been given to Me.

413   **Matt. 28:20** Surely I am with you always, to the very end of the age.

414   **Acts 3:15** You killed the author of life.

415   **1 John 1:7** The blood of Jesus Christ, His Son, purifies us from every sin.

416   **Acts 20:28** Be shepherds of the church of God, which He bought with His own blood.

136. *Why was it necessary for our Savior to be true man?*
Christ had to be true man in order to

A. como nuestro sustituto, poder cumplir la ley de Dios en lugar nuestro (obediencia activa);

417   **Gl 4.4-5** Pero cuando vino el cumplimiento del tiempo, Dios envió a su Hijo, nacido de mujer y nacido bajo la Ley, para redimir a los que estaban bajo la Ley, a fin de que recibiéramos la adopción de hijos.

418   **Ro 5.19** Así como por la desobediencia de un hombre muchos fueron constituídos pecadores, así también por la obediencia de uno, muchos serán constituídos justos.

B. poder sufrir y morir por nuestra culpa porque no habíamos cumplido la ley (obediencia pasiva).

419   **Col 1.21-22** Os ha reconciliado en su cuerpo de carne, por medio de la muerte, para presentaros santos y sin mancha e irreprochables delante de él.

420   **Heb 2.14** Así que, por cuanto los hijos participaron de carne y sangre, él también participó de lo mismo para destruir por medio de la muerte al que tenía el imperio de la muerte, esto es, al diablo.

137. ¿Porqué era necesario que nuestro Salvador fuera verdadero Dios?

Nuestro Salvador necesitaba ser verdadero Dios para

A. poder rescatar a toda la humanidad por medio del cumplimiento de la ley, su vida, sufrimiento, muerte y resurrección.

421   **Sal 49.7-8** Ninguno de ellos podrá, en manera alguna, redimir al hermano ni pagar a Dios su rescate (pues la redención de su vida es de tan alto precio que no se logrará jamás).

422   **Mr 10.45** Porque el Hijo del hombre no vino para ser servido, sino para servir y para dar su vida en rescate por todos.

423   **Ro 3.22-24** Porque no hay diferencia, por cuanto todos pecaron y están destituídos de la gloria de Dios, y son justificados gratuitamente por su gracia, mediante la redención que es en Cristo Jesús.

424   **Gl 3.13** Cristo nos redimió de la maldición de la Ley, haciéndose maldición por nosotros.

425   **Gl 4.4-5** Pero cuando vino el cumplimiento del tiempo, Dios envió a su Hijo, nacido de mujer y nacido bajo la Ley, para redimir a los que estaban bajo la Ley, a fin de que recibiéramos la adopción de hijos.

426   **1 P 1.18-19** Pues ya sabéis que fuisteis rescatados de vuestra vana manera de vivir (la cual recibisteis de vuestros padres) no con cosas corruptibles, como oro o plata, sino con la sangre preciosa de Cristo, como de un cordero sin mancha y sin contaminación.

B. poder vencer por nosotros a la muerte y al diablo.

427   **1 Co 15.57** Pero gracias sean dadas a Dios, que nos da la victoria por medio de nuestro Señor Jesucristo.

428   **2 Ti 1.10** Nuestro Salvador Jesucristo, ...quitó la muerte.

A. act in our place under the Law and fulfill it for us (active obedience);

417   **Gal. 4:4-5** When the time had fully come, God sent his Son, born of a woman, born under law, to redeem those under law, that we might receive the full rights of sons.

418   **Rom. 5:19** Just as through the disobedience of the one man the many were made sinners, so also through the obedience of the one man the many will be made righteous.

B. be able to suffer and die for our guilt because we failed to keep the Law (passive obedience).

419   **Col. 1:22** He has reconciled you by Christ's physical body through death to present you holy in His sight, without blemish and free from accusation.

420   **Heb. 2:14** Since the children have flesh and blood, He too shared in their humanity so that by His death He might destroy him who holds the power of death—that is, the devil.

137. *Why was it necessary for our Savior to be true God?*

Christ had to be true God in order that

A. His fulfilling of the Law, His life, suffering, and death might be a sufficient ransom for all people;

421   **Ps. 49:7** No man can redeem the life of another or give to God a ransom for him.

422   **Mark 10:45** The Son of Man did not come to be served, but to serve, and to give His life as a ransom for many.

423   **Rom. 3:22-24** There is no difference, for all have sinned, and fall short of the glory of God, and are justified freely by His grace through the redemption that came by Christ Jesus.

424   **Gal. 3:13** Christ redeemed us from the curse of the law by becoming a curse for us.

425   **Gal. 4:4-5** When the time had fully come, God sent His Son, born of a woman, born under law, to redeem those under law, that we might receive the full rights of sons.

426   **1 Peter 1:18-19** You know that it was not with perishable things such as silver or gold that you were redeemed from the empty way of life handed down to you from your forefathers, but with the precious blood of Christ, a lamb without blemish or defect.

B. He might be able to overcome death and the devil for us.

427   **1 Cor. 15:57** Thanks be to God! He gives us the victory through our Lord Jesus Christ.

428   **2 Tim. 1:10** Our Savior, Christ Jesus ... has destroyed death.

429   **Heb 2.14** Así que, por cuanto los hijos participaron de carne y sangre, él también participó de lo mismo para destruir por medio de la muerte al que tenía al imperio de la muerte, esto es, al diablo.

138. *¿Qué confesamos entonces acerca de Jesucristo, el Dios-hombre?*

Creo que Jesucristo es mi Señor y Redentor, al cual amo y sirvo con mi vida entera.

430   **1 Co 6.20** Pues habéis sido comprados por precio; glorificad, pues, a Dios en vuestro cuerpo.

H.B. **Jn 20.24-29** La confesión de Tomás.

EL OFICIO DE CRISTO

139. *¿Para qué triple oficio fue ungido Cristo?*

Cristo fue ungido para ser nuestro profeta, sacerdote, y rey.

A. Como profeta, Cristo,

1. durante su vida en la tierra predicó personalmente y verificó su palabra por medio de milagros y en especial por medio de su resurrección.

431   **Dt 18.15** Un profeta como yo te levantará Jehová, tu Dios, de en medio de ti, de tus hermanos; a él oiréis.

432   **Mt 17.5** Este es mi Hijo amado, en quien tengo complacencia; a él oíd.

433   **Mr 1.38** Vamos a los lugares vecinos para que predique también allí, porque para esto he venido.

434   **Jn 1.17-18** La Ley fue dada por medio de Moisés, pero la gracia y la verdad vinieron por medio de Jesucristo. A Dios nadie lo ha visto jamás; el unigénito Hijo, que está en el seno del Padre, él lo ha dado a conocer.

435   **Jn 6.68** Le respondió Simón Pedro: Señor, ¿a quién iremos? Tú tienes palabras de vida eterna.

2. por medio de la predicación del evangelio, aún hoy en día, se proclama a sí mismo, como el Hijo de Dios y el Redentor del mundo.

436   **Mr 16.15** Y les dijo: Id por todo el mundo y predicad el evangelio a toda criatura.

437   **Lc 10.16** El que a vosotros oye, a mí me oye; y el que a vosotros desecha, a mí me desecha; y el que me desecha a mí, desecha al que me envió.

438   **2 Co 5.20** Así que, somos embajadores en nombre de Cristo, como si Dios rogara por medio de nosotros; os rogamos en nombre de Cristo: Reconciliaos con Dios.

B. Como sacerdote, Cristo,

1. cumplió perfectamente la ley en nuestro lugar (obediencia activa);

429   **Heb. 2:14** Since the children have flesh and blood, He too shared in their humanity so that by His death He might destroy him who holds the power of death—that is, the devil.

138. *What do you therefore confess about Jesus Christ, the God-man?*

I believe that Jesus Christ is my Lord and my Redeemer, whom I love and serve with my whole life.

430   **1 Cor. 6:20** You were bought at a price. Therefore honor God with your body.

Bible narrative: **John 20:24-29** Thomas' confession.

THE OFFICE OF CHRIST

139. *For what threefold office was Christ anointed?*

Christ was anointed to be our Prophet, Priest, and King.

A. As Prophet, Christ

1. preached personally during His life on earth, validating His word with miracles, especially His own resurrection;

431   **Deut. 18:15** The Lord your God will raise up for you a prophet like me from among your own brothers. You must listen to Him.

432   **Matt. 17:5** "This is My Son, whom I love; with Him I am well pleased. Listen to Him!"

433   **Mark 1:38** Let us go somewhere else to the nearby villages—so I can preach there also. That is why I have come.

434   **John 1:17-18** The law was given through Moses; grace and truth came through Jesus Christ. No one has ever seen God, but God the One and Only, who is at the Father's side, has made Him known.

435   **John 6:68** Simon Peter answered Him, "Lord, to whom shall we go? You have the words of eternal life."

2. through the preached Gospel today still proclaims Himself to be the Son of God and Redeemer of the world.

436   **Mark 16:15** He said to them, "Go into all the world and preach the good news to all creation."

437   **Luke 10:16** He who listens to you listens to Me; he who rejects you rejects Me; but he who rejects Me rejects Him who sent Me.

438   **2 Cor. 5:20** We are therefore Christ's ambassadors, as though God were making His appeal through us. We implore you on Christ's behalf: Be reconciled to God.

B. As Priest, Christ

1. fulfilled the Law perfectly in our stead (active obedience);

439 **Gl 4.4-5** Pero cuando vino el cumplimiento del tiempo, Dios envió a su Hijo, nacido de mujer y nacido bajo la Ley, para redimir a los que estaban bajo la Ley, a fin de que recibiéramos la adopción de hijos.

2. se sacrificó a sí mismo por nuestros pecados (obediencia pasiva);

440 **1 Co 15.3** Cristo murió por nuestros pecados, conforme a las Escrituras.

441 **Heb 7.26-27** Tal sumo sacerdote nos convenía: santo, inocente, sin mancha, apartado de los pecadores y hecho más sublime que los cielos; que no tiene necesidad cada día, como aquellos sumos sacerdotes, de ofrecer primero sacrificios por sus propios pecados, y luego por los del pueblo, porque esto lo hizo una vez para siempre, ofreciéndose a sí mismo.

442 **1 Jn 2.2** Él es la propiciación por nuestros pecados, y no solamente por los nuestros, sino también por los de todo el mundo.

3. y aún está intercediendo continuamente por todos nosotros ante el Padre celestial.

443 **1 Jn 2.1** Si alguno ha pecado, abogado tenemos para con el Padre, a Jesucristo, el justo.

C. Como rey, Cristo

1. reina poderosamente sobre toda la creación (el reino de poder—todas las criaturas)

444 **Mt 28.18** Toda potestad me es dada en el cielo y en la tierra.

2. gobierna y protege especialmente su iglesia (el reino de gracia—la iglesia en la tierra)

445 **Jn 18.36-37** Respondió Jesús: Mi Reino no es de este mundo; si mi Reino fuera de este mundo, mis servidores pelearían para que yo no fuera entregado a los judíos; pero mi Reino no es de aquí. Le dijo entonces Pilato: Luego, ¿eres tú rey? Respondió Jesús: Tú dices que yo soy rey. Yo para esto he nacido y para esto he venido al mundo: para dar testimonio de la verdad. Todo aquel que es de la verdad, oye mi voz.

3. finalmente lleva su iglesia a la gloria en el cielo (el reino de gloria—la iglesia en el cielo).

446 **2 Ti 4.18** Y el Señor me librará de toda obra mala y me preservará para su reino celestial. A él sea gloria por los siglos de los siglos. Amén.

EL SALVADOR EN EL ESTADO DE HUMILLACIÓN

140. *¿Qué dos estados distinguen las Escrituras en la obra salvadora de Cristo?*

A. El estado de humillación

B. El estado de exaltación

439   Gal. 4:4-5 When the time had fully come, God sent His Son, born of a woman, born under law, to redeem those under law, that we might receive the full rights of sons.

2. sacrificed Himself for our sins (passive obedience);

440   1 Cor. 15:3 Christ died for our sins according to the Scriptures.

441   Heb. 7:26-27 Such a high priest meets our need one who is holy, blameless, pure, set apart from sinners, exalted above the heavens. Unlike the other high priests, He does not need to offer sacrifices day after day, first for His own sins, and then for the sins of the people. He sacrificed for their sins once for all when He offered Himself.

442   1 John 2:2 He is the atoning sacrifice for our sins, and not only for ours but also for the sins of the whole world.

3. still pleads for us with His heavenly Father (intercession).

443   1 John 2:1 We have one who speaks to the Father in our defense—Jesus Christ, the Righteous One.

C. As King, Christ

1. rules with His almighty power over all creation (the kingdom of power—all creatures);

444   Matt. 28:18 All authority in heaven and on earth has been given to Me.

2. governs and protects especially His church (the kingdom of grace—the church on earth);

445   John 18:36-37 Jesus said, "My kingdom is not of this world. If it were, My servants would fight to prevent My arrest by the Jews. But now My kingdom is from another place." "You are a king, then!" said Pilate. Jesus answered, "You are right in saying I am a king. In fact, for this reason I was born, and for this I came into the world, to testify to the truth. Everyone on the side of truth listens to Me."

3. finally leads His church to glory in heaven (the kingdom of glory—the church in heaven).

446   2 Tim. 4:18 The Lord will rescue me from every evil attack and will bring me safely to His heavenly kingdom. To Him be glory for ever and ever. Amen.

THE SAVIOR IN THE STATE OF HUMILIATION

140. *What two states do the Scriptures distinguish in Christ's work of salvation?*

A. The state of humiliation

B. The state of exaltation

141. ¿En qué consiste el estado de humillación?

En su estado de humillación, Cristo, como hombre, no usó siempre ni completamente, sus poderes divinos.

447   **Flp 2.5-8** Haya, pues, en vosotros este sentir que hubo también en Cristo Jesús: Él, siendo en forma de Dios, no estimó el ser igual a Dios como cosa a que aferrarse, sino que se despojó a sí mismo, tomó la forma de siervo y se hizo semejante a los hombres. Mas aún, hallándose en la condición de hombre, se humilló a sí mismo, haciéndose obediente hasta la muerte, y muerte de cruz.

H.B. **Jn 2.1-11** La boda de Caná **Jn 11.38-44** La resurrección de Lázaro **Jn 18.1-6** Muestras de la gloria oculta.

142. ¿Con qué palabras describe el segundo artículo el estado de humillación?

"Fue concebido por obra del Espíritu Santo, nació de la virgen María; padeció bajo el poder de Poncio Pilatos, fue crucificado, muerto y sepultado."

143. ¿Qué enseñan las Sagradas Escrituras sobre la concepción de Cristo?

Ellas enseñan que por la obra milagrosa del Espíritu Santo, no por mediación de padre humano, Cristo el Hijo de Dios, fue concebido como verdadero ser humano en la virgen María.

448   **Lc 1.35** El Espíritu Santo vendrá sobre ti y el poder del Altísimo te cubrirá con su sombra; por lo cual también el Santo Ser que va a nacer será llamado Hijo de Dios.

449   **Mt 1.20** "José, hijo de David, no temas recibir a María tu mujer, porque lo que en ella es engendrado, del Espíritu Santo es."

144. ¿Qué enseñan las Sagradas Escrituras sobre el nacimiento de Cristo?

Ellas enseñan que Cristo el Dios-hombre nació de la virgen María.

450   **Is 7.14** La virgen concebirá y dará a luz un hijo, y le pondrá por nombre Emanuel. (ver también Mt 1.23)

451   **Lc 2.7** Y dio a luz a su hijo primogénito, y lo envolvió en pañales y lo acostó en un pesebre, porque no había lugar para ellos en el mesón.

H.B. **Mt 1.18-25** El nacimiento virginal.

145. ¿Qué declaran las Sagradas Escrituras sobre la vida, los sufrimientos y la muerte de Cristo?

Las Escrituras enseñan que Cristo

A. en su vida terrenal padeció pobreza, insultos y persecución;

452   **2 Co 8.9** Ya conocéis la gracia de nuestro Señor Jesucristo, que por amor a vosotros se hizo pobre siendo rico, para que vosotros con su pobreza fuerais enriquecidos.

453   **Mt 8.20** Las zorras tienen guaridas, y las aves del cielo, nidos; pero el Hijo del Hombre no tiene donde recostar su cabeza.

141. *What was Christ's humiliation?*

Christ's humiliation was that as man He did not always or fully use His divine powers.

447   **Phil. 2:5-8** Let this mind be in you which was also in Christ Jesus, who, being in the form of God, did not consider it robbery to be equal with God, but made Himself of no reputation, taking the form of a servant, and coming in the likeness of men. And being found in appearance as a man, He humbled Himself and became obedient to the point of death, even the death of the cross (NKJV).

Bible narratives: **John 2:1-11** Wedding at Cana. **John 11:38-44** Raising of Lazarus. **John 18:1-6** Rays of hidden glory.

142. *Which words of the Apostles' Creed describe the stages of Christ's humiliation?*

"Conceived by the Holy Spirit, born of the Virgin Mary, suffered under Pontius Pilate, was crucified, died and was buried."

143. *What do the Scriptures teach about Christ's conception?*

They teach that Christ, the Son of God, received a true human body and soul in the Virgin Mary through the miraculous power of the Holy Spirit, not through a human father.

448   **Luke 1:35** The Holy Spirit will come upon you, and the power of the Most High will overshadow you. So the holy one to be born will be called the Son of God.

449   **Matt. 1:20** Joseph son of David, do not be afraid to take Mary home as your wife, because what is conceived in her is from the Holy Spirit.

144. *What do the Scriptures teach of the birth of Christ?*

They teach that Jesus Christ, the God-man, was born of the Virgin Mary.

450   **Is. 7:14** The virgin will be with child and will give birth to a son, and will call Him Immanuel. (See also Matt. 1:23.)

451   **Luke 2:7** She gave birth to her firstborn, a son. She wrapped Him in cloths and placed Him in a manger, because there was no room for them in the inn.

Bible narrative: **Matt. 1:18-25** The virgin birth.

145. *What do the Scriptures teach about Christ's life, suffering, and death?*

They teach that Christ

A. endured poverty, contempt, and persecution in His earthly life;

452   **2 Cor. 8:9** Though He was rich, yet for your sakes He became poor, so that you through His poverty might become rich.

453   **Matt. 8:20** Foxes have holes and birds of the air have nests, but the Son of Man has no place to lay His head.

454   **Is 53.3** Despreciado y desechado entre los hombres, varón de dolores, experimentado en sufrimiento; y como que escondimos de él el rostro, fue menospreciado y no lo estimamos.

455   **Jn 8.40** Pero ahora intentáis matarme a mí, que os he hablado la verdad, la cual he oído de Dios.

H.B. **Lc 2.7** A la hora de su nacimiento Jesús fue envuelto en pañales y acostado en un pesebre. **Mt 2.13** Herodes trató de matarlo, pero Jesús escapó a Egipto. **Lc 4.29** En Nazaret la gente trató de tirarlo de la cumbre de un monte. **Jn 8.59** Los judíos querían apedrearlo en el templo.

B. bajo el poder de Poncio Pilatos, padeció indecibles tormentos en su cuerpo y en su alma;

456   **Jn 19.1-3** Así que tomó entonces Pilato a Jesús y lo azotó. Los soldados entretejieron una corona de espinas y la pusieron sobre su cabeza, y lo vistieron con un manto de púrpura, y le decían: ¡Salve, Rey de los judíos!—y le daban bofetadas.

H.B. **Mr 15.1-20** El sufrimiento de Cristo.

C. murió en la cruz en medio de agonía extremadamente dolorosa.

457   **Jn 19.16-18** Así que entonces lo entregó a ellos para que fuera crucificado. Tomaron, pues, a Jesús y se lo llevaron. Él, cargando su cruz, salió al lugar llamado de la Calavera, en hebreo, Gólgota. Allí lo crucificaron con otros dos, uno a cada lado, y Jesús en medio.

458   **Mt 27.46** Cerca de la hora novena, Jesús clamó en gran voz, diciendo: "Elí, Elí, ¿lama sabactani?" (que significa: "Dios mío, Dios mío, ¿por qué me has desamparado?"). (Sufrió los tormentos de los condenados en el infierno).

459   **Jn 19.30** Cuando Jesús tomó el vinagre, dijo: ¡Consumado es! E inclinando la cabeza, entregó el espíritu.

H.B. **Mr 15.21-41** La muerte de Cristo.

146. ¿Qué dicen las Sagradas Escrituras acerca de la sepultura de Cristo?

Ellas dicen que el sagrado cuerpo de Cristo fue sepultado, permaneciendo en la tumba hasta el tercer día sin corromperse.

460   **Hch 13.37** Pero aquel a quien Dios levantó, no vio corrupción.

H.B. **Mr 15.42-47** El entierro de Cristo

LA OBRA DE JESUCRISTO DE REDENCIÓN O EXPIACIÓN

147. ¿Por qué se humilló Cristo a sí mismo?

Cristo se humilló voluntariamente para redimirme a mí, que estaba perdido y condenado.

454   **Is. 53:3** He was despised and rejected by men, a man of sorrows, and familiar with suffering. Like one from whom men hide their faces He was despised, and we esteemed Him not.

455   **John 8:40** You are determined to kill Me, a man who has told you the truth that I heard from God.

Bible narratives: **Luke 2:7** At His birth Jesus had only strips of cloth and a manger. **Matt. 2:13** Herod tried to murder Him, but He escaped to Egypt. **Luke 4:29** In Nazareth the people tried to throw Him down from the brow of the hill. **John 8:59** In the temple they picked up stones to stone Him.

B. suffered great agony of body and soul under Pontius Pilate;

456   **John 19:1-3** Pilate took Jesus and had Him flogged. The soldiers twisted together a crown of thorns and put it on His head. They clothed Him in a purple robe and went up to Him again and again, saying, "Hail, king of the Jews!" And they struck Him in the face.

Bible narrative: **Mark 15:1-20** The suffering of Christ.

C. died in excruciating agony on the cross.

457   **John 19:16-18** Finally Pilate handed Him over to them to be crucified. So the soldiers took charge of Jesus. Carrying His own cross, He went out to the place of the Skull (which in Aramaic is called Golgotha). Here they crucified Him.

458   **Matt. 27:46** About the ninth hour Jesus cried out in a loud voice . . . "My God, My God, why have You forsaken Me?" (He suffered the tortures of the damned in hell.)

459   **John 19:30** He bowed His head and gave up His spirit.

Bible narrative: **Mark 15:21-41** The death of Christ.

146. *What do the Scriptures teach about Christ's burial?*

They teach that Christ's body was buried in the tomb and remained there until the third day, without decaying in any way.

460   **Acts 13:37** The one whom God raised from the dead did not see decay.

Bible narrative: **Mark 16:42-47** The burial of Christ.

CHRIST'S WORK OF REDEMPTION, OR ATONEMENT

147. *Why did Christ humble Himself?*

Christ voluntarily humbled Himself in order to "redeem me, a lost and condemned person."

461   **Is 53.4-5** Ciertamente llevó él nuestras enfermedades y sufrió nuestros dolores, ¡pero nosotros le tuvimos por azotado, como herido y afligido por Dios! Mas él fue herido por nuestras rebeliones, molido por nuestros pecados. Por darnos la paz, cayó sobre él el castigo, y por sus llagas fuimos nosotros curados.

462   **Jn 10.17-18** Yo pongo mi vida para volverla a tomar. Nadie me la quita, sino que yo de mí mismo la pongo.

148. ¿De qué te ha redimido Cristo?

Cristo me ha rescatado y ganado de todos los pecados, de la muerte y del poder del diablo.

463   **Jn 1.29** ¡Éste es el Cordero de Dios, que quita el pecado del mundo!

464   **Heb 2.14-15, 17** Así que, por cuanto los hijos participaron de carne y sangre, él también participó de lo mismo para destruir por medio de la muerte al que tenía el imperio de la muerte, esto es, al diablo, y librar a todos los que por el temor de la muerte estaban durante toda la vida sujetos a servidumbre... Por lo cual debía ser en todo semejante a sus hermanos, para venir a ser misericordioso y fiel sumo sacerdote en lo que a Dios se refiere, para expiar los pecados del pueblo.

149. ¿En qué sentido te ha redimido Cristo de todos los pecados?

A. Cristo tomó sobre sí mi culpa y mi castigo

465   **Ro 5.19** Por la obediencia de uno, muchos serán constituidos justos.

466   **2 Co 5.21** Al que no conoció pecado, por nosotros se hizo pecado, para que nosotros seamos justicia de Dios en él.

467   **Gl 3.13** Cristo nos redimió de la maldición de la Ley, haciéndose maldición por nosotros. Pues está escrito: "Maldito todo el que es colgado de un madero."

B. Cristo me ha librado de la esclavitud del pecado.

468   **Jn 8.34, 36** De cierto, de cierto os digo que todo aquel que practica el pecado, esclavo es del pecado... Así que si el Hijo os liberta sereis verdaderamente libres.

469   **1 P 2.24** Él mismo llevó nuestros pecados en su cuerpo sobre el madero, para que nosotros, estando muertos a los pecados, vivamos a la justicia. ¡Por su herida habéis sido sanados!

150. ¿En qué sentido te ha redimido Cristo de la muerte?

A través de su sufrimiento, muerte y resurrección, Cristo ha triunfado sobre la muerte. Ya no necesito tener miedo a la muerte temporal, puesto que Cristo ahora me da vida eterna.

461   **Is. 53:4-5** Surely He took up our infirmities and carried our sorrows, yet we considered Him stricken by God, smitten by Him, and afflicted. But He was pierced for our transgressions, He was crushed for our iniquities; the punishment that brought us peace was upon Him, and by His wounds we are healed.

462   **John 10:17-18** I lay down My life only to take it up again. No one takes it from Me, but I lay it down of My own accord.

148. From what has Christ redeemed you?

He has redeemed me "from all sins, from death, and from the power of the devil."

463   **John 1:29** Look, the Lamb of God, who takes away the sin of the world!

464   **Heb. 2:14-15, 17** Since the children have flesh and blood, He too shared in their humanity so that by His death He might destroy him who holds the power of death—that is, the devil—and free those who all their lives were held in slavery by their fear of death.... For this reason He had to be made like His brothers in every way, in order that He might become a merciful and faithful high priest in service to God, and that He might make atonement for the sins of the people.

149. How has Christ redeemed you from all sins?

A. He took my guilt and punishment upon Himself.

465   **Rom. 5:19** Through the obedience of the one man the many will be made righteous.

466   **2 Cor. 5:21** God made Him who had no sin to be sin for us, so that in Him we might become the righteousness of God.

467   **Gal. 3:13** Christ redeemed us from the curse of the law by becoming a curse for us, for it is written: "Cursed is everyone who is hung on a tree."

B. He freed me from the slavery of sin.

468   **John 8:34, 36** I tell you the truth, everyone who sins is a slave to sin.... So if the Son sets you free, you will be free indeed.

469   **1 Peter 2:24** He Himself bore our sins in His body on the tree, so that we might die to sins and live for righteousness; by His wounds you have been healed.

150. How has Christ rescued you from death?

Through His suffering, death, and resurrection, Christ has triumphed over death. Since He now gives me eternal life I need not fear death.

470 **1 Co 15.55-57** ¿Dónde está, muerte, tu aguijón? ¿Dónde, sepulcro, tu victoria?, porque el aguijón de la muerte es el pecado, y el poder del pecado es la Ley. Pero gracias sean dadas a Dios, que nos da la victoria por medio de nuestro Señor Jesucristo.

471 **2 Ti 1.10** El cual quitó la muerte y sacó a luz la vida y la inmortalidad por el evangelio.

472 **1 P 1.3** Bendito el Dios y Padre de nuestro Señor Jesucristo, que según su gran misericordia nos hizo renacer para una esperanza viva, por la resurrección de Jesucristo de los muertos.

151. ¿En qué sentido te ha redimido Cristo del poder del diablo?

Cristo venció totalmente al diablo de tal manera que éste ya no puede acusarme más por mis pecados y puedo resistir victoriosamente sus tentaciones.

473 **Gn 3.15** Pondré enemistad entre ti y la mujer, y entre tu simiente y la simiente suya; ésta te herirá en la cabeza, y tú la herirás en el talón.

474 **1 Jn 3.8** Para esto apareció el Hijo de Dios, para deshacer las obras del diablo.

475 **Stg 4.7** Resistid al diablo, y huirá de vosotros.

Nota: Ver también Ro 8.31-34; Col 2.15; Heb 2.14-15; 1 P 5.8-9; Ap 12.10

152. ¿Con qué te ha redimido Cristo?

Cristo me ha redimido, no con oro o plata, sino con su santa y preciosa sangre y con su inocente pasión y muerte.

476 **Is 53.5** Por sus llagas fuimos nosotros curados.

477 **1 P 1.18-19** Pues ya sabéis que fuisteis rescatados de vuestra vana manera de vivir (la cual recibisteis de vuestros padres) no con cosas corruptibles, como oro o plata, sino con la sangre preciosa de Cristo, como de un cordero sin mancha y sin contaminación.

478 **1 Jn 1.7** La sangre de Jesucristo, su Hijo, nos limpia de todo pecado.

153. ¿Cómo te beneficia esta obra de redención?

Cristo fue mi sustituto. Él tomó mi lugar en el juicio de Dios contra el pecado. De este modo, al pagar el castigo de mi culpa, Cristo expió o hizo satisfacción por mis pecados (expiación vicaria).

479 **Is 53.4-5** Ciertamente llevó él nuestras enfermedades y sufrió nuestros dolores, ¡pero nosotros le tuvimos por azotado, como herido y afligido por Dios! Mas él fue herido por nuestras rebeliones, molido por nuestros pecados. Por darnos la paz, cayó sobre él el castigo, y por sus llagas fuimos nosotros curados.

480 **2 Co 5.21** Al que no conoció pecado, por nosotros lo hizo pecado, para que nosotros seamos justicia de Dios en él.

470   **1 Cor. 15:55-57** "Where, O death, is your victory? Where, O death, is your sting?" The sting of death is sin, and the power of sin is the law. But thanks be to God! He gives us the victory through our Lord Jesus Christ.

471   **2 Tim. 1:10** Our Savior, Christ Jesus has destroyed death and has brought life and immortality to light through the gospel.

472   **1 Peter 1:3** In His great mercy He has given us new birth into a living hope through the resurrection of Jesus Christ from the dead.

151. *How has Christ rescued you from the power of the devil?*

Christ has completely conquered the devil. Therefore the devil can no longer accuse me of my sins, and I can resist his temptations.

473   **Gen. 3:15** I will put enmity between you and the woman, and between your offspring and hers; He will crush your head, and you will strike His heel.

474   **1 John 3:8** The reason the Son of God appeared was to destroy the devil's work.

475   **James 4:7** Resist the devil, and he will flee from you.

Note: See also Rom. 8:31-34; Col. 2:15; Heb. 2:14-15; 1 Peter 5:8-9; Rev. 12:10.

152. *With what has Christ redeemed you?*

Christ has redeemed me, "not with gold or silver, but with His holy, precious blood and with His innocent suffering and death."

476   **Is. 53:5** By His wounds we are healed.

477   **1 Peter 1:18-19** You know that it was not with perishable things such as silver or gold that you were redeemed from the empty way of life handed down to you from your forefathers, but with the precious blood of Christ, a lamb without blemish or defect.

478   **1 John 1:7** The blood of Jesus, His Son, purifies us from all sin.

153. *How does this work of redemption benefit you?*

Christ was my substitute. He took my place under God's judgment against sin. By paying the penalty of my guilt, Christ atoned, or made satisfaction, for my sins (vicarious atonement).

479   **Is. 53:4-5** Surely He took up our infirmities and carried our sorrows, yet we considered Him stricken by God, smitten by Him, and afflicted. But He was pierced for our transgressions, He was crushed for our iniquities; the punishment that brought us peace was upon Him, and by His wounds we are healed.

480   **2 Cor. 5:21** God made Him who had no sin to be sin for us, so that in Him we might become the righteousness of God.

481   **Heb 2.17** Por lo cual debía ser en todo semejante a sus hermanos, para venir a ser misericordioso y fiel sumo sacerdote en lo que a Dios se refiere, para expiar los pecados del pueblo.

154. ¿Te ha redimido, rescatado y librado Cristo solamente a ti?

No. Cristo me ha redimido a mí y a toda la gente (expiación universal).

482   **2 Co 5.15** Él por todos murió.

483   **2 Co 5.19** Dios estaba en Cristo reconciliando consigo al mundo.

484   **1 Ti 1.15** Palabra fiel y digna de ser recibida por todos: que Cristo Jesús vino al mundo para salvar a los pecadores, de los cuales yo soy el primero.

485   **1 Jn 2.2** Él es la propiciación por nuestros pecados, y no solamente por los nuestros, sino también por los de todo el mundo.

486   **2 P 2.1** Y hasta negarán al Señor que los rescató, atrayendo sobre sí mismos destrucción repentina.

EL SALVADOR EN EL ESTADO DE EXALTACIÓN

155. ¿Qué es la exaltación de Cristo?

La exaltación de Cristo es que, como hombre, él ahora usa siempre y completamente sus poderes divinos.

487   **Flp 2.9-11** Por eso Dios también lo exaltó sobre todas las cosas y le dio un nombre que es sobre todo nombre, para que en el nombre de Jesús se doble toda rodilla de los que están en los cielos, en la tierra y debajo de la tierra; y toda lengua confiese que Jesucristo es el Señor, para gloria de Dios Padre.

156. ¿Con qué palabras describe el segundo artículo el estado de exaltación?

"Descendió a los infiernos; al tercer día resucitó de entre los muertos; subió a los cielos y está sentado a la diestra de Dios Padre todopoderoso; y desde allí ha de venir a juzgar a los vivos y a los muertos."

157. ¿Por qué es el descenso de Cristo a los infiernos parte de su exaltación?

Las Sagradas Escrituras enseñan que Cristo, habiendo revivido en su sepulcro, descendió a los infiernos no para sufrir castigo, sino para proclamar su victoria sobre sus enemigos en el infierno.

488   **1 P 3.18-19** Asimismo, Cristo padeció una sola vez por los pecados, el justo por los injustos, para llevarnos a Dios, siendo a la verdad muerto en la carne, pero vivificado en el espíritu; y en espíritu fue y predicó a los espíritus encarcelados.

489   **Col 2.15** Y despojó a los principados y a las autoridades y los exhibió públicamente, triunfando sobre ellos en la cruz.

481 **Heb. 2:17** For this reason He had to be made like His brothers in every way, in order that He might become a merciful and faithful high priest in service to God, and that He might make atonement for the sins of the people.

154. *Has Christ redeemed only you?*

No, Christ has redeemed me and all people (universal atonement).

482 **2 Cor. 5:15** He died for all.

483 **2 Cor. 5:19** God was reconciling the world to Himself in Christ, not counting men's sins against them.

484 **1 Tim. 1:15** Here is a trustworthy saying that deserves full acceptance: Christ Jesus came into the world to save sinners—of whom I am the worst.

485 **1 John 2:2** He is the atoning sacrifice for our sins, and not only for ours but also for the sins of the whole world.

486 **2 Peter 2:1** [They deny the] Lord who bought them— bringing swift destruction on themselves.

THE SAVIOR IN THE STATE OF EXALTATION

155. *What is Christ's exaltation?*

Christ's exaltation is that as man He now fully and always uses His divine powers.

487 **Phil. 2:9-11** God exalted Him to the highest place and gave Him the name that is above every name, that at the name of Jesus every knee should bow, in heaven and on earth and under the earth, and every tongue confess that Jesus Christ is Lord, to the glory of God the Father.

156. *Which words of the Apostles' Creed describe the stages of Christ's exaltation?*

"He descended into hell. The third day He rose again from the dead. He ascended into heaven and sits at the right hand of God, the Father Almighty. From thence He will come to judge the living and the dead."

157. *Why is Christ's descent into hell part of His exaltation?*

The Scriptures teach that Christ, after He was made alive in His grave, descended into hell, not to suffer punishment, but to proclaim His victory over His enemies in hell.

488 **1 Peter 3:18-19** [Christ] was put to death in the body but made alive by the Spirit, through whom also He went and preached to the spirits in prison.

489 **Col. 2:15** Having disarmed the powers and authorities, He made a public spectacle of them, triumphing over them by the cross.

158. ¿Qué enseñan las Sagradas Escrituras en cuanto a la resurrección de Cristo?

Ellas enseñan que Cristo, al tercer día, y con su cuerpo glorificado, se levantó victorioso del sepulcro y se manifestó vivo a sus discípulos.

490   **Hch 10.40-41** A este levantó Dios al tercer día e hizo que apareciera, no a todo el pueblo, sino a los testigos que Dios había ordenado de antemano, a nosotros que comimos y bebimos con él después que resucitó de los muertos.

491   **1 Co 15.4-8** Que fue sepultado y que resucitó al tercer día, conforme a las Escrituras; y que apareció a Cefas, y después a los doce. Después apareció a más de quinientos hermanos a la vez, de los cuales muchos viven aún y otros ya han muerto. Después apareció a Jacobo y después a todos los apóstoles. Por último, como a un abortivo, se me apareció a mí.

492   **Hch 1.3** A ellos también, después de haber padecido, se presentó vivo con muchas pruebas indubitables. Apareciéndoceles durante cuarenta días y hablándoles acerca del reino de Dios.

H.B. Mt 27.62-28.20; Mr 16; Lc 24; Jn 20-21 Historia de la resurrección de Jesús.

159. ¿Por qué es la resurrección de Cristo tan importante y consoladora?

La resurrección de Cristo es la prueba que:

A. Cristo es el Hijo de Dios

493   **Ro 1.4** Fue declarado Hijo de Dios con poder, según el Espíritu de santidad, por su resurrección de entre los muertos.

B. Su doctrina es verdadera

494   **Jn 2.19** Destruid este templo y en tres días lo levantaré.

495   **Jn 8.28** Cuando hayáis levantado al Hijo del hombre, entonces conoceréis que yo soy y que nada hago por mí mismo, sino que, según me enseño el Padre, así hablo.

C. Dios el Padre ha aceptado el sacrificio de su Hijo para la reconciliación del mundo;

496   **Ro 4.25** El cual fue entregado por nuestras transgresiones, y resucitado para nuestra justificación.

497   **Ro 5.10** Porque, si siendo enemigos, fuimos reconciliados con Dios por la muerte de su Hijo, mucho más, estando reconciliados, seremos salvos por su vida.

498   **1 Co 15.17** Y si Cristo no resucitó, vuestra fe es vana: aún estáis en vuestros pecados.

D. Todos los creyentes resucitarán para la vida eterna.

158. *What do the Scriptures teach about Christ's resurrection?*

They teach that on the third day Christ victoriously rose from the grave and showed Himself alive to His disciples.

490   **Acts 10:40-41** God raised Him from the dead on the third day and caused Him to be seen. He was not seen by all the people, but by witnesses whom God had already chosen—by us who ate and drank with Him after He rose from the dead.

491   **1 Cor. 15:4-8** He was raised on the third day according to the Scriptures, and . . . He appeared to Peter, and then to the Twelve. After that, He appeared to more than five hundred of the brothers at the same time, most of whom are still living, though some have fallen asleep. Then He appeared to James, then to all the apostles, and last of all He appeared to me also, as to one abnormally born.

492   **Acts 1:3** After His suffering, He showed Himself to these men and gave many convincing proofs that He was alive. He appeared to them over a period of forty days and spoke about the kingdom of God.

Bible narrative: **Matt. 27:62-28:20; Mark 16; Luke 24; John 20-21** Christ's resurrection.

159. *Why is Christ's resurrection so important and comforting?*

Christ's resurrection proves that

A. Christ is the Son of God;

493   **Rom. 1:4** [He was] declared with power to be the Son of God by His resurrection from the dead.

B. His doctrine is the truth;

494   **John 2:19** Destroy this temple, and I will raise it again in three days.

495   **John 8:28** When you have lifted up the Son of Man, then you will know that I am the one I claim to be and that I do nothing on My own but speak just what the Father has taught Me.

C. God the Father accepted Christ's sacrifice for the reconciliation of the world;

496   **Rom. 4:25** [Christ] was delivered over to death for our sins and was raised to life for our justification.

497   **Rom. 5:10** If, when we were God's enemies, we were reconciled to Him through the death of His Son, how much more, having been reconciled, shall we be saved through His life!

498   **1 Cor. 15:17** If Christ has not been raised, your faith is futile; you are still in your sins.

D. All believers in Christ will rise to eternal life.

499 **Jn 11.25-26** Yo soy la resurrección y la vida; el que cree en mí, aunque esté muerto, vivirá. Y todo aquel que vive y cree en mí, no morirá eternamente.

500 **Jn 14.19** Porque yo vivo, vosotros también viviréis.

501 **1 Co 15.20** Pero ahora Cristo ha resucitado de los muertos; primicias de los que murieron es hecho.

160. ¿Qué enseñan las Sagradas Escrituras en cuanto a la ascensión de Cristo?

Ellas enseñan que Cristo, cuarenta días después de su resurrección, en presencia de sus discípulos, ascendió corporalmente y entró en la gloria de su Padre, para preparar lugar para nosotros en el cielo.

502 **Lc 24.51** Aconteció que, mientras los bendecía, se separó de ellos y fue llevado arriba al cielo.

503 **Ef 4.10** El que descendió es el mismo que también subió por encima de todos los cielos para llenarlo todo.

504 **Jn 14.2-3** En la casa de mi Padre muchas moradas hay; si así no fuera, yo os lo hubiera dicho; voy, pues, a preparar lugar para vosotros. Y si me voy y os preparo lugar, vendré otra vez y os tomaré a mí mismo, para que donde yo esté, vosotros también estéis.

505 **Jn 17.24** Padre, aquellos que me has dado, quiero que donde yo esté, también ellos estén conmigo, para que vean mi gloria que me has dado.

H.B **Hch 1.9-11** La ascensión de Cristo.

161. ¿Qué significa que Cristo está sentado a la derecha de Dios Padre?

Con esta expresión, las Escrituras enseñan que Cristo, como verdadero hombre, no sólo está presente en todas partes, sino que ahora también ejerce plenamente su poder divino sobre todo el universo.

506 **Ef 1.20-23** Esta fuerza operó en Cristo, resucitándolo de los muertos y sentándolo a su derecha en los lugares celestiales, sobre todo principado y autoridad, poder y señorío, y sobre todo nombre que se nombra, no solo en este siglo, sino también en el venidero. Y sometió todas las cosas debajo de sus pies, y lo dio por cabeza sobre todas las cosas a la iglesia, la cual es su cuerpo, la plenitud de Aquel que todo lo llena en todo.

162. ¿Qué consuelo sacamos de la ascensión de Cristo y del hecho de que él ahora está sentado a la derecha del Padre?

Sabemos que Cristo, el exaltado Dios-hombre

A. como nuestro Profeta envía personas a proclamar la buena noticia de la salvación por el poder del Espíritu Santo;

507 **Ef 4.10-12** El que descendió es el mismo que también subió por encima de todos los cielos para llenarlo todo. Y él mismo constituyó a unos, apóstoles; a otros, profetas; a otros, evangelistas; a otros, pastores y maestros, a fin de perfeccionar a los santos para la obra del ministerio, para la edificación del cuerpo de Cristo.

499   **John 11:25-26** I am the resurrection and the life. He who believes in Me will live, even though he dies; and whoever lives and believes in Me will never die.

500   **John 14:19** Because I live, you also will live.

501   **1 Cor. 15:20** Christ has indeed been raised from the dead, the firstfruits of those who have fallen asleep.

160. *What do the Scriptures teach about Christ's ascension?*

They teach that 40 days after His resurrection, Christ, in the presence of His disciples, ascended bodily into the glory of His Father, to prepare a place for us in heaven.

502   **Luke 24:51** While He was blessing them, He left them and was taken up into heaven.

503   **Eph. 4:10** He who descended is the very one who ascended higher than all the heavens.

504   **John 14:2-3** In My Father's house are many rooms; if it were not so, I would have told you. I am going there to prepare a place for you. And if I go and prepare a place for you, I will come back and take you to be with Me that you also may be where I am.

505   **John 17:24** Father, I want those You have given Me to be with Me where I am, and to see My glory.

Bible narrative: **Acts 1:9-11** Christ's ascension.

161. *What does it mean that Christ sits at the right hand of God the Father Almighty?*

With this expression Scripture teaches that Christ, as true man, is not only present everywhere, but also now fully exercises His divine power over the whole universe.

506   **Eph. 1:20-23** [God] seated Him [Christ] at His right hand in the heavenly realms, far above all rule and authority, power and dominion, and every title that can be given, not only in the present age but also in the one to come. And God placed all things under His feet and appointed Him to be head over everything for the church, which is His body, the fullness of Him who fills everything in every way.

162. *What comfort do we get from Christ's ascension to the right hand of God?*

We know that the exalted God-man, Christ

A. as our Prophet sends people to proclaim the saving Gospel by the power of the Holy Spirit;

507   **Eph. 4:10-12** [He] ascended higher than all the heavens, in order to fill the whole universe. It was He who gave some to be apostles, some to be prophets, some to be evangelists, and some to be pastors and teachers, to prepare God's people for works of service, so that the body of Christ may be built up.

508   **Lc 10.16** El que a vosotros oye, a mí me oye; y el que a vosotros desecha, a mí me desecha; y el que me desecha a mí, desecha al que me envió.

509   **Jn 16.7** Pero yo os digo la verdad: Os conviene que yo me vaya, porque si no me voy, el Consolador no vendrá a vosotros; pero si me voy, os lo enviaré.

B. como nuestro Sacerdote, ruega y ora por nosotros ante el Padre

510   **Ro 8.34** Cristo está a la diestra de Dios, el que también intercede por nosotros.

511   **1 Jn 2.1** Si alguno ha pecado, abogado tenemos para con el Padre, a Jesucristo, el justo.

C. como nuestro Rey gobierna y protege a la iglesia y reina sobre toda la tierra especialmente para el beneficio de ella [su iglesia].

512   **Sal 110.1** Jehová dijo a mi Señor: "Siéntate a mi diestra, hasta que ponga a tus enemigos por estrado de tus pies."

Nota: Ver Ef 1.20-23

163. *¿Qué enseñan las Sagradas Escrituras con respecto a la segunda venida de Cristo?*

A. Cristo, en el último día, volverá visiblemente y en gran gloria.

513   **Mt 24.27** Porque igual que el relámpago sale del oriente y se muestra hasta el occidente, así será también la venida del Hijo del hombre.

514   **Lc 21.27** Entonces verán al Hijo del hombre que vendrá en una nube con poder y gran gloria.

515   **Hch 1.11** Galileos: ¿por qué estáis mirando al cielo? Este mismo Jesús, que ha sido tomado de vosotros al cielo, así vendrá como lo habéis visto ir al cielo.

516   **2 P 3.10** Pero el día del Señor vendrá como un ladrón en la noche. Entonces los cielos pasarán con gran estruendo, los elementos ardiendo serán deshechos y la tierra y las obras que en ella hay serán quemadas.

517   **Ap 1.7** He aquí que viene con las nubes: Todo ojo lo verá, y los que los traspasaron; y todos los linajes de la tierra se lamentarán por causa de él. Sí, amén.

B. Cristo no volverá para establecer un gobierno terrenal sino para juzgar al mundo con justicia.

518   **Mt 25.31-32** Cuando el Hijo del hombre venga en su gloria y todos los santos ángeles con él, entonces se sentará en su trono de gloria, y serán reunidas delante de él todas las naciones; entonces apartará los unos de los otros, como aparta el pastor las ovejas de los cabritos.

519   **Jn 12.48** El que me rechaza y no recibe mis palabras, tiene quien lo juzgue: la palabra que he hablado, ella lo juzgará en el día final.

520   **Jn 18.36** Respondió Jesús: Mi reino no es de este mundo.

508   **Luke 10:16** He who listens to you listens to Me.

509   **John 16:7** It is for your good that I [Jesus] am going away. Unless I go away, the Counselor will not come to you; but if I go, I will send Him to you.

B. as our Priest pleads and prays for us before the Father;

510   **Rom. 8:34** [Christ] is at the right hand of God and is also interceding for us.

511   **1 John 2:1** If anybody does sin, we have one who speaks to the Father in our defens—Jesus Christ, the Righteous One.

C. as our King rules and protects His church and governs over all the world especially for the benefit of His church.

512   **Ps. 110:1** The Lord says to my Lord: "Sit at My right hand until I make Your enemies a footstool for Your feet."

Note: See Eph. 1:20-23.

163. *What do the Scriptures teach about Christ's second coming?*

A. Christ will return visibly and with great glory on the Last Day.

513   **Matt. 24:27** As lightning that comes from the east is visible even in the west, so will be the coming of the Son of Man.

514   **Luke 21:27** At that time they will see the Son of Man coming in a cloud with power and great glory.

515   **Acts 1:11** "Men of Galilee," they said, "why do you stand here looking into the sky? This same Jesus, who has been taken from you into heaven, will come back in the same way you have seen Him go into heaven."

516   **2 Peter 3:10** The day of the Lord will come like a thief. The heavens will disappear with a roar; the elements will be destroyed by fire, and the earth and everything in it will be laid bare.

517   **Rev. 1:7** Look, He is coming with the clouds, and every eye will see Him, even those who pierced Him; and all the peoples of the earth will mourn because of Him. So shall it be! Amen.

B. Christ will return to judge the world, not to set up an earthly government.

518   **Matt. 25:31-32** When the Son of Man comes in His glory, and all the angels with Him, He will sit on His throne in heavenly glory. All the nations will be gathered before Him, and He will separate the people one from another as a shepherd separates the sheep from the goats.

519   **John 12:48** There is a judge for the one who rejects Me and does not accept My words; that very word which I spoke will condemn him at the last day.

520   **John 18:36** Jesus said, "My kingdom is not of this world."

521　**2 Co 5.10** Porque es necesario que todos nosotros comparezcamos ante el tribunal de Cristo, para que cada uno reciba según lo que haya hecho mientras estaba en el cuerpo, sea bueno o sea malo.

H.B. **Mt 25.31-46** Cristo describe el juicio final.

Nota: Milenialistas enseñan la falsa doctrina de que antes o después del regreso de Cristo la iglesia experimentará un período literal de 1.000 años (un milenio) de paz y prosperidad. Apocalipsis 20 habla en lenguaje figurado del reinado espiritual de Cristo en la tierra por medio del evangelio y no se refiere a un gobierno terrenal.

C. El día específico en el cual Cristo regresará es conocido únicamente por Dios.

522　**Mt 24.44** Por tanto, también vosotros estad preparados, porque el Hijo del hombre vendrá a la hora que no pensáis.

523　**Mr 13.32** Pero de aquel día y de la hora nadie sabe, ni aun los ángeles que están en el cielo, ni el Hijo, sino el Padre.

524　**Hch 17.31** Por cuanto ha establecido un día en el cual juzgará al mundo con justicia, por aquel varón a quien designó.

H.B. **Mt 25.1-13** La parábola de las diez vírgenes.

D. Antes de que Cristo regrese, habrá aumento de angustia y disturbios para la iglesia y el mundo.

525　**Mt 24.7** Se levantará nación contra nación y reino contra reino; y habrá pestes, hambres y terremotos en diferentes lugares.

526　**Mt 24.22** Y si aquellos días no fueran acortados, nadie sería salvo; pero por causa de los escogidos, aquellos días serán acortados.

527　**1 Ti 4.1** Pero el Espíritu dice claramente que, en los últimos tiempos, algunos apostatarán de la fe, escuchando a espíritus engañadores y a doctrinas de demonios.

H.B. **Mt 24** Señales que preceden la venida de Cristo.

E. El retorno de Cristo es una fuente de esperanza y de gozo para el cristiano.

528　**Lc 21.28** Cuando estas cosas comiencen a suceder, erguíos y levantad vuestra cabeza, porque vuestra redención está cerca.

529　**Heb 9.28** Así también Cristo fue ofrecido una sola vez para llevar los pecados de muchos; y aparecerá por segunda vez, sin relación con el pecado, para salvar a los que lo esperan.

530　**Tit 2.13** Aguardamos la esperanza bienaventurada y la manifestación gloriosa de nuestro gran Dios y Salvador Jesucristo.

531　**Ap 22.20** El que da testimonio de estas cosas dice: "Ciertamente vengo en breve." ¡Amén! ¡Ven, Señor Jesús!

H.B. **1 Ts 4.13-18** Palabras de aliento.

521   **2 Cor. 5:10** We must all appear before the judgment seat of Christ, that each one may receive what is due him for the things done while in the body, whether good or bad.

Bible narrative: **Matt. 25:31-46** The final judgment.

Note: Millennialists teach the unscriptural doctrine that either before or after the return of Christ the church will experience a literal period of 1,000 years (a millennium) of peace and prosperity. Revelation 20 speaks in picture language of Christ's spiritual rule on the earth through the Gospel and does not refer to earthly government.

C. Christ will return on a specific day known by God alone.

522   **Matt. 24:44** You also must be ready, because the Son of Man will come at an hour when you do not expect Him.

523   **Mark 13:32** No one knows about that day or hour, not even the angels in heaven, nor the Son, but only the Father.

524   **Acts 17:31** He has set a day when He will judge the world with justice by the man He has appointed.

Bible narrative: **Matt. 25:1-13** The parable of the 10 virgins.

D. Before Christ returns, there will be increasing turmoil and distress for the church and the world.

525   **Matt. 24:7** Nation will rise against nation, and kingdom against kingdom. There will be famines and earthquakes in various places.

526   **Matt. 24:22** If those days had not been cut short, no one would survive, but for the sake of the elect those days will be shortened.

527   **1 Tim. 4:1** The Spirit clearly says that in later times some will abandon the faith and follow deceiving spirits and things taught by demons.

Bible narrative: **Matthew 24** Signs preceding Christ's coming.

E. The return of Christ is a source of hope and joy for the Christian.

528   **Luke 21:28** When these things begin to take place, stand up and lift up your heads, because your redemption is drawing near.

529   **Heb. 9:28** Christ was sacrificed once to take away the sins of many people; and He will appear a second time, not to bear sin, but to bring salvation to those who are waiting for Him.

530   **Titus 2:13** We wait for the blessed hope—the glorious appearing of our great God and Savior, Jesus Christ.

531   **Rev. 22:20** He who testifies to these things says, "Yes, I am coming soon." Amen. Come, Lord Jesus.

Bible narrative: **1Thess. 4:13-18** Encouraging words.

164. ¿En conclusión, para qué te ha redimido Cristo?

Las Escrituras enseñan que el propósito de Cristo fue

A. "Para que yo sea suyo", esto es, ahora soy justo e inocente delante de Dios.

532   **2 Co 5.21** Al que no conoció pecado, por nosotros lo hizo pecado, para que nosotros seamos justicia de Dios en él.

533   **Ap 5.9** Porque tú fuiste inmolado, y con tu sangre nos has redimido para Dios, de todo linaje, lengua, pueblo y nación.

B. "Para que yo viva bajo él en su reino", esto es, de que ahora estoy libre de la esclavitud del pecado y de esta manera libre para servir a Dios.

534   **Ro 6.6** Sabiendo esto, que nuestro viejo hombre fue crucificado juntamente con él, para que el cuerpo del pecado sea destruido, a fin de que no sirvamos más al pecado.

535   **2 Co 5.15** Y él por todos murió, para que los que viven ya no vivan para sí, sino para aquel que murió y resucitó por ellos.

536   **Col 2.6** Por tanto, de la manera que habéis recibido al Señor Jesucristo, andad en él.

537   **Tit 2.14** Él se dio a sí mismo por nosotros para redimirnos de toda maldad y purificar para sí un pueblo propio, celoso de buenas obras.

C. "Para que yo le sirva en justicia, inocencia y bienaventuranza eterna"; esto es, honro a Dios con toda mi vida y me regocijo en él ahora en la tierra y para siempre en el cielo.

538   **Lc 1.69, 74-75** Y nos levantó un poderoso Salvador en la casa de David, su siervo... Que, librados de nuestros enemigos, sin temor lo serviríamos en santidad y en justicia delante de él todos nuestros días.

539   **Gl 2.20** Con Cristo estoy juntamente crucificado, y ya no vivo yo, mas vive Cristo en mí; y lo que ahora vivo en la carne, lo vivo en la fe del Hijo de Dios, él cual me amó y se entregó a sí mismo por mí.

540   **1 P 2.9** Pero vosotros sois linaje escogido, real sacerdocio, nación santa, pueblo adquirido por Dios, para que anunciéis las virtudes de aquel que os llamó de las tinieblas a su luz admirable.

H.B. **Ap 7.13-17** Los santos en el cielo.

165. ¿Cuál es la base de nuestra fe y vida en Cristo?

"Él resucitó de la muerte y vive y reina eternamente."

541   **Col 3.1-3** Si, pues, habéis resucitado con Cristo, buscad las cosas de arriba, donde está Cristo sentado a la diestra de Dios. Poned la mira en las cosas de arriba, no en las de la tierra, porque habéis muerto y vuestra vida está escondida con Cristo en Dios.

164. *In conclusion, then, why has Christ redeemed you?*

The Scriptures teach that Christ's purpose was

A. "that I may be His own"; that is, I am now righteous and blameless in the sight of God;

532   **2 Cor. 5:21** God made Him who had no sins to be sin for us, so that in Him we might become the righteousness of God.

533   **Rev. 5:9** You were slain, and with Your blood You purchased men for God from every tribe and language and people and nation.

B. that I may "live under Him in His kingdom"; that is, that I am now freed from the slavery of sin and thus freed to serve God;

534   **Rom. 6:6** Our old man was crucified with Him, that the body of sin might be done away with, that we should no longer be slaves of sin (NKJV).

535   **2 Cor. 5:15** He died for all, that those who live should no longer live for themselves but for Him who died for them and was raised again.

536   **Col. 2:6** Just as you received Christ Jesus as Lord, continue to live in Him.

537   **Titus 2:14** [Jesus Christ] gave Himself for us to redeem us from all wickedness and to purify for Himself a people that are His very own, eager to do what is good.

C. that I may "serve Him in everlasting righteous ness, innocence, and blessed-ness"; that is, that I honor God with my whole life and rejoice in Him now on earth and forever in heaven.

538   **Luke 1:69, 74-75** He has raised up a horn of salvation for us . . . to rescue us from the hand of our enemies, and to enable us to serve Him without fear in holiness and righteousness before Him all our days.

539   **Gal. 2:20** I have been crucified with Christ and I no longer live, but Christ lives in me. The life I live in the body, I live by faith in the Son of God, who loved me and gave Himself for me.

540   **1 Peter 2:9** You are a chosen people, a royal priesthood, a holy nation, a people belonging to God, that you may declare the praises of Him who called you out of darkness into His wonderful light.

Bible narrative: **Rev. 7:13-17** The saints in heaven.

165. *What is the basis of our faith and life in Christ?*

"He is risen from the dead, lives and reigns to all eternity."

541   **Col. 3:1-3** Since, then, you have been raised with Christ, set your hearts on things above, where Christ is seated at the right hand of God. Set your minds on things above, not on earthly things. For you died, and your life is now hidden with Christ in God.

166. ¿Por qué concluyes este artículo con las palabras "Esto es con toda certeza la verdad"?

Porque todo lo que confieso en este artículo se enseña claramente en la Biblia, y, por lo tanto, lo creo firmemente.

ARTÍCULO TERCERO
La santificación

Creo en el Espíritu Santo; la santa iglesia cristiana, la comunión de los santos; el perdón de los pecados; la resurrección de la carne y la vida perdurable. Amén.

167. ¿Qué quiere decir esto?

Creo que ni por mi propia razón, ni por mis propias fuerzas soy capaz de creer en Jesucristo, mi Señor, o venir a él; sino que el Epíritu Santo me ha llamado mediante el evangelio, me ha iluminado con sus dones y me ha santificado y conservado en la verdadera fe, del mismo modo que él llama, congrega, ilumina y santifica a toda la cristiandad en la tierra, y la conserva unida a Jesucristo en la verdadera y única fe; en esta cristiandad él me perdona todos los pecados a mí y a todos los creyentes, diaria y abundantemente, y en el último día me resucitará a mí y a todos los muertos y me dará en Cristo, juntamente con todos los creyentes, la vida eterna. Esto es con toda certeza la verdad.

168. ¿Qué cinco puntos trata el tercer artículo?

I. El Espíritu Santo

II. La iglesia, la comunión de los santos

III. El perdón de los pecados

IV. La resurrección de la carne

V. La vida perdurable

I. EL ESPÍRITU SANTO

169. ¿Quién es el Espíritu Santo?

El Espíritu Santo no es meramente el poder o la energia de Dios; el Espíritu Santo es la tercera persona de la Santa Trinidad, verdadero Dios con el Padre y el Hijo.

542　　**Mt 28.19** Por tanto, id y haced discípulos a todas las naciones, bautizándolos en el nombre del Padre, del Hijo y del Espíritu Santo.

170. ¿Cómo sabemos que el Espíritu Santo es Dios?

Porque las Escrituras claramente lo llaman Dios, enseñando que

A. El Espíritu Santo tiene nombres divinos;

543　　**Hch 5.3-4** Pedro le dijo: Ananías, ¿por qué llenó Satanás tu corazón para que mintieras al Espíritu Santo? ...No has mentido a los hombres, sino a Dios.

166. *Why do you close this article with the words, "This is most certainly true"?*

Because all that I confess in this article is plainly taught in the Bible, and I, therefore, firmly believe it.

THIRD ARTICLE
Sanctification

I believe in the Holy Spirit, the holy Christian church, the communion of saints, the forgiveness of sins, the resurrection of the body, and the life everlasting. Amen.

167. *What does this mean?*

I believe that I cannot by my own reason or strength believe in Jesus Christ, my Lord, or come to Him; but the Holy Spirit has called me by the Gospel, enlightened me with His gifts, sanctified and kept me in the true faith. In the same way He calls, gathers, enlightens, and sanctifies the whole Christian church on earth, and keeps it with Jesus Christ in the one true faith. In this Christian church He daily and richly forgives all my sins and the sins of all believers. On the Last Day He will raise me and all the dead, and give eternal life to me and all believers in Christ. This is most certainly true.

168. *What five points does this article discuss?*

I. The Holy Spirit

II. The Church, the Communion of Saints

III. The Forgiveness of Sins

IV. The Resurrection of the Body

V. The Life Everlasting

I. THE HOLY SPIRIT

169. *Who is the Holy Spirit?*

The Holy Spirit is the third person in the Holy Trinity, true God with the Father and the Son—therefore not merely the power or energy of God.

542   **Matt. 28:19** Go and make disciples of all nations, baptizing them in the name of the Father and of the Son and of the Holy Spirit.

170. *How do you know that the Holy Spirit is God?*

Because the Scriptures clearly call Him God, teaching that

A. the Holy Spirit has divine names;

543   **Acts 5:3-4** Peter said, "Ananias, how is it that Satan has so filled your heart that you have lied to the Holy Spirit? . . . You have not lied to men but to God."

544   **1 Co 3.16** ¿Acaso no sabéis que sois templo de Dios y que el Espíritu de Dios está en vosotros?

B. El Espíritu Santo posee atributos divinos (propiedades o caracteristicas);

545   **Sal 139.7-10** ¿A donde me iré de tu espíritu? ¿Y a dónde huiré de tu presencia? Si subiera a los cielos, allí estás tú; y si en el seol hiciera mi estrado, allí tú estás. Si tomara las alas del alba y habitara en el extremo del mar, aun allí me guiará tu mano y me asirá tu diestra. (Omnipresencia).

546   **1 Co 2.10** Porque el Espíritu todo lo escudriña, aun lo profundo de Dios. (Omniscencia)

547   **Heb 9.14** ¿Cuánto más la sangre de Cristo, el cual mediante el Espíritu eterno se ofreció a sí mismo sin mancha a Dios, limpiará vuestras conciencias de obras muertas para que sirváis al Dios vivo? (Eternidad).

Nota: Ver Mt 28.19 (Santidad).

C. El Espíritu Santo lleva a cabo obras divinas (que solamente Dios puede hacer);

548   **Gn 1.2** La tierra estaba desordenada y vacía, las tinieblas estaban sobre la faz del abismo y el espíritu de Dios se movía sobre la faz de las aguas. (Creación).

549   **Tit 3.5** Nos salvó, no por obras de justicia que nosotros hubiéramos hecho, sino por su misericordia, por el lavamiento de la regeneración y por la renovación en el Espíritu Santo. (Santificación).

D. El Espíritu Santo recibe honor y gloria divinas.

550   **1 P 4.14** Porque el glorioso Espíritu de Dios reposa sobre vosotros.

LA OBRA DEL ESPÍRITU SANTO

171. *¿Cuál es la obra especial del espíritu Santo?*

El Espíritu Santo me santifica (me hace santo) trayéndome a la fe en Cristo de modo que pueda obtener las bendiciones de la redención y llevar una vida santa (santificación en el sentido amplio).

Nota: La palabra santificación se usa de dos maneras:

1. (El sentido amplio) La obra completa del Espíritu Santo por la cual nos lleva a la fe y nos capacita a llevar una vida santa.

2. (El sentido limitado) La parte de la obra del Espíritu Santo por la cual dirige y habilita al creyente a llevar una vida santa.

551   **1 Co 6.11** Pero ya habéis sido lavados, ya habéis sido santificados, ya habéis sido justificados en el nombre del Señor Jesús y por el Espíritu de nuestro Dios.

544   **1 Cor. 3:16** Don't you know that you yourselves are God's temple and that God's Spirit lives in you?

B. the Holy Spirit possesses divine attributes (properties or characteristics);

545   **Ps. 139:7-10** Where can I go from Your Spirit? Where can I flee from Your presence? If I go to the heavens, You are there; if I make my bed in the depths, You are there. If I rise on the wings of the dawn, if I settle on the far side of the sea, even there Your hand will guide me, Your right hand will hold me fast. (Omnipresence)

546   **1 Cor. 2:10** The Spirit searches all things, even the deep things of God. (Omniscience)

547   **Heb. 9:14** Christ, who through the eternal Spirit offered Himself unblemished to God, cleanse our consciences from acts that lead to death, so that we may serve the living God! (Eternity)

Note: See Matt. 28:19. (Holiness)

C. the Holy Spirit does divine works (which only God can do);

548   **Gen. 1:2** Now the earth was formless and empty, darkness was over the surface of the deep, and the Spirit of God was hovering over the waters. (Creation)

549   **Titus 3:5** He saved us through the washing of rebirth and renewal by the Holy Spirit. (Sanctification)

D. the Holy Spirit receives divine honor and glory.

550   **1 Peter 4:14** The Spirit of glory and of God rests on you.

THE WORK OF THE HOLY SPIRIT

171. *What is the special work of the Holy Spirit?*

The Holy Spirit sanctifies me (makes me holy) by bringing me to faith in Christ, so that I might have the blessings of redemption and lead a godly life (sanctification in the wide sense).

Note: The word sanctification is used in two ways:

1. The wide sense—the whole work of the Holy Spirit by which He brings us to faith and also enables us to lead a godly life.

2. The narrow sense—that part of the Holy Spirit's work by which He directs and empowers the believer to lead a godly life.

551   **I Cor. 6:11** You were washed, you were sanctified, you were justified in the name of the Lord Jesus Christ and by the Spirit of our God.

172. ¿Por qué necesitas que el Espíritu Santo comience y sostenga esta fe en ti?

Las Sagradas Escrituras dicen que soy por naturaleza espiritualmente ciego, muerto y enemigo de Dios. Por eso: "Creo que ni por mi propia razón, ni por mis propias fuerzas soy capaz de creer en Jesucristo, mi Señor, o venir a él."

552   **1 Co 2.14** Pero el hombre natural no percibe las cosas que son del Espíritu de Dios, porque para él son locura; y no las puede entender, porque se han de discernir espiritualmente.

553   **Ef 2.1** Él os dio vida a vosotros, cuando estabais muertos en vuestros delitos y pecados.

554   **Ro 8.7** Por cuanto los designios de la carne son enemistad contra Dios.

555   **Ef 2.8-9** Porque por gracia sois salvos por medio de la fe; y esto no de vosotros, pues es don de Dios. No por obras, para que nadie se gloríe.

556   **1 Co 12.3** Nadie puede exclamar: "¡Jesús es Señor!", sino por el Espíritu Santo.

173. ¿Qué ha hecho el Espíritu Santo para llevarte a la fe?

El Espíritu Santo me ha llamado mediante el evangelio, esto es, me ha invitado y atraído por medio del evangelio para compartir las bendiciones espirituales que son mías en Cristo.

557   **Ro 1.16** No me avergüenzo del evangelio, porque es poder de Dios para salvación de todo aquel que cree, del judío primeramente y también del griego.

558   **2 Ts 2.14** Para esto él os llamó por medio de nuestro evangelio.

559   **Ap 22.17** El Espíritu y la Esposa dicen: "¡Ven!". El que oye, diga: "¡Ven!". Y el que tiene sed, venga. El que quiera, tome gratuitamente del agua de la vida.

H.B. **Lc 14.16-17** La parábola de la gran cena. **Mt 22.1-10** La parábola de la fiesta de bodas.

174. ¿Cómo describen las Sagradas Escrituras esta obra del Espíritu Santo en ti?

Las Sagradas Escrituras enseñan que mediante el evangelio el Espíritu Santo Ame ha iluminado con sus dones", esto es, me dio el conocimiento salvador de Jesús, mi Salvador, de modo que confío, creo, me regocijo y me consuelo en él.

560   **1 P 2.9** Pero vosotros sois linaje escogido, real secerdocio, nación santa, pueblo adquirido por Dios, para que anunciéis las virtudes de aquel que os llamó de las tinieblas a su luz admirable.

172. *Why do you need the Holy Spirit to begin and sustain this faith in you?*

By nature I am spiritually blind, dead, and an enemy of God, as the Scriptures teach; therefore, "I cannot by my own reason or strength believe in Jesus Christ, my Lord, or come to Him."

552 **1 Cor. 2:14** The man without the Spirit does not accept the things that come from the Spirit of God, for they are foolishness to him, and he cannot understand them, because they are spiritually discerned.

553 **Eph. 2:1** You were dead in your transgressions and sins.

554 **Rom. 8:7** The sinful mind is hostile to God.

555 **Eph. 2:8-9** By grace you have been saved, through faith—and this not from yourselves, it is the gift of God—not by works, so that no one can boast.

556 **1 Cor. 12:3** No one can say, "Jesus is Lord," except by the Holy Spirit.

173. *What has the Holy Spirit done to bring you to faith?*

The Holy Spirit "has called me by the Gospel," that is, He has invited and drawn me by the Gospel to partake of the spiritual blessings that are mine in Christ.

557 **Rom. 1:16** I am not ashamed of the gospel, because it is the power of God for the salvation of everyone who believes: first for the Jew, then for the Gentile

558 **2 Thess. 2:14** He called you to this through our gospel.

559 **Rev. 22:17** The Spirit and the bride say, "Come!" And let him who hears say, "Come!" Whoever is thirsty, let him come; and whoever wishes, let him take the free gift of the water of life.

Bible narratives: **Matt. 22:1-10** Invitation to the wedding banquet of the king's son. **Luke 14:16-17** Invitation to the great banquet.

174. *How do the Scriptures describe this gracious work of the Spirit in you?*

The Scriptures teach that by the Gospel the Holy Spirit "enlightened me with His gifts," that is, He gave me the saving knowledge of Jesus, my Savior, so that I trust, rejoice, and find comfort in Him.

560 **1 Peter 2:9** You are a chosen people, a royal priesthood, a holy nation, a people belonging to God, that you may declare the praises of Him who called you out of darkness into His wonderful light.

561   **2 Co 4.6** Porque Dios, que mandó que de las tinieblas resplandeciera la luz, es el que resplandeció en nuestros corazones, para iluminación del conocimiento de la gloria de Dios en la faz de Jesucristo.

562   **1 P 1.8** Vosotros, que lo amáis sin haberlo visto, creyendo en él aunque ahora no lo veáis, os alegráis con gozo inefable y glorioso.

563   **Ro 15.13** Y el Dios de la esperanza os llene de todo gozo y paz en la fe, para que abundéis en esperanza por el poder del Espíritu Santo.

H.B. **Hch 8.5-8** Los samaritanos se llenaron de gozo cuando Felipe les predicó el evangelio. **Hch 16.25-34** El carcelero de Filipos y su familia se llenaron de gozo porque llegaron a la fe

175. ¿Cómo se llama esta obra del Espíritu Santo?

Se llama conversión o regeneración (nuevo nacimiento).

564   **Sal 51.13** Entonces enseñaré a los transgresores tus caminos y los pecadores se convertirán a ti (Conversión).

565   **Jn 3.5-6** De cierto, de cierto te digo que el que no nace de agua y del Espíritu no puede entrar en el reino de Dios. Lo que nace de la carne, carne es; y lo que nace del Espíritu, espíritu es (Regeneración).

176. ¿Por qué decimos que el Espíritu Santo ha hecho esto a traves del evengelio?

El evangelio es el medio a través del cual el Espíritu Santo nos da las bendiciones de Cristo y crea da la fe en nosotros.

Nota: La Palabra escrita y hablada del evangelio y los sacramentos son los medios de gracia.

566   **Jn 17.20** Pero no ruego solamente por estos, sino también por los que han de creer en mí por la palabra de ellos.

567   **Ro 10.17** Así que la fe es por el oir, y el oir, por la palabra de Dios.

568   **1 Co 4.15** En Cristo Jesús yo os engendré por medio del evangelio.

569   **1 P 1.23** Pues habéis renacido, no de simiente corruptible, sino de incorruptible, por la palabra de Dios que vive y permanece para siempre.

570   **Tit 3.5** Nos salvó, no por obras de justicia que nosotros hubiéramos hecho, sino por su misericordia, por el lavamiento de la regeneración y por la renovación en el Espíritu Santo (Bautismo).

571   **Jn 20.22-23** Y al decir esto, sopló y les dijo: Recibid el Espíritu Santo. A quienes perdonéis los pecados, les serán perdonados, y a quienes se los retengáis, les serán retenidos (Absolución).

572   **Mt 26.27-28** Y tomando la copa, y habiendo dado gracias, les dio, diciendo: Bebed de ella todos, porque esto es mi sangre del nuevo pacto que por muchos es derramada para perdón de los pecados (Santa Cena).

561   **2 Cor. 4:6** God, who said, "Let light shine out of darkness," made His light shine in our hearts to give us the light of the knowledge of the glory of God in the face of Christ.

562   **1 Peter 1:8** Even though you do not see Him now, you believe in Him and are filled with an inexpressible and glorious joy.

563   **Rom. 15:13** The God of hope fill you with all joy and peace as you trust in Him, so that you may overflow with hope by the power of the Holy Spirit.

Bible narratives: **Acts 8:5-8** The Samaritans were filled with great joy when Philip preached Christ to them. **Acts 16:25-34** The jailer at Philippi and his whole family were filled with joy because they had come to believe.

175. What is this work of the Holy Spirit called?

It is called conversion (being turned) or regeneration (new birth).

564   **Ps. 51:13** I will teach transgressors Your ways, and sinners will turn back to You. (Conversion)

565   **John 3:5-6** Jesus answered, "I tell you the truth, no one can enter the kingdom of God unless he is born of water and the Spirit. Flesh gives birth to flesh, but the Spirit gives birth to spirit." (Regeneration)

176. Why do you say that the Holy Spirit has done this by the Gospel?

The Gospel is the means by which the Holy Spirit offers us all the blessings of Christ and creates faith in us.

Note: The written and spoken Word of the Gospel and the sacraments are the means of grace.

566   **John 17:20** My prayer is not for them alone. I pray also for those who will believe in Me through their message.

567   **Rom. 10:17** Faith comes from hearing the message, and the message is heard through the word of Christ.

568   **1 Cor. 4:15** In Christ Jesus I became your father through the Gospel.

569   **1 Peter 1:23** You have been born again, not of perishable seed, but of imperishable, through the living and enduring word of God.

570   **Titus 3:5** He saved us through the washing of rebirth and renewal by the Holy Spirit. (Baptism)

571   **John 20:22-23** With that He breathed on them and said, "Receive the Holy Spirit. If you forgive anyone his sins, they are forgiven; if you do not forgive them, they are not forgiven." (Absolution)

572   **Matt. 26:27-28** He took the cup, gave thanks and offered it to them, saying, "Drink from it, all of you. This is My blood of the covenant [testament], which is poured out for many for the forgiveness of sins." (Lord's Supper)

177. ¿Qué más crea en ti el Espíritu Santo por medio del evangelio?

El Espíritu Santo me ha santificado en la verdadera fe, esto es, ha renovado toda mi vida en espíritu, voluntad, actitud y deseos mediante la fe, de modo que ahora trato de superar el pecado y hacer buenas obras (santificación en el sentido limitado).

573 **Sal 51.10** ¡Crea en mí, Dios, un corazón limpio, y renueva un espíritu recto dentro de mí!

574 **Ro 8.9** Pero vosotros no vivís según la carne, sino según el Espíritu, si es que el Espíritu de Dios está en vosotros. Y si alguno no tiene el Espíritu de Cristo, no es de él.

575 **2 Co 5.17** De modo que si alguno está en Cristo, nueva criatura es.

576 **Gl 5.22-23** Pero el fruto del Espíritu es amor, gozo, paz, paciencia, benignidad, bondad, fe mansedumbre, templanza.

577 **Ef 2.10** Pues somos hechura suya, creados en Cristo Jesús para buenas obras, las cuales Dios preparó de antemano para que anduviéramos en ellas.

578 **Ef 5.18-20** No os embraguéis con vino, en lo cual hay disolución; antes bien sed llenos del Espíritu, hablando entre vosotros con salmos, con himnos y cánticos espirituales, cantando y alabando al Señor en vuestros corazones; dando siempre gracias por todo al Dios y Padre, en el nombre de nuestro Señor Jesucristo.

178. ¿Qué son buenas obras delante de Dios?

Una buena obra delante de Dios es todo lo que un hijo de Dios hace, habla o piensa en la fe, de acuerdo con los Diez Mandamientos, para la gloria de Dios y el bienestar del prójimo.

579 **Heb 11.6** Pero sin fe es imposible agradar a Dios.

580 **Jn 15.5** El que permanece en mí y yo en él, éste lleva mucho fruto, porque separados de mí nada podéis hacer.

581 **Mt 15.9** Pues en vano me honran, enseñando como doctrinas mandamientos de hombres.

582 **Jn 14.15** Si me amáis, guardad mis mandamientos.

583 **1 Co 10.31** Si, pues, coméis o bebéis o hacéis otra cosa, hacedlo todo para la gloria de Dios.

584 **Gl 5.13** Servíos por amor los unos a los otros.

H.B. **Mr 12.41-44** La viuda dio todo lo que tenía. **Mr 14.3-9** Una mujer derrama perfume sobre Jesús. **Lc 10.38-42** Marta sirvió a Jesús y María oyó su Palabra.

177. Besides faith, what else does the Holy Spirit create in you by the Gospel?

The Holy Spirit sanctifies me in the true faith, that is, by faith He works a renewal of my whole life—in spirit, will, attitude, and desires—so that I now strive to overcome sin and do good works (sanctification in the narrow sense).

573   **Ps. 51:10** Create in me a pure heart, O God, and renew a steadfast spirit within me.

574   **Rom. 8:9** You, however, are controlled not by the sinful nature but by the Spirit, if the Spirit of God lives in you. And if anyone does not have the Spirit of Christ, he does not belong to Christ.

575   **2 Cor. 5:17** If anyone is in Christ, he is a new creation.

576   **Gal. 5:22-23** The fruit of the Spirit is love, joy, peace, patience, kindness, goodness, faithfulness, gentleness and self-control.

577   **Eph. 2:10** For we are God's workmanship, created in Christ Jesus to do good works, which God prepared in advance for us to do.

578   **Eph. 5:18-20** Do not get drunk on wine, which leads to debauchery. Instead, be filled with the Spirit. Speak to one another with psalms, hymns and spiritual songs. Sing and make music in your heart to the Lord, always giving thanks to God the Father for everything, in the name of our Lord Jesus Christ.

178. What are good works in God's sight?

In God's sight a good work is everything that a child of God does, speaks, or thinks in faith according to the Ten Commandments, for the glory of God, and for the benefit of his or her neighbor.

579   **Heb. 11:6** Without faith it is impossible to please God.

580   **John 15:5** If a man remains in Me and I in him, he will bear much fruit; apart from Me you can do nothing.

581   **Matt. 15:9** They worship Me in vain; their teachings are but rules taught by men.

582   **John 14:15** If you love Me, you will obey what I command.

583   **1 Cor. 10:31** Whether you eat or drink or whatever you do, do it all for the glory of God.

584   **Gal. 5:13** Serve one another in love.

Bible narratives: **Mark 12:41-44** The widow's offering. **Mark 14:3-9** The expensive perfume poured on Jesus' head. **Luke 10:38-42** Mary and Martha.

179. ¿Qué enseñan las Escrituras acerca de los dones del Espíritu Santo?

Las Escrituras enseñan que el Espíritu Santo da dones a su iglesia. Ellas enseñan que:

A. El Espíritu Santo, por medio de la Palabra y los sacramentos, da libremente a todos los cristianos los más preciosos dones: fe en Cristo, el perdón de los pecados y la vida eterna.

B. En tiempos apostólicos el Espíritu Santo también dio a algunos cristianos el don de obrar milagros (por ejemplo: curaciones, hablar en lenguas, resucitar muertos).

C. Las Escrituras no enseñan, sin embargo, que Dios dará necesariamente a todos los cristianos en todos los tiempos y en todos los lugares, dones milagrosos. El Espíritu Santo da sus bendiciones de acuerdo a su buena voluntad.

585 **2 Co 12.12** Con todo, las señales de apóstol han sido hechas entre vosotros en toda paciencia, señales, prodigios y milagros.

586 **Ef 2.20-22** Edificados sobre el fundamento de los apóstoles y profetas, siendo la principal piedra del ángulo Jesucristo mismo. En él todo el edificio, bien coordinado, va creciendo para ser un templo santo en el Señor; en quien vosotros también sois juntamente edificados para morada de Dios en el Espíritu.

H.B. Hch 5.12-16; 8.14-19; 19.11-12, 20; 20.7-12 Señales especiales conectadas personalmente con los apóstoles.

Nota: En el lenguaje popular, la palabra carismático describe a una persona dinámica, un culto altamente emocional, o la pretensión de tener dones milagrosos especiales. Pero la palabra griega *carisma* simplemente significa *"don"* y se refiere, por ejemplo, a toda la obra salvadora de Cristo **Ro 5.15-16**, a la vida eterna **Ro 6.23**, y ser soltero o casado **1 Co 7.7**.

180. ¿Finalmente, qué hace también el Espíritu Santo por ti?

El Espíritu Santo mediante el evangelio me conserva en la única y verdadera fe.

587 **Flp 1.6** Estando persuadido de esto, que el que comenzó en vosotros la buena obra la perfeccionará hasta el día de Jesucristo.

588 **1 P 1.5** Sois guardados por el poder de Dios, mediante la fe, para alcanzar la salvación.

589 **1 Ts 2.13** La palabra de Dios, la cual actúa en vosotros los creyentes.

181. ¿Ha hecho el Espíritu Santo toda esta obra solamente en ti?

No; el Espíritu Santo "llama, congrega, ilumina y santifica a toda la cristiandad en la tierra, y la conserva en Jesucristo en la única y verdadera fe."

590 **Ef 3.6** Los gentiles son coherederos y miembros del mismo cuerpo, y copartícipes de la promesa en Cristo Jesús por medio del evangelio.

179. *What do the Scriptures teach about the gifts of the Holy Spirit?*

The Scriptures teach that the Holy Spirit gives gifts to His church. They teach that

A. the Holy Spirit through the Word and sacraments freely gives to all Christians the most precious gifts: faith in Christ, the forgiveness of sins, and eternal life;

B. in apostolic times the Holy Spirit also gave some Christians the gift to perform miraculous signs and wonders (for example, healings, speaking in tongues, raising the dead).

C. The Scriptures do not teach, however, that God will necessarily give all Christians in every time and place special miraculous gifts. The Holy Spirit bestows His blessings according to His good pleasure.

585 **2 Cor. 12:12** The things that mark an apostle signs, wonders and miracles—were done among you with great perseverance.

586 **Eph. 2:20-22** [You are] built on the foundation of the apostles and prophets, with Christ Jesus Himself as the chief cornerstone. In Him the whole building is joined together and rises to become a holy temple in the Lord. And in Him you too are being built together to become a dwelling in which God lives by His Spirit.

Bible narrative: **Acts 5:12-16; 8:14-19; 19:11-12, 20; 20:7-12** Special signs connected with the apostles personally.

Note: In popular English, the word charismatic describes a dynamic person, highly emotional worship, or claims of special miraculous gifts. But the Greek word charisma means simply "gift" and refers, for example, to Christ's whole work of salvation **Rom. 5:15-16**, to eternal life **Rom. 6:23**, and to being married or single **1 Cor. 7:7**.

180. *Finally, what also does the Holy Spirit do for you?*

The Holy Spirit by the Gospel keeps me in the true faith.

587 **Phil. 1:6** He who began a good work in you will carry it on to completion until the day of Christ Jesus.

588 **1 Peter 1:5** [You] through faith are shielded by God's power until the coming of the salvation.

589 **1 Thess. 2:13** The word of God . . . is at work in you who believe.

181. *Whom else does the Holy Spirit regenerate and renew?*

The Holy Spirit "calls, gathers, enlightens, and sanctifies the whole Christian church on earth, and keeps it with Jesus Christ in the one true faith."

590 **Eph. 3:6** Through the gospel the Gentiles are heirs together with Israel, members together of one body, and sharers together in the promise in Christ Jesus.

182. *¿Quiere hacer todo esto el Espíritu Santo en las vidas de todas las personas?*

Dios el Espíritu Santo sinceramente quiere convertir a toda la gente y traerla a la salvación por medio del evangelio.

591   **Ez 33.11** No quiero la muerte del impío, sino que se vuelva el impío de su camino y que viva.

592   **1 Ti 2.4** El cual quiere que todos los hombres sean salvos y que vengan al conocimiento de la verdad.

593   **2 P 3.9** El Señor... es paciente para con nosotros, no queriendo que ninguno perezca, sino que todos procedan al arrepentimiento.

183. *¿Por qué, entonces, no se salva toda la gente?*

Muchos rechazan la Palabra y resisten al Espíritu Santo, por lo tanto permanecen en la incredulidad y bajo el juicio de Dios por su propia culpa.

594   **Mt 23.37** ¡Jerusalén, Jerusalén, que matas a los profetas y apedreas a los que te son enviados! ¡Cuántas veces quise juntar a tus hijos como la gallina junta sus polluelos debajo de las alas, pero no quisiste!

595   **Hch 7.51** ¡Duros de cerviz! ¡Incircuncisos de corazón y de oídos! Vosotros resistís siempre al Espíritu Santo; como vuestros padres, así también vosotros.

H.B. **Mt 22.1-10** Los invitados no quisieron asistir. **Lc 14.16-24** Los convidados rechazaron la invitación.

LA IGLESIA, LA COMUNIÓN DE LOS SANTOS

184. *¿Qué es la santa iglesia cristiana?*

La santa iglesia cristiana es la comunión de los santos, el número total de los que creen en Cristo. Todos los creyentes, en Cristo, y sólo ellos, son miembros de la iglesia (iglesia invisible).

596   **Ef 2.19-22** Por eso, ya no sois extranjeros ni forasteros, sino conciudadanos de los santos y miembros de la familia de Dios, edificados sobre el fundamento de los apóstoles y profetas, siendo la principal piedra del ángulo Jesucristo mismo. En él todo el edificio, bien coordinado, va creciendo para ser un templo santo en el Señor; en quien vosotros también sois juntamente edificados para morada de Dios en el Espíritu.

597   **Jn 10.16** Tengo, además, otras ovejas que no son de este redil; a esas también debo atraer y oirán mi voz, y habrá un rebaño y un pastor.

598   **Ro 8.9** Y si alguno no tiene el Espíritu de Cristo, no es de él.

185. *¿Por qué dices: "creo" en la iglesia?*

A. Porque la fe, la cual hace a las personas miembros de la iglesia, es invisible; la iglesia es invisible a los ojos humanos.

182. *Does the Holy Spirit want to do this in the lives of all people?*

God the Holy Spirit earnestly wants to convert all people and bring them to salvation through the Gospel.

591 **Ezek. 33:11** I take no pleasure in the death of the wicked, but rather that they turn from their ways and live.

592 **1 Tim. 2:4** [God] wants all men to be saved and to come to a knowledge of the truth.

593 **2 Peter 3:9** The Lord ... is patient with you, not wanting anyone to perish, but everyone to come to repentance.

183. *Then, why are not all people saved?*

Many reject the Word and resist the Holy Spirit; therefore they remain in unbelief and under God's judgment by their own fault.

594 **Matt. 23:37** 0 Jerusalem, Jerusalem, you who kill the prophets and stone those sent to you, how often I have longed to gather your children together, as a hen gathers her chicks under her wings, but you were not willing.

595 **Acts 7:51** You stiff-necked people, with uncircumcised hearts and ears! You are just like your fathers: You always resist the Holy Spirit!

Bible narratives: **Matt. 22:1-10** The invited guests refused to come. **Luke 14:16-24** The guests refused to accept the invitation.

THE CHURCH, THE COMMUNION OF SAINTS

184. *What is the holy Christian church?*

The holy Christian church is the communion of saints, the total number of those who believe in Christ All believers in Christ, but only believers, are members of the church (invisible church).

596 **Eph. 2:19-22** You are no longer foreigners and aliens, but fellow citizens with God's people and members of God's household, built on the foundation of the apostles and prophets, with Christ Jesus Himself as the chief cornerstone. In Him the whole building is joined to gether and rises to become a holy temple in the Lord. And in Him you too are being built together to become a dwelling in which God lives by His Spirit.

597 **John 10:16** I have other sheep that are not of this sheep pen. I must bring them also. They too will listen to My voice, and there shall be one flock and one shepherd.

598 **Rom. 8:9** If anyone does not have the Spirit of Christ, he does not belong to Christ.

185. *Why do you say, "I believe" in the church?*

A. Because faith, which makes people members of the church, is invisible, the church is invisible to human eyes.

599   **Lc 17.20-21** El reino de Dios no vendrá con advertencia, ni dirán: "Helo aquí", o "Helo allí", porque el reino de Dios está entre vosotros.

600   **2 Ti 2.19** Pero el fundamento de Dios está firme, teniendo este sello: "Conoce el Señor a los que son suyos."

B. Las Sagradas Escrituras nos aseguran que el Espíritu Santo continua reuniendo y preservando la iglesia.

601   **Mt 16.18** Yo también te digo que tú eres Pedro, y sobre esta roca edificaré mi iglesia, y las puertas del Hades no la dominará.

602   **Hch 2.41, 47** Así que, los que recibieron su palabra fueron bautizados, y se añadieron aquel día como tres mil personas... Y el Señor añadía cada día a la iglesia los que habían de ser salvos.

H.B. **1 R 19.8-18** Dios había conservado siete mil creyentes en Israel.

186. *¿Por qué dices: creo en "la" iglesia?*

Hay sólo una iglesia, un cuerpo espiritual de creyentes, cuya única cabeza es Cristo.

603   **Ro 12.4-5** De la manera que en un cuerpo tenemos muchos miembros, ...así nosotros, siendo muchos, somos un cuerpo en Cristo.

604   **Ef 4.3-6** Procurando mantener la unidad del Espíritu en el vínculo de la paz: un solo cuerpo y un solo Espíritu, como fuisteis también llamados en una misma esperanza de vuestra vocación; un solo Señor, una sola fe, un solo bautismo, un solo Dios y Padre de todos, el cual es sobre todos y por todos y en todos.

605   **Col 1.18** Él es también la cabeza del cuerpo que es la iglesia.

187. *¿Por qué llamamos a la iglesia "santa"?*

Porque está formada por gente santa, creyentes que han sido lavados con la sangre de Cristo y que sirven a Dios con una vida santa.

606   **Ef 5.25-27** Cristo amó a la iglesia y se entregó a sí mismo por ella, para santificarla, habiéndola purificado en el lavamiento del agua por la palabra, a fin de presentársela a sí mismo, una iglesia gloriosa, que no tuviera mancha ni arruga ni cosa semejante, sino que fuera santa y sin mancha.

607   **1 P 2.5** Vosotros también, como piedras vivas, sed edificados como casa espiritual y sacerdocio santo, para ofrecer sacrificios espirituales aceptables a Dios por medio de Jesucristo.

188. *¿Por qué llamamos a la iglesia "cristiana"?*

La iglesia pertenece a Cristo y está edificada únicamente sobre él.

608   **1 Co 3.11** Nadie puede poner otro fundamento que el que está puesto, el cual es Jesucristo.

609   **Ef 2.20** Edificados sobre el fundamento de los apóstoles y profetas, siendo la principal piedra del ángulo Jesucristo mismo.

599   **Luke 17:20-21** The kingdom of God does not come with your careful observation, nor will people say, "Here it is," or "There it is," because the kingdom of God is within you.

600   **2 Tim. 2:19** God's solid foundation stands firm, sealed with this inscription: "The Lord knows those who are His."

B. The Scriptures assure us that the Holy Spirit continues to gather and preserve the church.

601   **Matt. 16:18** You are Peter, and on this rock I will build My church, and the gates of Hades will not overcome it.

602   **Acts 2:41, 47** Those who accepted his message were baptized, and about three thousand were added to their number that day.... And the Lord added to their number daily those who were being saved.

Bible narrative: **1 Kings 19:8-18** The seven thousand in Israel.

186. *Why do you say, I believe in "the" church?*

There is only one church, one spiritual body of believers (saints), whose one and only head is Christ.

603   **Rom. 12:4-5** As each of us has one body with many members . . . so in Christ we who are many form one body.

604   **Eph. 4:3-6** Make every effort to keep the unity of the Spirit through the bond of peace. There is one body and one Spirit—just as you were called to one hope when you were called one Lord, one faith, one baptism; one God and Father of all, who is over all and through all and in all.

605   **Col. 1:18** [Christ] is the head of the body, the church.

187. *Why is the church called "holy"?*

It is made up of holy people (saints), believers who have been cleansed by the blood of Christ and who serve God with holy living.

606   **Eph. 5:25-27** Christ loved the church and gave Himself up for her to make her holy, cleansing her by the washing with water through the word, and to present her to Himself as a radiant church, without stain or wrinkle or any other blemish, but holy and blameless.

607   **1 Peter 2:5** You also, like living stones, are being built into a spiritual house to be a holy priesthood, offering spiritual sacrifices acceptable to God through Jesus Christ.

188. *Why is the church called "Christian"?*

It belongs to Christ and is built on Him alone.

608   **1 Cor. 3:11** No one can lay any foundation other than the one already laid, which is Jesus Christ.

609   **Eph. 2:20** [You are] built on the foundation of the apostles and prophets, with Christ Jesus Himself as the chief cornerstone.

Nota: La palabra *"católica"*, que algunas veces se usa en credos, significa *"universal"* o *"general"*. La iglesia existe en todo el mundo, dondequiera se proclama el evangelio.

189. *¿Dónde podemos encontrar esta santa iglesia cristiana?*

La santa iglesia cristiana se encuentra donde "se predica genuinamente el evangelio y se administran los santos sacramentos de acuerdo con el evangelio" (Confesión de Augsburgo VII 1) El evangelio y los sacramentos son llamados las "marcas de la iglesia."

610   **Is 55.10-11** Porque como desciende de los cielos la lluvia y la nieve, y no vuelve allá, sino que riega la tierra y la hace germinar y producir, y da semilla al que siembra y pan al que come, así será mi palabra que sale de mi boca: no volverá a mí vacía, sino que hará lo que yo quiero y será prosperada en aquello para lo cual la envié.

190. *¿En qué otros sentidos se usa la palabra "iglesia"?*

La palabra iglesia también se usa para indicar

A. La iglesia visible de Dios;

B. una denominación;

C. una congregación local;

D. una casa de adoración.

191. *¿Porqué también llama la Escritura "iglesia" a la congregación local?*

Se llama iglesia a las reuniones visibles, locales, alrededor de los medios de gracia, porque allí se reunen los creyentes alrededor de la Palabra y los sacramentos.

611   **Mt 18.17** Si no los oye a ellos, dilo a la iglesia; y si no oye a la iglesia, tenlo por gentil y publicano.

612   **Mt 28.19-20** Por tanto, id y haced discípulos a todas las naciones, bautizándolos en el nombre del Padre, del Hijo, y del Espíritu Santo, y enseñándoles que guarden todas las cosas que os he mandado. Y yo estoy con vosotros todos los días, hasta el fin del mundo.

613   **1 Co 1.2** A la iglesia de Dios que está en Corinto, a los santificados en Cristo Jesús, llamados a ser santos con todos los que en cualquier lugar invocan el nombre de nuestro Señor Jesucristo, Señor de ellos y nuestro.

Nota: Pablo escribió a las iglesias en Galacia **Gl 1.2**. Él escribió a la iglesia en Tesalónica **1 Ts 1.1**. Juan escribió a las siete iglesias de Asia Menor **Ap 1-3**. También se llama "iglesia" a un grupo de congregaciones **Hch 9.31**.

192. *¿Qué es la iglesia visible?*

La iglesia visible es el número total de los que profesan la fe cristiana y usan la palabra de Dios, pero entre quienes, aparte de los verdaderos creyentes, hay también hipócritas.

Note: The word *"catholic"*, sometimes used in creeds, means *"universal"* or *"general."* The church exists throughout the world, wherever the Gospel is proclaimed.

189. *Where is this holy Christian church to be found?*

The holy Christian church is to be found where "the Gospel is preached in its purity and the holy sacraments are administered according to the Gospel" (Augsburg Confession VII 1). The Gospel and the sacraments are called the "marks of the church."

610   **Is. 55:10-11** As the rain and the snow come down from heaven, and do not return to it without watering the earth and making it bud and flourish, so that it yields seed for the sower and bread for the eater, so is My word that goes out from My mouth: It will not return to Me empty, but will accomplish what I desire and achieve the purpose for which I sent it.

190. *In what other senses is the word church used?*

The word church is also used to indicate

A. the visible church of God;

B. a denomination;

C. a local congregation;

D. a house of worship.

191. *Why does Scripture call local congregations "church"?*

Local, visible gatherings around the means of grace are called churches because there believers are gathered around Word and sacrament.

611   **Matt. 18:17** If he refuses to listen to them, tell it to the church; and if he refuses to listen even to the church, treat him as you would a pagan or a tax collector.

612   **Matt. 28:19-20** Go and make disciples of all nations, baptizing them in the name of the Father and of the Son and of the Holy Spirit, and teaching them to obey everything I have commanded you. And surely I am with you always, to the very end of the age.

613   **1 Cor. 1:2** To the church of God in Corinth, to those sanctified in Christ Jesus and called to be holy, together with all those everywhere who call on the name of our Lord Jesus Christ—their Lord and ours.

Note: Paul wrote to the churches in Galatia **Gal. 1:2**. He wrote to the church of the Thessalonians **1 Thess. 1:1**. John wrote to the seven churches of Asia Minor **Revelation 1-3**. A group of congregations is also called "church" **Acts 9:31**.

192. *What is the visible church?*

The visible church is the whole number of those who use the Word of God and profess the Christian faith, but among whom, beside the true Christians, there are also unbelievers.

193. ¿Hay entonces dos iglesias, una visible y otra invisible?

Hay solamente una iglesia—todos los creyentes en Cristo. La asamblea visible se llama iglesia debido a los creyentes que se reunen alrededor de los medios de gracia en una asamblea en la cual también hay hipócritas.

H.B. **Mt 13.47-48** La red atrapó toda clase de peces. **Mt 22.11-12** Un hombre sin la vestimenta apropiada. **Hch 5.1-11** Ananías y Safira.

194. ¿Qué enseñan las Escrituras acerca de nuestra vida en la iglesia?

Ellas enseñan que

A. Siempre debemos tratar de ser y permanecer miembros de la iglesia invisible, el cuerpo de Cristo, mediante fe sincera en Cristo, nuestro Salvador.

614   **Jn 15.5** Yo soy la vid, vosotros los pámpanos; el que permanece en mí y yo en él, éste lleva mucho fruto, porque separados de mí nada podéis hacer.

615   **2 Co 13.5** Examinaos a vosotros mismos, para ver si estáis en la fe; probaos a vosotros mismos.

B. Debemos ser fieles a aquella iglesia visible, o denominación, que profesa y enseña toda la doctrina bíblica en toda su pureza, y administra los sacramentos de acuerdo a la institución de Cristo.

616   **Jn 8.31-32** Si vosotros permanecéis en mi palabra, seréis verdaderamente mis discípulos; y conoceréis la verdad y la verdad os hará libres.

617   **Hch 2.42** Y perseveraban en la doctrina de los apóstoles, en la comunión unos con otros, en el partimiento del pan y en las oraciones.

618   **1 Co 1.10** Os ruego, pues, hermanos, por el nombre de nuestro Señor Jesucristo, que habléis todos una misma cosa, y que no haya entre vosotros divisiones, sino que estéis perfectamente unidos en una misma mente y un mismo parecer.

Nota: Una denominación religiosa es una iglesia u organización con un nombre definido y una doctrina definida.

C. Debemos evitar los maestros falsos, iglesias falsas y todas las organizaciones que promueven una religión contraria a la palabra de Dios.

619   **Mt 7.15-16** Guardaos de los falsos profetas, que vienen a vosotros vestidos de ovejas, pero por dentro son lobos rapaces. Por sus frutos los conoceréis.

620   **Ro 16.17-18** Pero os ruego, hermanos, que os fijéis en los que causan divisiones y ponen tropiezos en contra de la doctrina que vosotros habéis aprendido. Apartaos de ellos, porque tales personas no sirven a nuestro Señor Jesucristo, sino a sus propios vientres, y con suaves palabras y halagos engañan los corazones de los ingenuos.

621   **2 Co 6.14** No os unáis en yugo desigual con los incrédulos. (Ver también vv. 15-18)

193. *Are there then two churches, one visible and the other invisible?*

There is only one church—all believers in Christ. The visible gathering is called church because of the believers gathered around the means of grace in an assembly in which there are also hypocrites.

Bible narratives: **Matt. 13:47-48** The net that caught all kinds of fish. **Matt. 22:11-12** A man without wedding clothes. **Acts 5:1-11** Ananias and Sapphira.

194. *What do the Scriptures teach about our life in the church?*

They teach that

A. we should seek always to be and remain members of the invisible church, Christ's body, by sincere faith in Christ, our Savior;

614   **John 15:5** I am the vine; you are the branches. If a man remains in Me and I in him, he will bear much fruit; apart from Me you can do nothing.

615   **2 Cor. 13:5** Examine yourselves to see whether you are in the faith; test yourselves.

B. we should be faithful to that visible church, or denomination, which professes and teaches all of the Bible's doctrine purely and administers the sacraments according to Christ's institution;

616   **John 8:31-32** If you hold to My teaching, you are really My disciples. Then you will know the truth, and the truth will set you free.

617   **Acts 2:42** They devoted themselves to the apostles' teaching and to the fellowship, to the breaking of bread and to prayer.

618   **1 Cor. 1:10** I appeal to you, brothers, in the name of our Lord Jesus Christ, that all of you agree with one another so that there may be no divisions among you and that you may be perfectly united in mind and thought.

Note: A religious denomination is a church body or organization with a distinct name and a distinct body of doctrine.

C. we should avoid false teachers, false churches, and all organizations that promote a religion that is contrary to God's Word;

619   **Matt. 7:15-16** Watch out for false prophets. They come to you in sheep's clothing, but inwardly they are ferocious wolves. By their fruit you will recognize them.

620   **Rom. 16:17-18** I urge you, brothers, to watch out for those who cause divisions and put obstacles in your way that are contrary to the teaching you have learned. Keep away from them. For such people are not serving our Lord Christ, but their own appetites. By smooth talk and flattery they deceive the minds of naive people.

621   **2 Cor. 6:14** Do not be yoked together with unbelievers. (See also vv. 15-18.)

622   **Gl 1.8** Pero si aun nosotros, o un ángel del cielo, os anuncia un evangelio diferente del que os hemos anunciado, sea anatema.

623   **2 Ti 4.3** Pues vendrá tiempo cuando no soportarán la sana doctrina, sino que, teniendo comezón de oir, se amontonarán maestros conforme a sus propias pasiones.

624   **1 Jn 4.1** Amados, no creáis a todo espíritu, sino probad los espíritus si son de Dios, porque muchos falsos profetas han salido por el mundo.

D. Debemos mantener y extender la iglesia de Dios contando a otros acerca de Jesucristo, por medio del servicio personal, la oración y el apoyo económico.

625   **Jn 20.21** Como me envió el Padre, así también yo os envío.

626   **Hch 1.8** Pero recibiréis poder cuando haya venido sobre vosotros el Epíritu Santo, y me seréis testigos en Jerusalén, en toda Judea, en Samaria y hasta lo último de la tierrra.

627   **Hch 8.1, 4** En aquel día hubo una gran persecución contra la iglesia que estaba en Jerusalén, y todos, salvo los apóstoles, fueron esparcidos por las tierras de Judea y de Samaria... Pero los que fueron esparcidos iban por todas partes anunciando el evangelio.

628   **1 P 2.9** Pero vosotros sois linaje escogido, real sacerdocio, nación santa, pueblo adquirido por Dios, para que anunciéis las virtudes de aquel que os llamó de las tinieblas a su luz admirable.

629   **1 P 3.15** Estad siempre preparados para presentar defensa con mansedumbre y reverencia ante todo el que os demande razón de la esperanza que hay en vosotros.

630   **Lc 10.2** Y les dijo: "La mies a la verdad es mucha, pero los obreros pocos; por tanto, rogad al Señor de la mies que envíe obreros a su mies."

631   **Gl 6.6** El que es enseñado en la palabra haga partícipe de toda cosa buena al que lo instruye.

H.B. **Hch 2.17-39; 3.12-26** Pedro le habló a la multitud. **Hch 8.26-35** Felipe evangelizó al eunuco. **Hch 4.23-30** Los primeros cristianos oraban por la propagación del evangelio. **Fil 4.16-19** Ellos también contribuyeron para el sostén del ministerio.

III. EL PERDÓN DE LOS PECADOS

195. ¿Por qué dices: "Creo en el perdón de los pecados"?

Creo en el perdón de los pecados porque, mediante Cristo, Dios ha declarado el perdón a toda la humanidad pecadora.

632   **Sal 130.3-4** Jah, si miras los pecados, ¿quién, Señor, podrá mantenerse? Pero en ti hay perdón, para que seas reverenciado.

622   **Gal. 1:8** Even if we or an angel from heaven should preach a gospel other than the one we preached to you, let him be eternally condemned!

623   **2 Tim. 4:3** The time will come when men will not put up with sound doctrine. Instead, to suit their own desires, they will gather around them a great number of teachers to say what their itching ears want to hear.

624   **1 John 4:1** Dear friends, do not believe every spirit, but test the spirits to see whether they are from God, because many false prophets have gone out into the world.

D. we should maintain and extend God's church by telling others about Jesus Christ, by personal service, and by prayer and financial support.

625   **John 20:21** As the Father has sent Me, I am sending you.

626   **Acts 1:8** You will receive power when the Holy Spirit comes on you; and you will be My witnesses in Jeru salem, and in all Judea and Samaria, and to the ends of the earth.

627   **Acts 8:1, 4** On that day a great persecution broke out against the church at Jerusalem, and all except the apostles were scattered throughout Judea and Samaria.... Those who had been scattered preached the word wherever they went.

628   **1 Peter 2:9** You are a chosen people, a royal priest hood, a holy nation, a people belonging to God, that you may declare the praises of Him who called you out of darkness into His wonderful light.

629   **1 Peter 3:15** Always be prepared to give an answer to everyone who asks you to give the reason for the hope that you have. But do this with gentleness and respect.

630   **Luke 10:2** He told them, "The harvest is plentiful, but the workers are few. Ask the Lord of the harvest, therefore, to send out workers into His harvest field."

631   **Gal. 6:6** Anyone who receives instruction in the word must share all good things with his instructor.

Bible narratives: **Acts 2:17-39; 3:12-26** Peter addressed the crowds. **Acts 8:26-35** Philip witnessed to the eunuch. **Acts 4:23-30** The early Christians prayed for the spreading of the Gospel. **Phil. 4:16-19** They also contributed to the support of the ministry.

III. THE FORGIVENESS OF SINS

195. Why do you say, "I believe in the forgiveness of sins"?

I believe in the forgiveness of sins because through Christ God has declared pardon and forgiveness to all sinful humanity.

632   **Ps. 130:3-4** If you, O Lord, keep a record of my sins, O Lord, who can stand? But with You there is forgiveness; therefore You are feared.

633 **2 Co 5.19** Dios estaba en Cristo reconciliando consigo al mundo, no tomándoles en cuenta a los hombres sus pecados.

196. ¿Qué motiva a Dios perdonar pecados?

Dios perdona pecados porque él es misericordioso y por el sacrificio expiatorio de Cristo por los pecadores.

634 **Sal 86.15** Mas tú, Señor, Dios misericordioso y clemente, lento para la ira y grande en misericordia y verdad.

635 **Jn 3.16** De tal manera amó Dios al mundo, que ha dado a su Hijo unigénito, para que todo aquel que en él cree no se pierda, sino que tenga vida eterna.

636 **Ef 1.7** En él tenemos redención por su sangre, el perdón de los pecados según las riquezas de su gracia.

637 **1 Jn 2.2** Él es la propiciación por nuestros pecados, y no solamente por los nuestros, sino también por los de todo el mundo.

197. ¿Cómo es posible que un Dios justo y santo declare inocente al pecador (justificación)?

Por causa de Cristo Dios declara justo a los pecadores; esto es, nuestros pecados han sido imputados o cargados a Cristo, el Salvador, y la justicia de Cristo nos ha sido imputada o acreditada a nosotros.

638 **2 Co 5.21** Al que no conoció pecado, por nosotros lo hizo pecado, para que nosotros seamos justicia de Dios en él.

639 **Ro 3.22-24** No hay diferencia, por cuanto todos pecaron y están destituidos de la gloria de Dios, y son justificados gratuitamente por su gracia, mediante la redención que es en Cristo Jesús.

640 **Ro 4.25** El cual fue entregado por nuestras transgresiones, y resucitado para nuestra justificación.

H.B. **Mt 18.23-35** El rey perdonó al siervo malvado toda su deuda.

198. ¿Dónde ofrece Dios el perdón de los pecados?

Dios ofrece el perdón de los pecados en el evangelio.

641 **Lc 24.47** Y que se predicara en su nombre el arrepentimiento y el perdón de los pecados en todas las naciones.

642 **Ro 1.16** No me avergüenzo del evangelio, porque es poder de Dios para salvación de todo aquel que cree, del judío primeramente y también del griego.

643 **2 Co 5.19** Dios... nos encargó a nosotros la palabra de la reconciliación.

199. ¿Cómo recibimos el perdón de los pecados?

Recibimos este perdón por medio de la fe, esto es, creyendo en el evagelio.

644 **Gn 15.6** Abram creyó a Jehová y le fue contado por justicia.

633   **2 Cor. 5:19** God was reconciling the world to Himself in Christ, not counting men's sins against them.

196. *What moves God to forgive sins?*

God forgives sins because He is merciful and because of Christ's atoning sacrifice for sinners.

634   **Ps. 86:15** You, O Lord, are a compassionate and gracious God, slow to anger, abounding in love and faithfulness.

635   **John 3:16** God so loved the world that He gave His one and only Son, that whoever believes in Him shall not perish but have eternal life.

636   **Eph. 1:7** In [Christ] we have redemption through His blood, the forgiveness of sins, in accordance with the riches of God's grace.

637   **1 John 2:2** He is the atoning sacrifice for our sins, and not only for ours but also for the sins of the whole world.

197. *How is it possible for a just and holy God to declare sinners righteous (justification)?*

God declares sinners righteous for Christ's sake; that is, our sins have been imputed or charged to Christ, the Savior, and Christ's righteousness has been imputed or credited to us.

638   **2 Cor. 5:21** God made Him who had no sin to be sin for us, so that in Him we might become the righteousness of God.

639   **Rom. 3:22-24** There is no difference, for all have sinned and fall short of the glory of God, and are justified freely by His grace through the redemption that came by Christ Jesus.

640   **Rom. 4:25** He was delivered over to death for our sins and was raised to life for our justification.

Bible narrative: **Matt. 18:23-35** The king forgave the servant all his debts.

198. *Where does God offer the forgiveness of sins?*

God offers the forgiveness of sins in the Gospel.

641   **Luke 24:47** Repentance and forgiveness of sins will be preached in His name to all nations.

642   **Rom. 1:16** I am not ashamed of the gospel, because it is the power of God for the salvation of everyone who believes: first for the Jew, then for the Gentile.

643   **2 Cor. 5:19** He has committed to us the message of reconciliation.

199. *How do you receive this forgiveness of sins?*

I receive this forgiveness through faith, that is, by believing the Gospel.

644   **Gen. 15:6** Abram believed the Lord, and He credited it to him as righteousness.

645 **Ro 3.28** Concluimos, pues, que el hombre es justificado por la fe sin las obras de la Ley.

646 **Ro 4.5** Pero al que no trabaja, sino cree en aquel que justifica al impío, su fe le es contada por justicia.

H.B. **Lc 18.9-14** El cobrador de impuestos aceptó el perdón.

200. *¿Por qué puedo y debo estar seguro del perdón de mis pecados?*

Todo creyente puede y debe de estar seguro del perdón de sus pecados porque Dios cumple sus promesas en Cristo.

647 **Ro 8.38-39** Por lo cual estoy seguro de que ni la muerte ni la vida, ni ángeles ni principados ni potestades, ni lo presente ni lo por venir, ni lo alto ni lo profundo, ni ninguna otra cosa creada nos podrá separar del amor de Dios, que es en Cristo Jesús, Señor nuestro.

648 **2 Ti 1.12** Yo sé a quién he creído y estoy seguro de que es poderoso para guardar mi depósito para aquel día.

201. *¿Por qué debemos mantener con toda firmeza esta doctrina de la justificación por gracia, a causa de Cristo, mediante la fe?*

Debemos mantener firmes esta doctrina porque

A. es el artículo principal de la doctrina cristiana,

649 **Hch 4.12** Y en ningún otro hay salvación, porque no hay otro nombre bajo el cielo, dado a los hombres, en que podamos ser salvos.

650 **Hch 10.43** De este dan testimonio todos los profetas, que todos los que en él crean recibirán perdón de pecados por su nombre.

B. distingue a la religión cristiana de todas las religiones falsas, las cuales enseñan la salvación por obras;

651 **Gl 5.4-5** De Cristo os desligasteis, los que por la Ley os justificáis; de la gracia habéis caído. Nosotros, por el Espíritu, aguardamos por fe la esperanza de la justicia.

Nota: Ver Miqueas 7.18-20

C. trae consuelo permanente a los pobres pecadores;

652 **Hch 16.30-31, 34** Señores, ¿qué debo hacer para ser salvo? Ellos dijeron: Cree en el Señor Jesucristo, y serás salvo tú y tu casa... Se regocijó con toda su casa de haber creído a Dios.

653 **Mt 9.2** Ten ánimo, hijo; tus pecados te son perdonados.

D. da toda la gloria a Dios por su gracia y misericordia en Cristo.

654 **Ap 1.5-6** Al que nos ama, nos ha lavado de nuestros pecados con su sangre y nos hizo reyes y sacerdotes para Dios, su Padre, a él sea gloria e imperio por los siglos de los siglos. Amén.

645   **Rom. 3:28** A man is justified by faith apart from observing the law.

646   **Rom. 4:5** To the man who does not work but trusts God who justifies the wicked, his faith is credited as righteousness.

Bible narrative: **Luke 18:9-14** The tax collector in the temple.

200. *Why can and should I be sure of the forgiveness of my sins?*

I can and should be sure of the forgiveness of my sins because God keeps His promises in Christ.

647   **Rom. 8:38-39** I am convinced that neither death nor life, neither angels nor demons, neither the present nor the future, nor any powers, neither height nor depth, nor anything else in all creation, will be able to separate us from the love of God that is in Christ Jesus our Lord.

648   **2 Tim. 1:12** I know whom I have believed, and am convinced that He is able to guard what I have entrusted to Him for that day.

201. *Why must we firmly hold to this teaching of justification by grace, for Christ's sake, through faith?*

We must firmly hold to this teaching because

A. it is the most important doctrine of the Christian religion;

649   **Acts 4:12** Salvation is found in no one else, for there is no other name under heaven given to men by which we must be saved.

650   **Acts 10:43** All the prophets testify about Him that everyone who believes in Him receives forgiveness of sins through His name.

B. it distinguishes the Christian religion from false religions, all of which teach salvation by works;

651   **Gal. 5:4-5** You who are trying to be justified by law have been alienated from Christ; you have fallen away from grace. But by faith we eagerly await through the Spirit the righteousness for which we hope.

Note: See Micah 7:18-20.

C. it gives enduring comfort to the penitent sinner;

652   **Acts 16:30-31, 34** "Sirs, what must I do to be saved?" They replied, "Believe in the Lord Jesus, and you will be saved—you and your household." ...He was filled with joy, because he had come to believe in God.

653   **Matt. 9:2** Take heart, son; your sins are forgiven.

D. it gives all glory to God for His grace and mercy in Christ.

654   **Rev. 1:5-6** To Him who loves us and has freed us from our sins by His blood, and has made us to be a kingdom and priests to serve His God and Father—to Him be glory and power for ever and ever! Amen.

IV. LA RESURRECCIÓN DE LA CARNE

202. ¿Qué enseñan las Escrituras acerca de la resurrección del cuerpo?

Ellas enseñan que en el último día Cristo me resucitará a mí y a todos los muertos. Los mismos cuerpos que murieron serán revivificados.

655 **Job 19.25-27** Yo sé que mi Redentor vive, y que al fin se levantará sobre el polvo, y que después de deshecha esta mi piel, en mi carne he de ver a Dios. Lo veré por mí mismo; mis ojos lo verán, no los de otro.

656 **Jn 5.28-29** Llegará la hora cuando todos los que están en los sepulcros oirán su voz; y... saldrán.

657 **1 Ts 4.16** El Señor mismo, con voz de mando, con voz de arcángel y con trompeta de Dios, descenderá del cielo. Entonces, los muertos en Cristo resucitarán primero.

203. ¿Podemos renacer de nuevo en diferentes cuerpos o formas?

La reencarnación, la creencia de que cuando el ser humano muere, puede volver a nacer en otro cuerpo o en una serie de cuerpos; es una enseñanza contraria a las Escrituras.

658 **Heb 9.27-28** Y de la manera que está establecido para los hombres que mueran una sola vez, y después de esto el juicio, así también Cristo fue ofrecido una sola vez para llevar los pecados de muchos; y aparecerá por segunda vez, sin relación con el pecado, para salvar a los que lo esperan.

Nota: Ver 1 Corintios 15.

204. ¿Qué diferencia habrá entre los creyentes y los incrédulos en el día de la resurrección?

A. Los creyentes resucitarán con cuerpos glorificados, y entrarán en la vida eterna en el cielo con Dios;

659 **Dn 12.2** Muchos de los que duermen en el polvo de la tierra serán despertados: unos para vida eterna, otros para vergüenza y confusión perpetua.

660 **Jn 5.28-29** Todos los que están en los sepulcros oirán su voz; y los que hicieron lo bueno saldrán a resurrección de vida; pero los que hicieron lo malo, a resurrección de condenación.

661 **1 Co 15.42-43** Así también sucede con la resurrección de los muertos. Se siembra en corrupción, resucitará en incorrupción. Se siembra en deshonra, resucitará en gloria; se siembra en debilidad, resucitará en poder.

662 **Flp 3.21** Él transformará nuestro cuerpo mortal en un cuerpo glorioso semejante al suyo.

B. los incrédulos resucitarán para muerte eterna, esto es, para vergüenza y tormento eternos en el infierno.

IV. THE RESURRECTION OF THE BODY

202. *What do the Scriptures teach about the resurrection of the body?*

They teach that on the Last Day Christ "will raise me and all the dead." The same bodies that have died shall be made alive.

655 **Job 19:25-27** I know that my Redeemer lives, and that in the end He will stand upon the earth. And after my skin has been destroyed, yet in my flesh I will see God; I myself will see Him with my own eyes—I, and not another.

656 **John 5:28-29** A time is coming when all who are in their graves will hear His voice and come out.

657 **1 Thess. 4:16** The Lord Himself will come down from heaven, with a loud command, with the voice of the archangel and with the trumpet call of God, and the dead in Christ will rise first.

203. *Are people reborn in bodies or forms?*

Reincarnation, the belief that when people die they are reborn in other bodies or in a series of other bodies, is contrary to Scripture.

658 **Heb. 9:27-28** Just as man is destined to die once, and after that to face judgment, so Christ was sacrificed once to take away the sins of many people; and He will appear a second time, not to bear sin, but to bring salvation to those who are waiting for Him.

Note: See 1 Corinthians 15.

204. *What difference will there be between believers and unbelievers in the resurrection?*

A. The believers will rise with glorified bodies and enter everlasting life in heaven with God.

659 **Dan. 12:2** Multitudes who sleep in the dust of the earth will awake: some to everlasting life, others to shame and everlasting contempt.

660 **John 5:28-29** All who are in their graves will hear His voice and come out—those who have done good will rise to live, and those who have done evil will rise to be condemned.

661 **1 Cor. 15:42-43** So will it be with the resurrection of the dead. The body that is sown is perishable, it is raised imperishable; it is sown in dishonor, it is raised in glory; it is sown in weakness, it is raised in power.

662 **Phil. 3:21** [Christ] will transform our lowly bodies so that they will be like His glorious body.

B. The unbelievers will rise to eternal death, that is, to shame and torment in hell forever.

663   **Is 66.24** Su gusano nunca morirá ni su fuego se apagará. Y serán abominables para todo ser humano.

664   **Mt 10.28** No temáis a los que matan el cuerpo pero el alma no pueden matar; temed más bien a aquel que puede destruir el alma y el cuerpo en el infierno.

665   **Mt 25.41** Entonces dirá también a los de la izquierda: "Apartaos de mí, malditos, al fuego eterno preparado para el diablo y sus ángeles."

666   **Ap 1.7** He aquí que viene con las nubes: Todo ojo lo verá, y los que lo transpasaron; y todos los linajes de la tierra se lamentarán por causa de él. Sí, amén.

H.B. **Lc 16.19-31** La historia del hombre rico y el pobre Lázaro ilustra que hay solamente dos lugares después de la muerte.

V. LA VIDA PERDURABLE

205. *¿A quién le da Dios la vida eterna?*

Dios dará la vida eterna a mí y a todos los creyentes en Cristo.

A. La vida eterna es una posesión presente.

667   **Jn 17.3** Esta es la vida eterna: que te conozcan a ti, el único Dios verdadero, y a Jesucristo, a quien has enviado.

668   **Jn 3.16** De tal manera amó Dios al mundo, que ha dado a su Hijo unigénito, para que todo aquel que en él cree no se pierda, sino que tenga vida eterna.

669   **Ro 10.9** Si confiesas con tu boca que Jesús es el Señor y crees en tu corazón que Dios lo levantó de entre los muertos, serás salvo.

670   **Jn 3.36** El que cree en el Hijo tiene vida eterna; pero el que se niega a creer en el Hijo no verá la vida, sino que la ira de Dios está sobre él.

B. Al momento de la muerte, el alma del creyente está inmediatamente con Cristo en el cielo.

671   **Ec 12.7** El polvo vuelva a la tierra, como era, y el espíritu vuelva a Dios que lo dio.

672   **Lc 23.43** De cierto te digo que hoy estarás conmigo en el paraíso.

673   **Jn 17.24** Padre, aquellos que me has dado, quiero que donde yo esté, también ellos estén conmigo, para que vean mi gloria que me has dado, pues me has amado desde antes de la fundación del mundo.

674   **Flp 1.23-24** Teniendo deseo de partir y estar con Cristo, lo cual es muchísimo mejor; pero quedar en la carne es más necesario por causa de vosotros.

675   **Ap 14.13** Oí una voz que me decía desde el cielo: "Escribe: Bienaventurados de aquí en adelante los muertos que mueren en el Señor. Sí, dice el Espíritu, descansarán de sus trabajos, porque sus obras con ellos siguen."

663   **Is. 66:24** Their worm will not die, nor will their fire be quenched, and they will be loathsome to all mankind.

664   **Matt. 10:28** Do not be afraid of those who kill the body but cannot kill the soul. Rather, be afraid of the One who can destroy both soul and body in hell.

665   **Matt. 25:41** He will say to those on His left, "Depart from Me, you who are cursed, into the eternal fire prepared for the devil and his angels."

666   **Rev. 1:7** Look, He is coming with the clouds, and every eye will see Him, even those who pierced Him; and all the peoples of the earth will mourn because of Him. So shall it be! Amen.

Bible narrative: **Luke 16:19-31** The story of the rich man and Lazarus illustrates that there are only two places.

V. THE LIFE EVERLASTING

205. *To whom does God give eternal life?*

God gives eternal life to me and all believers in Christ.

A. Eternal life is a present possession.

667   **John 17:3** This is eternal life: that they may know You, the only true God, and Jesus Christ, whom You have sent.

668   **John 3:16** God so loved the world that He gave His one and only Son, that whoever believes in Him shall not perish but have eternal life.

669   **Rom. 10:9** If you confess with your mouth, "Jesus is Lord," and believe in your heart that God raised Him from the dead, you will be saved.

670   **John 3:36** Whoever believes in the Son has eternal life, but whoever rejects the Son will not see life, for God's wrath remains on him.

B. At the time of death, the soul of a believer is immediately with Christ in heaven.

671   **Eccl. 12:7** The dust returns to the ground it came from, and the spirit returns to God who gave it.

672   **Luke 23:43** I tell you the truth, today you will be with Me in paradise.

673   **John 17:24** Father, I want those You have given Me to be with Me where I am, and to see My glory, the glory You have given Me because You loved Me before the creation of the world.

674   **Phil. 1:23-24** I desire to depart and to be with Christ, which is better by far; but it is more necessary for you that I remain in the body.

675   **Rev. 14:13** I heard a voice from heaven say, "Write: Blessed are the dead who die in the Lord from now on." "Yes," says the Spirit, "they will rest from their labor, for their deeds will follow them."

C. En el último día los creyentes, en cuerpo y alma, empezarán a gozar plenamente el estar eternamente con Cristo.

676 **1 Co 15.51-52** Os digo un misterio: No todos moriremos; pero todos seremos transformados, en un momento, en un abrir y cerrar de ojos, a la final trompeta, porque se tocará la trompeta, y los muertos serán resucitados incorruptibles y nosotros seremos transformados.

677 **Mt 25.34** Entonces el Rey dirá a los de su derecha: "Venid, benditos de mi Padre, heredad el Reino preparado para vosotros desde la fundación del mundo."

678 **Sal 16.11** En tu presencia hay plenitud de gozo, delicias a tu diestra para siempre.

679 **Ro 8.18** Tengo por cierto que las aflicciones del tiempo presente no son comparables con la gloria venidera que en nosotros ha de manifestarse.

680 **1 Jn 3.2** Amados, ahora somos hijos de Dios y aún no se ha manifestado lo que hemos de ser; pero sabemos que cuando él se manifieste, seremos semejantes a él, porque lo veremos tal como él es.

206. ¿Estás seguro de que tú también entrarás en la vida perdurable?

Así como ahora creo en Cristo mi Salvador, así también sé que he sido elegido para la vida perdurable, de pura gracia en Cristo, sin ningún mérito de mi parte, y que nadie podrá arrebatarme de la mano de Dios (la eterna elección de gracia o predestinación).

681 **Jn 10.27-28** Mis ovejas oyen mi voz y yo las conozco, y me siguen; yo les doy vida eterna y no perecerán jamás, ni nadie las arrebatará de mi mano.

682 **Ro 8.28-30** Sabemos, además, que a los que aman a Dios, todas las cosas los ayudan a bien, esto es, a los que conforme a su propósito son llamados. A los que antes conoció, también los predestinó para que fueran hechos conformes a la imagen de su Hijo, para que él sea el primogénito entre muchos hermanos. Y a los que predestinó, a estos también llamó; y a los que llamó, a estos también justificó; y a los que justificó, a estos también glorificó.

683 **Ef 1.3-6** Bendito sea el Dios y Padre de nuestro Señor Jesucristo, que nos bendijo con toda bendición espiritual en los lugares celestiales en Cristo, según nos escogió en él antes de la fundación del mundo, para que fuéramos santos y sin mancha delante de él. Por su amor, nos predestinó para ser adoptados hijos suyos por medio de Jesucristo, según el puro afecto de su voluntad, para alabanza de la gloria de su gracia, con la cual nos hizo aceptos en el Amado.

207. ¿Por qué concluyes este artículo con las palabras: "Esto es con toda certeza la verdad"?

Porque todo lo que confieso en este artículo es enseñado claramente en la Biblia y por lo tanto lo creo firmemente.

C. At the Last Day the believers, in both body and soul, will begin the full enjoyment of being with Christ forever.

676 **1 Cor. 15:51-52** Listen, I tell you a mystery: We will not all sleep, but we will all be changed—in a flash, in the twinkling of an eye, at the last trumpet. For the trumpet will sound, the dead will be raised imperishable, and we will be changed.

677 **Matt. 25:34** Then the King [Jesus] will say to those on His right, "Come, you who are blessed by My Father; take your inheritance, the kingdom prepared for you since the creation of the world."

678 **Ps. 16:11** You will fill me with joy in Your presence, with eternal pleasures at Your right hand.

679 **Rom. 8:18** I consider that our present sufferin not worth comparing with the glory that will be revealed in us.

680 **1 John 3:2** Dear friends, now we are children of God, and what we will be has not yet been made known. But we know that when He appears, we shall be like Him, for we shall see Him as He is.

206. *Are you sure that you have eternal life?*

Even as I now believe in Christ my Savior, I also know that I have been chosen to eternal life out of pure grace in Christ without any merit of my own and that no one can pluck me out of His hand (eternal election of grace or predestination).

681 **John 10:27-28** My sheep listen to My voice; I know them, and they follow Me. I give them eternal life, and they shall never perish; no one can snatch them out of My hand.

682 **Rom. 8:28-30** We know that in all things God works for the good of those who love Him, who have been called according to His purpose. For those God foreknew He also predestined to be conformed to the likeness of His Son, that He might be the firstborn among many brothers. And those He predestined, He also called; those He called, He also justified; those He justified, He also glorified.

683 **Eph. 1:3-6** Praise be to the God and Father of our Lord Jesus Christ, who has blessed us in the heavenly realms with every spiritual blessing in Christ. For He chose us in Him before the creation of the world to be holy and blameless in His sight. In love He predestined us to be adopted as His sons through Jesus Christ, in accordance with His pleasure and will—to the praise of His glorious grace, which He has freely given us in the One He loves.

207. *Why do you close this article with the words "This is most certainly true"?*

Because all that I confess in this article is plainly taught in the Bible and therefore I firmly believe it.

TERCERA PARTE
El Padrenuestro

208. ¿Qué privilegio y qué mandamiento ha dado Dios a los creyentes en Cristo Jesús?

Dios ordena e invita a los creyentes en Cristo Jesús a orar.

684   **Mt 7.7-8** Pedid, y se os dará; buscad, y hallaréis; llamad, y se os abrirá, porque todo aquel que pide, recibe; y el que busca, halla; y al que llama, se le abrirá.

685   **1 Ts 5.16-18** Estad siempre gozosos. Orad sin cesar. Dad gracias en todo, porque ésta es la voluntad de Dios para con vosotros en Cristo Jesús.

209. ¿Qué es orar?

Orar es hablar con Dios en palabras y pensamientos.

686   **Sal 19.14** ¡Sean gratos los dichos de mi boca y la meditación de mi corazón delante de ti, Jehová, roca mía y redentor mío!

687   **Hch 7.59-60** Mientras lo apedreaban, Esteban oraba y decía: "Señor Jesús, recibe mi espíritu." Y puesto de rodillas, clamó a gran voz: "Señor, no les tomes en cuenta este pecado." Habiendo dicho esto, durmió.

H.B. **Gn 18.22-23** Abraham oró por Sodoma. **Mt 26.36-44** Jesús en Getsemaní. **Hch 4.23-31** Los creyentes dieron gracias cuando Pedro y Juan fueron liberados de la prisión.

210. ¿A quién debemos orar?

Debemos orar solamente al verdadero Dios: Padre, Hijo, y Espíritu Santo. No debemos orar a santos, ni a ídolos, ni a ninguna cosa creada por Dios.

688   **Sal 65.2** Tú oyes la oración; a ti vendrá toda carne.

689   **1 Jn 5.20-21** Estamos en el verdadero, en su Hijo Jesucristo. Este es el verdadero Dios y la vida eterna. Hijitos, guardaos de los ídolos. Amén.

690   **Ap 22.8-9** Yo, Juan, soy el que oyó y vio estas cosas. Después que la hube oído y visto, me postré a los pies del ángel que me mostraba estas cosas, para adorarlo. Pero él me dijo: "¡Mira, no lo hagas!, pues yo soy consiervo tuyo, de tus hermanos los profetas y de los que guardan las palabras de este libro. ¡Adora a Dios!".

H.B. **1 R 18.25-29, 36-39** Elías y los sacerdotes de Baal. **Dn 6.1-23** Daniel en el foso de los leones. **Hch 14.8-18** Pablo en Listra. **Jn 17** La oración sumosacerdotal de Jesús.

211. ¿Las oraciones de quienes son aceptables a Dios?

Sólo los creyentes en Cristo pueden orar a Dios y esperar ser oídos.

THIRD PART
The Lord's Prayer

208. *What privilege and command does God give to those who believe in Jesus Christ?*

God commands and invites believers in Jesus Christ to pray.

684   **Matt. 7:7-8** Ask and it will be given to you; seek and you will find; knock and the door will be opened to you.

For everyone who asks receives; he who seeks finds; and to him who knocks, the door will be opened.

685   **1 Thess. 5:16-18** Be joyful always; pray continually; give thanks in all circumstances, for this is God's will for you in Christ Jesus.

209. *What is prayer?*

Prayer is speaking to God in words and thoughts.

686   **Ps. 19:14** May the words of my mouth and the meditation of my heart be pleasing in Your sight, O Lord, my Rock and my Redeemer.

687   **Acts 7:59-60** While they were stoning him, Stephen prayed, "Lord Jesus, receive my spirit." Then he fell on his knees and cried out, "Lord, do not hold this sin against them." When he had said this, he fell asleep.

Bible narratives: **Gen. 18:22-23** Abraham prayed for Sodom. **Matt. 26:36-44** Jesus in Gethsemane. **Acts 4:23-31** Thanksgiving for the release of Peter and John from prison.

210. *To whom should we pray?*

We should pray to the true God only, Father, Son, and Holy Spirit, not to idols, saints, or anything God has created.

688   **Ps. 65:2** O You who hear prayer, to You all men will come.

689   **1 John 5:20-21** We are in Him who is true even in His Son Jesus Christ. He is the true God and eternal life. Dear children, keep yourselves from idols.

690   **Rev. 22:8-9** I, John, am the one who heard and saw these things. And when I had heard and seen them, I fell down to worship at the feet of the angel who had been showing them to me. But he said to me, "Do not do it! I am a fellow servant with you and with your brothers the prophets and of all who keep the words of this book. Worship God!"

Bible narratives: **1 Kings 18:25-29, 36-39** Elijah and the priests of Baal. **Dan. 6:1-23** Daniel in the lions' den. **Acts 14:8-18** Paul in Lystra. **John 17** Jesus' High Priestly Prayer.

211. *Whose prayers are acceptable to God?*

Only those who believe in Jesus Christ may pray to God and expect to be heard.

691   **Jn 14.13-14** Todo lo que pidáis al Padre en mi nombre, lo haré, para que el Padre sea glorificado en el Hijo. Si algo pedís en mi nombre, yo lo haré.

692   **Jn 15.7** Si permanecéis en mí y mis palabras permanecen en vosotros, pedid todo lo que queráis y os será hecho.

212. ¿Qué debemos pedir a Dios en nuestras oraciones?

Debemos pedir a Dios todo lo que tienda a la gloria de Dios y al bienestar nuestro y de nuestro prójimo, tanto bendiciones espirituales como temporales. También debemos alabar y dar gracias a Dios por lo que él es y ha hecho.

693   **Flp 4.6** Por nada estéis angustiados, sino sean conocidas vuestras peticiones delante de Dios en toda oración y ruego, con acción de gracias.

694   **Sal 136.1** Alabad a Jehová, porque él es bueno, porque para siempre es su misericordia.

213. ¿Cómo debemos orar?

Debemos orar

A. en el nombre de Jesús, esto es, con fe en él como nuestro Redentor

695   **Jn 16.23** De cierto, de cierto os digo que todo cuanto pidáis al Padre en mi nombre, os lo dará.

B. con confianza, esto es, con la firme seguridad de que por los méritos de Cristo nuestras oraciones serán contestadas.

696   **Mt 21.22** Y todo lo que pidáis en oración, creyendo, lo recibiréis.

697   **Stg 1.6-7** Pero pida con fe, no dudando nada, porque el que duda es semejante a la onda del mar, que es arrastrada por el viento y echada de una parte a otra. No piense, pues, quien tal haga, que recibirá cosa alguna del Señor.

C. de acuerdo a la voluntad revelada de Dios.

698   **Lc 11.13** Pues si vosotros, siendo malos, sabéis dar buenas dádivas a vuestros hijos, ¿cuánto más vuestro Padre celestial dará el Espíritu Santo a los que se lo pidan?

699   **Lc 22.42** "Padre, si quieres, pasa de mí esta copa; pero no se haga mi voluntad, sino la tuya."

700   **Mt 8.2** Se le acercó un leproso y se postró ante él, diciendo: Señor, si quieres, puedes limpiarme.

701   **1 Jn 5.14** Esta es la confianza que tenemos en él, que si pedimos alguna cosa conforme a su voluntad, él nos oye.

214. ¿Quién nos ayuda a orar?

Dios el Espíritu Santo ora con nosotros y por nosotros.

691   **John 14:13-14** I will do whatever you ask in My name, so that the Son may bring glory to the Father. You may ask Me for anything in My name, and I will do it.

692   **John 15:7** If you remain in Me and My words remain in you, ask whatever you wish, and it will be given you.

212. *What should be the content of our prayers?*

In our prayers we should ask for everything that tends to the glory of God and to our own and our neighbor's welfare, both spiritual and bodily blessings. We should also praise and thank God for who He is and what He has done.

693   **Phil. 4:6** Do not be anxious about anything, but in everything, by prayer and petition, with thanksgiving, present your requests to God.

694   **Ps. 136:1** Give thanks to the Lord, for He is good. His love endures forever.

213. *How should we pray?*

We should pray

A. in the name of Jesus, that is, with faith in Him as our Redeemer;

695   **John 16:23** I tell you the truth, My Father will give you whatever you ask in My name.

B. with confidence, that is with firm trust that for Jesus' sake our prayers will be answered;

696   **Matt. 21:22** If you believe, you will receive whatever you ask for in prayer.

697   **James 1:6-7** When he asks, he must believe and not doubt, because he who doubts is like a wave of the sea, blown and tossed by the wind. That man should not think he will receive anything from the Lord.

C. according to God's revealed will.

698   **Luke 11:13** If you then, though you are evil, know how to give good gifts to your children, how much more will your Father in heaven give the Holy Spirit to those who ask Him!

699   **Luke 22:42** Father, if You are willing, take this cup from Me; yet not My will, but Yours be done.

700   **Matt. 8:2** A man with leprosy came and knelt before Him and said, "Lord, if You are willing, You can make me clean."

701   **1 John 5:14** This is the confidence we have in approaching God: that if we ask anything according to His will, He hears us.

214. *Who helps us pray?*

God the Holy Spirit prays with and for us.

702 **Ro 8.26** De igual manera, el Espíritu nos ayuda en nuestra debilidad, pues qué hemos de pedir como conviene, no lo sabemos, pero el Espíritu mismo intercede por nosotros con gemidos indecibles.

215. ¿Cómo contesta Dios las oraciones?

Dios escucha las oraciones de todos los cristianos y las contesta en su propia manera y a su propio tiempo.

703 **Is 65.24** Antes que clamen, yo responderé; mientras aún estén hablando, yo habré oído.

704 **2 Co 12.8-9** Respecto a lo cual tres veces he rogado al Señor que lo quite de mí. Y me ha dicho: "Bástate mi gracia, porque mi poder se perfecciona en la debilidad." Por tanto, de buena gana me gloriaré más bien en mis debilidades, para que repose sobre mí el poder de Cristo.

H.B. **Mt 8.5-13** Jesús sanó al sirviente del centurión. **Mt 9.1-8** Jesús sanó al paralítico. **Ex 3.7-10** El Señor rescató a Israel de Egipto. **Lc 18.1-8** La parabola de la viuda persistente.

216. ¿Por quién debemos orar?

Debemos orar por nosotros mismos y por todas las demás personas, aún por nuestros enemigos, pero nunca por los muertos.

705 **1 Ti 2.1** Exhorto ante todo, a que se hagan rogativas, oraciones, peticiones y acciones de gracias por todos los hombres, por los reyes y por todos los que tienen autoridad para que vivamos quieta y reposadamente en toda piedad y honestidad.

706 **Mt 5.44** Orad por los que os ultrajan y os persiguen.

707 **Heb 9.27** Está establecido para los hombres que mueran una sola vez, y después de esto el juicio.

H.B. **Lc 18.13** El cobrador de impuestos oró por sí mismo. **Gn 18.23-32** Abraham intercedió por Sodoma. **Mt 15.22-28** La mujer cananea rogó por su hija. **Lc 23.34** Jesucristo pidió por sus enemigos. **Hch 7.60** Esteban oró por sus enemigos.

217. ¿Dónde debemos orar?

Debemos orar en todo lugar, especialmente cuando estamos solos, con nuestras familias y en la iglesia.

708 **1 Ti 2.8** Quiero, pues, que los hombres oren en todo lugar, levantando manos santas, sin ira ni contienda.

709 **Mt 6.6** Pero tú, cuando ores, entra en tu cuarto, cierra la puerta y ora a tu Padre que está en secreto; y tu Padre, que ve en lo secreto, te recompensará en público.

710 **Lc 5.16** Pero él se apartaba a lugares desiertos para orar.

711 **Hch 12.5** Así que Pedro estaba custodiado en la cárcel, pero la iglesia hacía sin cesar oración a Dios por él.

702   **Rom. 8:26** In the same way, the Spirit helps us in our weakness. We do not know what we ought to pray for, but the Spirit Himself intercedes for us with groans that words cannot express.

215. *How does God answer prayer?*

God hears the prayers of all Christians and answers in His own way and at His own time.

703   **Is. 65:24** Before they call I will answer; while they are still speaking I will hear.

704   **2 Cor. 12:8-9** Three times I pleaded with the Lord to take it away from me. But He said to me, "My grace is sufficient for you, for My power is made perfect in weakness." Therefore I will boast all the more gladly about my weaknesses, so that Christ's power may rest on me.

Bible narratives: **Matt. 8:5-13** Jesus healed a centurion's servant. **Matt. 9:1-8** Jesus healed a paralytic. **Ex. 3:7-10** The Lord planned to rescue Israel from Egipt **Luke 18:1-8** The parable of the persistent widow.

216. *For whom should we pray?*

We should pray for ourselves and for all other people, even for our enemies, but not for the souls of the dead.

705   **1 Tim. 2:1-2** I urge, then, first of all, that requests, prayers, intercession and thanksgiving be made for everyone—for kings and all those in authority, that we may live peaceful and quiet lives in all godliness and holiness.

706   **Matt. 5:44** Pray for those who persecute you.

707   **Heb. 9:27** Man is destined to die once, and after that to face judgment.

Bible narratives: **Luke 18:13** The tax collector prayed for himself. **Gen. 18:23-32** Abraham prayed for Sodom. **Matt. 15:22-28** The Canaanite woman prayed for her daughter. **Luke 23:34** Jesus prayed for His enemies. **Acts 7:60** Stephen prayed for his enemies.

217. *Where should we pray?*

We should pray everywhere, especially when we are alone, with our families, and in church.

708   **1 Tim. 2:8** I want men everywhere to lift up holy hands in prayer, without anger or disputing.

709   **Matt. 6:6** When you pray, go into your room, close the door and pray to your Father, who is unseen. Then your Father, who sees what is done in secret, will reward you.

710   **Luke 5:16** Jesus often withdrew to lonely places and prayed.

711   **Acts 12:5** Peter was kept in prison, but the church was earnestly praying to God for him.

218. ¿Cuándo debemos orar?

Debemos orar regular y frecuentemente, y especialmente durante la aflicción.

712   **Sal 65.8** Tú haces alegrar las salidas de la mañana y de la tarde.

713   **Sal 119.164** ¡Siete veces al día te alabo a causa de tus justos juicios!

714   **Dn 6.10** Cuando Daniel supo que el edicto había sido firmado, entró en su casa; abiertas las ventanas de su habitación que daban a Jerusalén, se arrodillaba tres veces al día, oraba y daba gracias delante de su Dios como solía hacerlo antes.

715   **Lc 18.1** También les refirió Jesús una parábola sobre la necesidad de orar siempre y no desmayar.

716   **1 Ts 5.17-18** Orad sin cesar. Dad gracias en todo, porque ésta es la voluntad de Dios para con vosotros en Cristo Jesús.

717   **Sal 50.15** Invócame en el día de la angustia; te libraré y tú me honrarás.

H.B. **Hch 2.46—3.1; 10** Los primeros cristianos guardaban las acostumbradas horas de oración.

Nota: Véanse, las oraciones para la mañana, la noche y la hora de comer, sugeridas por Lutero en este catecismo.

219. ¿Qué oración nos dio Jesús para enseñarnos a orar?

Jesús nos dio la oración del Padrenuestro.

H.B. **Mt 6.9-13; Lc 11.1-4** El Padrenuestro.

INTRODUCCIÓN

Padre nuestro que estás en los cielos.

220. ¿Qué quiere decir esto?

Con estas palabras Dios quiere atraernos cariñosamente para que creamos que él es nuestro verdadero Padre y nosotros sus verdaderos hijos, a fin de que le pidamos con valor y plena confianza, como hijos amados a su amoroso padre.

221. ¿En que sentido nos alienta a orar la palabra "Padre" en el Padrenuestro?

La palabra Padre nos dice que Dios nos ama y quiere que le oremos con plena confianza y sin temor.

718   **1 Jn 3.1** Mirad cuál amor nos ha dado el Padre, para que seamos llamados hijos de Dios; por esto el mundo no nos conoce, porque no lo conoció a él.

719   **Ro 8.15-16** Habéis recibido el Espíritu de adopción... El Espíritu mismo da testimonio a nuestro espíritu, de que somos hijos de Dios.

720   **2 Co 6.18** Y seré para vosotros por Padre, y vosotros me seréis hijos e hijas, dice el Señor Todopoderoso.

218. *When should we pray?*

We should pray regularly and frequently, especially in time of trouble.

712   **Ps. 65:8** Where morning dawns and evening fades You call forth songs of joy.

713   **Ps. 119:164** Seven times a day I praise You for Your righteous laws.

714   **Dan. 6:10** When Daniel learned that the decree had been published, he went home to his upstairs room where the windows opened toward Jerusalem. Three times a day he got down on his knees and prayed, giving thanks to his God, just as he had done before.

715   **Luke 18:1** Jesus told his disciples a parable to show them that they should always pray and not give up.

716   **1 Thess. 5:17-18** Pray continually; give thanks in all circumstances, for this is God's will for you in Christ Jesus.

717   **Ps. 50:15** Call upon Me in the day of trouble; I will deliver you, and you will honor Me.

Bible narrative: **Acts 2:46—3:1; 10** The early Christians kept the customary hours of prayer

Note: See Luther's suggestions in this catechism for daily morning, evening, and mealtime prayers.

219. *What prayer did Jesus give us to show us how to pray?*

Jesus gave us the Lord's Prayer.

Bible narrative: **Matt. 6:9-13; Luke 11:1-4** The Lord's Prayer.

INTRODUCTION

Our Father in heaven.

220. *What does this mean?*

With these words God tenderly invites us to believe that He is our true Father and that we are His true children, so that with all boldness and confidence we may ask Him as dear children ask their dear father.

221. *In what way does the word Father in the Lord's Prayer encourage us to pray?*

The word Father tells us that God loves us and wants us to pray to Him confidently and without fear.

718   **1 John 3:1** How great is the love the Father has lavished on us, that we should be called children of God! And that is what we are! The reason the world does not know us is that it did not know Him.

719   **Rom. 8:15-16** You received the Spirit of sonship... The Spirit Himself testifies with our spirit that we are God's children.

720   **2 Cor. 6:18** I will be a Father to you, and you will be My sons and daughters, says the Lord Almighty.

721   **Heb 4.16** Acerquémonos, pues, confiadamente al trono de la gracia, para alcanzar misericordia y hallar gracia para el oportuno socorro.

722   **Sal 103.13** Como el padre se compadece de los hijos, se compadece Jehová de los que lo temen.

H.B. **Lc 15.11-32** El hijo perdido.

222. ¿Qué nos indica la palabra "nuestro" cuando oramos Padre nuestro?

En Cristo todos los creyentes son hijos del Padre y deben orar con otros y unos por otros.

723   **Ef 4.6** Un solo Dios y Padre de todos, el cual es sobre todos y por todos y en todos.

724   **Gl 3.26** Porque todos sois hijos de Dios por la fe en Cristo Jesús.

725   **Stg 5.16** Confesaos vuestras ofensas unos a otros y orad unos por otros, para que seáis sanados. La oración eficaz del justo puede mucho.

223. ¿Qué nos dicen acerca de Dios las palabras "que estás en los cielos"?

Estas palabras nos aseguran que nuestro Padre celestial, como Señor de todo, tiene poder de concedernos lo que pedimos.

726   **Sal 124.8** Nuestro socorro está en el nombre de Jehová, que hizo el cielo y la tierra.

727   **Lc 1.37** Nada hay imposible para Dios.

728   **Hch 17.24** El Dios que hizo el mundo y todas las cosas que en él hay, siendo Señor del cielo y de la tierra, no habita en templos hechos por manos humanas.

PRIMERA PETICIÓN

Santificado sea tu nombre.

224. ¿Qué quiere decir esto?

El nombre de Dios ya es santo en sí mismo; pero rogamos en esta petición que sea santificado también entre nosotros.

225. ¿Cómo es santificado el nombre de Dios?

Se santifica el nombre de Dios cuando la palabra de Dios es enseñada en toda su verdad y pureza, y cuando también vivimos santamente conforme a ella, como hijos de Dios. ¡Ayúdanos a que esto sea así, amado Padre celestial! Pero quien enseña y vive de manera distinta de lo que enseña la palabra de Dios, profana entre nosotros el nombre de Dios. ¡Guárdanos de ello, Padre celestial!

226. ¿Cuál es la conexión entre esta petición y el segundo mandamiento?

Ambos hablan acerca del nombre de Dios. "En esta petición pedimos precisamente lo que Dios exige en el segundo mandamiento: no abusar de su nombre... sino usarlo provechosamente para alabanza y gloria de Dios" (Catecismo Mayor III 45).

721   **Heb. 4:16** Let us then approach the throne of grace with confidence, so that we may receive mercy and find grace to help us in our time of need.

722   **Ps. 103:13** As a father has compassion on his children, so the Lord has compassion on those who fear Him.

Bible narrative: **Luke 15:11-32** The lost son.

222. *What does the word our impress upon us when we pray, "Our Father"?*

In Jesus all believers are children of the one Father and should pray with and for one another.

723   **Eph. 4:6** [There is] one God and Father of all, who is over all and through all and in all.

724   **Gal. 3:26** You are all sons of God through faith in Christ Jesus.

725   **James 5:16** Confess your sins to each other and pray for each other so that you may be healed. The prayer of a righteous man is powerful and effective.

223. *What do the words who art [are] in heaven say about God?*

These words assure us that our heavenly Father, as Lord over all, has the power to grant our prayers.

726   **Ps. 124:8** Our help is in the name of the Lord, the Maker of heaven and earth.

727   **Luke 1:37** Nothing is impossible with God.

728   **Acts 17:24** The God who made the world and everything in it is the Lord of heaven and earth.

FIRST PETITION

Hallowed be Your name.

224. *What does this mean?*

God's name is certainly holy in itself, but we pray in this petition that it may be kept holy among us also.

225. *How is God's name kept holy?*

God's name is kept holy when the Word of God is taught in its truth and purity, and we, as the children of God, also lead holy lives according to it. Help us to do this, dear Father in heaven! But anyone who teaches or lives contrary to God's Word profanes the name of God among us. Protect us from this, heavenly Father!

226. *What is the connection between this petition and the Second Commandment?*

Both speak about the name of God. "In this petition we pray for exactly the same thing that God demands in the Second Commandment: that His name should not be taken in vain . . . but used rightly to the praise and glory of God" (Large Catechism III 45).

729　**Ex 20.7** No tomarás el nombre de Jehová, tu Dios, en vano, porque no dará por inocente Jehová al que tome su nombre en vano.

227. ¿Qué pedimos cuando oramos que el nombre de Dios sea santificado?

Dado que el nombre de Dios es Dios mismo tal como él se nos ha revelado, no podemos hacer santo su nombre, pero pedimos que nos ayude a guardar santo su nombre en nuestras vidas.

730　**Sal 103.1** Bendice, alma mía, a Jehová, y bendiga todo mi ser su santo nombre.

228. ¿Cómo guardamos santo el nombre del Señor?

Guardamos el nombre de Dios santo cuando

A. la Palabra de Dios es enseñada en toda su verdad y pureza

731　**Jer 23.28** Aquel a quien vaya mi palabra, que cuente mi palabra verdadera.

732　**Jn 17.17** Santifícalos en tu verdad: tu palabra es verdad.

B. cuando vivimos de acuerdo con la palabra de Dios.

733　**Mt 5.16** Así alumbre vuestra luz delante de los hombres, para que vean vuestras buenas obras y glorifiquen a vuestro Padre que está en los cielos.

734　**Ef 4.1** Yo, pues, preso en el Señor, os ruego que andéis como es digno de la vocación con que fuisteis llamados.

H.B. **Lc 19.1-9** Zaqueo tomó la decisión de vivir una vida cristiana.

229. ¿Cómo se profana el nombre de Dios?

El nombre de Dios es profanado, esto es, deshonrado cuando

A. se enseña una doctrina contraria a la Palabra de Dios.

735　**Jer 23.31** Dice Jehová: Yo estoy contra los profetas que endulzan sus lenguas y dicen: "¡Él lo ha dicho!".

B. cuando se vive de una manera contraria a la Palabra de Dios.

736　**Ro 2.23-24** Tú que te jactas de la Ley, ¿con infracción de la Ley deshonras a Dios?, pues, como está escrito: "El nombre de Dios es blasfemado entre los gentiles por causa de vosotros."

SEGUNDA PETICIÓN

Venga a nos tu reino.

230. ¿Qué quiere decir esto?

El reino de Dios viene en verdad por sí solo, aún sin nuestra oración. Pero rogamos en esta petición que venga también a nosotros.

729   **Ex. 20:7** You shall not misuse the name of the Lord your God, for the Lord will not hold anyone guiltless who misuses His name.

227. *What are we asking when we pray that God's name be made holy?*

Since God's name is God as He has revealed Himself to us, we cannot make His name holy, but we do pray that He would help us keep His name holy in our lives.

730   **Ps. 103:1** Praise the Lord, O my soul; all my inmost being, praise His holy name.

228. *How do we keep God's name holy?*

We keep God's name holy

A. when God's Word is taught among us in its truth and purity;

731   **Jer. 23:28** Let the one who has My word speak it faithfully.

732   **John 17:17** Sanctify them by the truth; Your word is truth.

B. when we live according to the Word of God.

733   **Matt. 5:16** Let your light shine before men, that they may see your good deeds and praise your Father in heaven.

734   **Eph. 4:1** As a prisoner for the Lord, then, I urge you to live a life worthy of the calling you have received.

Bible narrative: **Luke 19:1-9** Zacchaeus resolved to live the Christian life.

229. *How is God's name profaned?*

God's name is profaned, that is, dishonored,

A. when anyone teaches contrary to God's Word;

735   **Jer. 23:31** "Yes," declares the Lord, "I am against the prophets who wag their own tongues and yet declare, 'The Lord declares.'"

B. when anyone lives contrary to God's Word.

736   **Rom. 2:23-24** You who brag about the law, do you dishonor God by breaking the law? As it is written: "God's name is blasphemed among the Gentiles because of you."

SECOND PETITION

Your kingdom come.

230. *What does this mean?*

The kingdom of God certainly comes by itself without our prayer, but we pray in this petition that it may come to us also.

231. ¿Cómo sucede esto?

El reino de Dios viene cuando el Padre celestial nos da su Espíritu Santo, para que, por su gracia, creamos su santa Palabra y llevemos una vida de piedad, tanto aquí en este mundo temporal como allá en el otro, eternamente.

232. ¿Qué es el reino de Dios?

El reino de Dios es su gobierno como rey sobre todo el universo (reino de poder), sobre la iglesia en la tierra (reino de gracia) y sobre la iglesia y los ángeles en el cielo (reino de gloria).

737 **Sal 103.19** Jehová estableció en los cielos su trono y su reino domina sobre todos (Reino de poder).

738 **Jn 3.5** Respondió Jesús: De cierto, de cierto te digo que el que no nace de agua y del Espíritu no puede entrar en el reino de Dios (Reino de gracia).

739 **2 Ti 4.18** El Señor me librará de toda obra mala y me preservará para su reino celestial. A él sea gloria por los siglos de los siglos. Amén (Reino de gloria).

233. ¿Qué rogamos en la segunda petición?

No rogamos que venga el reino de poder de Dios, porque ya está presente en todas partes, sino pedimos que Dios:

A. envíe su Espíritu Santo para que creamos su Palabra y vivamos una vida piadosa como miembros de su reino de gracia.

740 **Mr 1.15** Decía: "El tiempo se ha cumplido y el reino de Dios se ha acercado. ¡Arrepentíos y creed en el evangelio!"

741 **Ro 14.17** El reino de Dios no es comida ni bebida, sino justicia, paz y gozo en el Espíritu Santo.

742 **Col 1.13-14** Él nos ha librado del poder de las tinieblas y nos ha trasladado al reino de su amado Hijo, en quien tenemos redención por su sangre, el perdón de pecados.

B. traiga a muchos otros a su reino de gracia;

743 **Mt 9.38** Rogad, pues, al Señor de la mies, que envíe obreros a su mies.

744 **2 Ts 3.1** Por lo demás, hermanos, orad por nosotros, para que la palabra del Señor corra y sea glorificada, así como lo fue entre vosotros.

C. nos use para extender su reino de gracia.

745 **Hch 4.29** Ahora, Señor, mira sus amenazas y concede a tus siervos que con toda valentía hablen tu palabra.

746 **1 P 2.12** Mantened buena vuestra manera de vivir entre los gentiles, para que en lo que murmuran de vosotros como de malhechores, glorifiquen a Dios en el día de la visitación, al considerar vuestras buenas obras.

D. apresure la venida de su reino de gloria.

231. *How does God's kingdom come?*

God's kingdom comes when our heavenly Father gives us His Holy Spirit, so that by His grace we believe His holy Word and lead godly lives here in time and there in eternity.

232. *What is the kingdom of God?*

The kingdom of God is His ruling as king over the whole universe (kingdom of power), the church on earth (kingdom of grace), and the church and angels in heaven (kingdom of glory).

737 **Ps. 103:19** The Lord has established His throne in heaven, and His kingdom rules over all. (Kingdom of power)

738 **John 3:5** Jesus answered, "I tell you the truth, no one can enter the kingdom of God unless he is born of water and the Spirit." (Kingdom of grace)

739 **2 Tim. 4:18** The Lord will rescue me from every evil attack and will bring me safely to His heavenly kingdom. To Him be glory for ever and ever. Amen. (Kingdom of glory)

233. *For what do we pray in the Second Petition?*

We do not pray that God's kingdom of power would come, because that is already present everywhere, but we ask God to

A. give us His Holy Spirit so that we believe His Word and lead godly lives as members of His kingdom of grace;

740 **Mark 1:15** "The time has come," He said. "The kingdom of God is near. Repent and believe the good news!"

741 **Rom. 14:17** The kingdom of God is not a matter of eating and drinking, but of righteousness, peace and joy in the Holy Spirit.

742 **Col. 1:13-14** He has rescued us from the dominion of darkness and brought us into the kingdom of the Son He loves, in whom we have redemption, the forgiveness of sins.

B. bring many others into His kingdom of grace;

743 **Matt. 9:38** Ask the Lord of the harvest, therefore, to send out workers into His harvest field.

744 **2 Thess. 3:1** Finally, brothers, pray for us that the message of the Lord may spread rapidly and be honored, just as it was with you.

C. use us to extend His kingdom of grace;

745 **Acts 4:29** Now, Lord, consider their threats and en able Your servants to speak Your word with great boldness.

746 **1 Peter 2:12** Live such good lives among the pagans that, though they accuse you of doing wrong, they may see your good deeds and glorify God on the day He visits us.

D. hasten the coming of His kingdom of glory.

747   **Flp 3.20** Nuestra ciudadanía está en los cielos, de donde también esperamos al Salvador, al Señor Jesucristo.

748   **Ap 22.20** El que da testimonio de estas cosas dice: "Ciertamente vengo en breve." ¡Amén! ¡Ven Señor Jesús!

234. *¿Cómo podemos estar seguros de que el reino de Dios viene?*

El Señor garantiza de que sus medios de gracia establecen y sostienen su reino.

749   **Is 55.11** Mi palabra... hará lo que yo quiero y será prosperada en aquello para lo cual la envié.

 H.B. **Mr 4.26-29** La parábola de la semilla.

TERCERA PETICIÓN

Hágase tu voluntad, así en la tierra como en el cielo.

235. *¿Qué quiere decir esto?*

La buena y misericordiosa voluntad de Dios se hace, en verdad, sin nuestra oración; pero rogamos en esta petición que se haga también entre nosotros.

236. *¿Cómo sucede esto?*

Cuando Dios desbarata y estorba todo mal propósito y voluntad que tratan de impedir que santifiquemos el nombre de Dios y de obstaculizar la venida de su reino, tales como la voluntad del diablo, del mundo y de nuestra carne. Así también se hace la voluntad de Dios, cuando él nos fortalece y nos mantiene firmes en su Palabra y en la fe hasta el fin de nuestros días. Esta es su misericordiosa y buena voluntad.

237. *¿Cuál es la buena y misericordiosa voluntad de Dios?*

La voluntad de Dios es que su nombre sea santificado y que venga su reino, o sea, que se enseñe correctamente su Palabra y que los pecadores lleguen a la fe en Cristo y vivan una vida piadosa.

750   **Dt 4.2** No añadiréis a la palabra que yo os mando ni disminuiréis de ella, para que guardéis los mandamientos de Jehová, nuestro Dios, que yo os ordeno.

751   **Jn 6.40** Esta es la voluntad del que me ha enviado: que todo aquel que ve al Hijo y cree en él tenga vida eterna; y yo lo resucitaré en el día final.

752   **1 Ti 2.4** El cual quiere que todos los hombres sean salvos y vengan al conocimiento de la verdad.

753   **1 Ts 4.3** La voluntad de Dios es vuestra santificación.

238. *¿Quiénes se oponen a la voluntad de Dios?*

El diablo, el mundo y nuestra propia naturaleza pecadora se oponen a la buena y misericordiosa voluntad de Dios

754   **1 P 5.8** Sed sobrios y velad, porque vuestro adversario el diablo, como león rugiente, anda alrededor buscando a quien devorar.

747 **Phil. 3:20** Our citizenship is in heaven. And we eagerly await a Savior from there, the Lord Jesus Christ.

748 **Rev. 22:20** He who testifies to these things says, "Yes, I am coming soon." Amen. Come, Lord Jesus.

234. How can we be certain that the kingdom of God comes?

The Lord guarantees that His means of grace establish and sustain His kingdom.

749 **Is. 55:11** My word . . . will accomplish what I desire and achieve the purpose for which I sent it.

Bible narrative: **Mark 4:26-29** The parable of the growing seed.

THIRD PETITION

Your will be done on earth as in heaven.

235. What does this mean?

The good and gracious will of God is done even without our prayer, but we pray in this petition that it may be done among us also.

236. How is God's will done?

God's will is done when He breaks and hinders every evil plan and purpose of the devil, the world, and our sinful nature, which do not want us to hallow God's name or let His kingdom come; and when He strengthens and keeps us firm in His Word and faith until we die. This is His good and gracious will.

237. What is the good and gracious will of God?

It is God's will that His name be kept holy and that His kingdom come, that is, that His Word be taught correctly and that sinners be brought to faith in Christ and lead godly lives.

750 **Deut. 4:2** Do not add to what I command you and do not subtract from it, but keep the commands of the Lord your God that I give you.

751 **John 6:40** My Father's will is that everyone who looks to the Son and believes in Him shall have eternal life, and I will raise him up at the last day.

752 **1 Tim. 2:4** God wants all men to be saved and to come to a knowledge of the truth.

753 **1 Thess. 4:3** It is God's will that you should be sanctified.

238. Whose will and plans are opposed to the will of God?

The devil, the world, and our own sinful nature oppose the good and gracious will of God.

754 **1 Peter 5:8** Be self-controlled and alert. Your enemy the devil prowls around like a roaring lion looking for someone to devour.

755   **1 Jn 2.15-17** No améis al mundo ni las cosas que están en el mundo. Si alguno ama al mundo, el amor del Padre no está en él, porque nada de lo que hay en el mundo —los deseos de la carne, los deseos de los ojos y la vanagloria de la vida— proviene del Padre, sino del mundo. Y el mundo pasa, y sus deseos, pero el que hace la voluntad de Dios permanece para siempre.

756   **Ro 7.18** Yo sé que en mí, esto es, en mi carne, no habita el bien, porque el querer el bien está en mí, pero no el hacerlo.

H.B.   **Gn 3.1-7** El diablo descarrió a la humanidad hacia el pecado. **Lc 22.54-62** Los enemigos de Jesús causaron la caída de Pedro. **Jos 7.18-22** La naturaleza pecadora de Acán lo llevó a robar.

239. *¿Por qué pedimos que se haga la voluntad de Dios?*

Sabemos que la voluntad de Dios siempre se hará, pero pedimos que su buena y misericordiosa voluntad se haga en nuestras vidas. "Como también sin nuestras peticiones, se santificará su nombre y vendrá su reino, así también se hará su voluntad y se impondrá, aunque el diablo con todos sus adictos vociferen fuertemente contra ello, se encolericen y se agiten y traten de extirpar del todo el evangelio. Pero, por nosotros hemos de rogar que, pese al furor de ellos, la voluntad de Dios impere libremente entre nosotros para que nada puedan lograr y para que nosotros nos mantengamos firmes contra toda violencia y persecución y nos sometamos a la voluntad de Dios" (Catecismo Mayor III 68).

757   **Sal 115.3** ¡Nuestro Dios está en los cielos; todo lo que quiso ha hecho!

758   **Sal 43.3** Envía tu luz y tu verdad; estas me guiarán, me conducirán a tu santo monte y a tus moradas.

759   **Flp 1.21** Para mí el vivir es Cristo y el morir, ganancia.

H.B. **Salmo 2** La impotencia de los enemigos de Dios. **Hch 9.1-19** La conversión de Pablo.

240. *¿Cómo se hace la voluntad de Dios en nuestras vidas?*

La voluntad de Dios se hace cuando

A. él quebranta e impide los planes del diablo, del mundo y de nuestra naturaleza pecadora, los cuales tratan de destruir nuestra fe en Jesucristo.

760   **Ro 16.20** El Dios de paz aplastará muy pronto a Satanás bajo vuestros pies. La gracia de nuestro Señor Jesucristo sea con vosotros.

761   **2 Ti 1.12** Yo sé a quién he creído y estoy seguro de que es poderoso para guardar mi depósito para aquel día.

B. él nos fortalece y nos guarda firmes en su Palabra y en la fe y nos ayuda a vivir de una manera agradable a Dios.

762   **1 P 1.5** Sois guardados por el poder de Dios, mediante la fe, para alcanzar la salvación que está preparada para ser manifestada en el tiempo final.

755 **1 John 2:15-17** Do not love the world or anything in the world. If anyone loves the world, the love of the Father is not in him. For everything in the world—the cravings of sinful man, the lust of his eyes and the boasting of what he has and does—comes not from the Father but from the world. The world and its desires pass away, but the man who does the will of God lives forever.

756 **Rom. 7:18** I know that nothing good lives in me, that is, in my sinful nature. For I have the desire to do what is good, but I cannot carry it out.

Bible narratives: **Gen 3:1-7** The devil misled humanity to sin. **Luke 22:54-62** The enemies of Jesus brought about the fall of Peter. **Joshua 7:18-22** Achan's sinful nature led him to steal.

239. *Why do we pray that the will of God be done?*

We know that the will of God will always be done, but we want God's good and gracious will to be done in our lives.

"As God's name must be hallowed and His kingdom must come even without our prayer, so must His will be done and prevail even though the devil and all his host storm and rage furiously against it in their attempt utterly to exterminate the Gospel. But for our own sake we must pray that His will may be done among us without hindrance, in spite of their fury, so that they may accomplish nothing and we may remain steadfast" (Large Catechism III 68).

757 **Ps. 115:3** Our God is in heaven; He does whatever pleases Him.

758 **Ps. 43:3** Send forth Your light and Your truth, let them guide me; let them bring me to Your holy mountain, to the place where You dwell.

759 **Phil. 1:21** To me, to live is Christ and to die is gain.

Bible narrative: **Psalm 2** The helplessness of the enemies of God. **Acts 9:1-19** The conversion of Paul.

240. *How is God's will done in our lives?*

God's will is done when

A. He breaks and hinders the plans of the devil, the world, and our sinful nature, which try to destroy our faith in Christ Jesus;

760 **Rom. 16:20** The God of peace will soon crush Satan under your feet. The grace of our Lord Jesus be with you.

761 **2 Tim. 1:12** I know whom I have believed, and am convinced that He is able to guard what I have entrusted to Him for that day.

B. He strengthens and keeps us firm in His Word and faith and helps us lead God-pleasing lives;

762 **1 Peter 1:5** [You] through faith are shielded by God's power until the coming of the salvation that is ready to be revealed in the last time.

763 **Sal 119.35** Guíame por la senda de tus mandamientos, porque en ella tengo mi voluntad.

C. él nos sustenta en todas nuestras dificultades hasta que morimos.

764 **Ro 8.28** Sabemos, además, que a los que aman a Dios, todas las cosas los ayudan a bien, esto es, a los que conforme a su propósito son llamados.

765 **2 Co 12.9** Me ha dicho: "Bástate mi gracia, porque mi poder se perfecciona en la debilidad."

H.B. **Gn 50.15-21** Dios obstaculizó la maldad de los hermanos de José y lo mantuvo fiel. **Job 1.1-2.6** Dios no dejó que el diablo destruyera a Job.

CUARTA PETICIÓN

El pan nuestro de cada día, dánoslo hoy.

241. *¿Qué quiere decir esto?*

Dios da diariamente el pan, también sin nuestra súplica, aun a todos los malos; pero rogamos en esta petición que él nos haga reconocer esto y así recibamos nuestro pan cotidiano con gratitud.

242. *¿Qué es el pan cotidiano?*

El pan cotidiano incluye todo aquello que se necesita como alimento y para satisfacción de las necesidades de esta vida, como: comida, bebida, vestido, calzado, casa, hogar, tierras, ganado, dinero, bienes; piadoso cónyuge, piadosos hijos, piadosos criados, autoridades piadosas y fieles; buen gobierno, buen tiempo; paz, salud, buen orden, buena reputación, buenos amigos, fieles vecinos, y cosas semejantes a éstas.

243. *¿Por qué pedimos a Dios por el pan cotidiano?*

Pedimos a Dios por el pan cotidiano, que incluye todo lo que tiene que ver con el sostén y las necesidades del cuerpo, porque Cristo quiere que

A. reconozcamos que toda nuestra vida, y la de todos los demás, depende de Dios;

766 **Sal 145.15-16** Los ojos de todos esperan en ti y tú les das su comida a su tiempo. Abres tu mano y colmas de bendición a todo ser viviente.

767 **Mt 5.45** Vuestro Padre que está en los cielos, que hace salir su sol sobre malos y buenos y llover sobre justos e injustos.

768 **Hch 17.28** En él vivimos, nos movemos y somos.

769 **Stg 4.15** Deberíais decir: "Si el Señor quiere, viviremos y haremos esto o aquello."

B. recibamos nuestras bendiciones físicas con gratitud;

770 **Sal 106.1** ¡Alabad a Jehová, porque él es bueno, porque para siempre es su misericordia!

763   **Ps. 119:35** Direct me in the path of Your commands, for there I find delight.

C. He supports us in all our troubles until we die.

764   **Rom. 8:28** We know that in all things God works for the good of those who love Him, who have been called according to His purpose.

765   **2 Cor. 12:9** He said to me, "My grace is sufficient for you, for My power is made perfect in weakness."

Bible narratives: **Gen. 50:15-21** God hindered the evil will of Joseph's brothers and kept him faithful. **Job 1:1-2:6** God would not let the devil destroy Job.

FOURTH PETITION

Give us today our daily bread

241. *What does this mean?*

God certainly gives daily bread to everyone without our prayers, even to all evil people, but we pray in this petition that God would lead us to realize this and to receive our daily bread with thanksgiving.

242. *What is meant by daily bread?*

Daily bread includes everything that has to do with the support and needs of the body, such as food, drink, clothing, shoes, house, home, land, animals, money, goods, a devout husband or wife, devout children, devout workers, devout and faithful rulers, good government, good weather, peace, health, selfcontrol, good reputation, good friends, faithful neighbors, and the like.

243. *Why do we pray to God for daily bread?*

We pray to God for daily bread, which includes everything that has to do with the support and needs of the body, because Christ wants us to

A. realize that our entire life and that of everyone else depends on God;

766   **Ps. 145:15-16** The eyes of all look to You, and You give them their food at the proper time. You open Your hand and satisfy the desires of every living thing.

767   **Matt. 5:45** He causes His sun to rise on the evil and the good, and sends rain on the righteous and the unrighteous.

766   **Acts 17:28** In Him we live and move and have our being.

769   **James 4:15** You ought to say, "If it is the Lord's will, we will live and do this or that."

B. receive all our physical blessings with thanks giving;

770   **Ps. 106:1** Give thanks to the Lord, for He is good; His love endures for-ever.

771 **Ef 5.19-20** Cantando y alabando al Señor en vuestros corazones; dando siempre gracias por todo al Dios y Padre, en el nombre de nuestro Señor Jesucristo.

772 **1 Ti 4.4-5** Todo lo que Dios creó es bueno y nada es de desecharse, si se toma con acción de gracias, ya que por la palabra de Dios y por la oración es santificado.

C. esperemos de Dios tanto bendiciones físicas como espirituales.

773 **Sal 91.15** Me invocará y yo le responderé; con él estaré yo en la angustia; lo libraré y lo glorificaré.

774 **Mt 6.33** Buscad primeramente el reino de Dios y su justicia, y todas estas cosas os serán añadidas.

775 **Lc 7.3** Cuando el centurión oyó hablar de Jesús, le envió unos ancianos de los judíos, rogándole que viniera y sanara a su siervo.

H.B. **Mr 10.46-52** Jesús sanó al ciego Bartimeo. **Lc 17.11-19** Jesús sanó a diez leprosos.

244. ¿Cómo nos provee Dios de nuestro pan cotidiano?
Él hace producir la tierra y nos bendice con la habilidad de trabajar por las cosas que necesitamos.

776 **Sal 104.14** Él hace brotar el heno para las bestias y la hierba para el servicio del hombre, para sacar el pan de la tierra.

777 **2 Ts 3.10-12** Cuando estábamos con vosotros os ordenábamos esto: que si alguno no quiere trabajar, tampoco coma. Ahora oímos que algunos de entre vosotros andan desordenadamente, no trabajando en nada, sino entrometiéndose en lo ajeno. A los tales mandamos y exhortamos por nuestro Señor Jesucristo que, trabajando sosegadamente, coman su propio pan.

245. ¿Qué quiere Dios que hagamos por aquellos que no pueden trabajar por el pan de cada día?
Dios no quiere que seamos egoístas sino que compartamos con los que no pueden trabajar y que los incluyamos en nuestras oraciones por el pan de cada día.

778 **1 Ti 5.8** Si alguno no provee para los suyos, y mayormente para los de su casa, ha negado la fe y es peor que un incrédulo.

779 **Heb 13.16** De hacer el bien y de la ayuda mutua no os olvidéis, porque de tales sacrificios se agrada Dios.

780 **1 Jn 3.17-18** El que tiene bienes de este mundo y ve a su hermano tener necesidad y cierra contra él su corazón, ¿cómo mora el amor de Dios en él? Hijitos míos, no amemos de palabra ni de lengua, sino de hecho y en verdad.

246. ¿Por qué nos enseña Jesús a decir: "de cada día" y "dánoslo hoy"?

771   **Eph. 5:19-20** Sing and make music in your heart to the Lord, always giving thanks to God the Father for everything, in the name of our Lord Jesus Christ.

772   **1 Tim. 4:4-5** Everything God created is good, and nothing is to be rejected if it is received with thanks giving, because it is consecrated by the word of God and prayer.

C. look to God for physical as well as spiritual blessings.

773   **Ps. 91:15** He will call upon Me, and I will answer him; I will be with him in trouble, I will deliver him and honor him.

774   **Matt. 6:33** Seek first His kingdom and His righteousness, and all these things will be given to you as well.

775   **Luke 7:3** The centurion heard of Jesus and sent some elders of the Jews to Him, asking Him to come and heal his servant.

Bible narratives: **Mark 10:46-52** Jesus healed blind Bartimaeus. **Luke 17:11-19** Jesus healed 10 lepers.

244. *How does God provide our daily bread?*

He makes the earth fruitful and blesses us with the ability to work for the things we need.

776   **Ps. 104:14** He makes grass grow for the cattle, and plants for man to cultivate—bringing forth food from the earth.

777   **2 Thess. 3:10-12** Even when we were with you, we gave you this rule: "If a man will not work, he shall not eat." We hear that some among you are idle. They are not busy; they are busybodies. Such people we command and urge in the Lord Jesus Christ to settle down and earn the bread they eat.

245. *What does God want us to do for those who are unable to work for daily food?*

God does not want us to be selfish but to share with those who are unable to work and to include them in our prayers for daily bread.

778   **1 Tim. 5:8** If anyone does not provide for his relatives, and especially for his immediate family, he has denied the faith and is worse than an unbeliever.

779   **Heb. 13:16** Do not forget to do good and to share with others, for with such sacrifices God is pleased.

780   **1 John 3:17-18** If anyone has material possessions and sees his brother in need but has no pity on him, how can the love of God be in him? Dear children, let us not love with words or tongue but with actions and in truth.

246. *Why does Jesus have us say "this day" and "daily"?*

Estas palabras nos enseñan a no ser avaros o derrochadores o a preocuparnos acerca del futuro, sino a vivir contentos en la confianza de que Dios proveerá todo lo que necesitamos.

781 **Pr 30.8-9** No me des pobreza ni riquezas, sino susténtame con el pan necesario, no sea que, una vez saciado, te niegue y diga: "¿Quién es Jehová?", o que, siendo pobre, robe y blasfeme contra el nombre de mi Dios.

782 **Mt 6.34** No os angustiéis por el día de mañana, porque el día de mañana traerá su propia preocupación. Basta a cada día su propio mal.

783 **Jn 6.12** Cuando se saciaron, dijo a sus discípulos: Recoged los pedazos que sobraron, para que no se pierda nada.

784 **1 Ti 6.8** Así que, teniendo sustento y abrigo, estemos ya satisfechos.

785 **1 P 5.7** Echad toda vuestra ansiedad sobre él, porque él tiene cuidado de vosotros.

H.B. **Lc 12.15-21** La parábola del rico insensato.

QUINTA PETICIÓN

Y perdónanos nuestras deudas, así como nosotros perdonamos a nuestros deudores.

247. ¿Qué quiere decir esto?

Con esta petición rogamos al Padre celestial que no tome en cuenta nuestros pecados, ni por causa de ellos nos niegue lo que pedimos. En efecto, nosotros no somos dignos de recibir nada de lo que imploramos, ni tampoco lo hemos merecido. Pero quiera Dios dárnoslo todo por su gracia, pues diariamente pecamos mucho y sólo merecemos el castigo. Así, por cierto, también por nuestra parte perdonemos de corazón, y con agrado hagamos bien a los que contra nosotros pecaren.

248. ¿Qué confesamos cuando oramos esta petición?

Confesamos que pecamos diariamente y que no merecemos otra cosa que castigo.

786 **Pr 28.13** El que oculta sus pecados no prosperará, pero el que los confiesa y se aparta de ellos alcanzará misericordia.

249. ¿Qué rogamos en la quinta petición?

Rogamos que el Padre en el cielo, por los méritos de Cristo, y por su gracia, nos perdone nuestros pecados.

787 **Sal 19.12** ¿Quién puede discernir sus propios errores? Líbrame de los que me son ocultos.

788 **Sal 51.1-2** Ten piedad de mí, Dios, conforme a tu misericordia; conforme a la multitud de tus piedades borra mis rebeliones. ¡Lávame más y más de mi maldad y límpiame de mi pecado!

These words teach us not to be greedy or wasteful or to worry about the future but to live contentedly in the confidence that the Lord will give us what we need.

781 **Prov. 30:8-9** Give me neither poverty nor riches, but give me only my daily bread. Otherwise, I may have too much and disown You and say, "Who is the Lord?" Or I may become poor and steal, and so dishonor the name of my God.

782 **Matt. 6:34** Do not worry about tomorrow, for tomorrow will worry about itself. Each day has enough trouble of its own.

783 **John 6:12** When they had all had enough to eat, He said to His disciples, "Gather the pieces that are left over. Let nothing be wasted."

784 **1 Tim. 6:8** If we have food and clothing, we will be content with that.

785 **1 Peter 5:7** Cast all your anxiety on Him because He cares for you.

Bible narrative: **Luke 12:15-21** The parable of the rich fool

FIFTH PETITION

Forgive us our sins as we forgive those who sin against us.

247. *What does this mean ?*

We pray in this petition that our Father in heaven would not look at our sins, or deny our prayer because of them. We are neither worthy of the things for which we pray, nor have we deserved them, but we ask that He would give them all to us by grace, for we daily sin much and surely deserve nothing but punishment. So we too will sincerely forgive and gladly do good to those who sin against us.

248. *What do we confess when we pray this petition?*

We confess that we sin every day and deserve nothing but punishment.

786 **Prov. 28:13** He who conceals his sins does not prosper, but whoever confesses and renounces them finds mercy.

249. *What do we ask for in this petition?*

We ask that our Father in heaven would for Christ's sake graciously forgive our sins.

787 **Ps. 19:12** Who can discern his errors? Forgive my hidden faults.

788 **Ps. 51:1-2** Have mercy on me, O God, according to Your unfailing love; according to Your great compassion blot out my transgressions. Wash away all my iniquity and cleanse me from my sin.

789   **Sal 130.3-4** Jah, si miras los pecados, ¿quién, Señor, podrá mantenerse? Pero en ti hay perdón, para que seas reverenciado.

790   **Lc 18.13** "Dios, se propicio a mí, pecador."

250. ¿Por qué incluimos una oración para el perdón de los pecados en estas peticiones a nuestro Padre celestial?

Nosotros no hemos merecido ni somos dignos de las cosas por las cuales oramos. Por eso necesitamos el perdón de Dios para que podamos orar con confianza y con una buena conciencia.

"Cuando el corazón no está en la recta relación con Dios... jamás se atreverá a orar. Semejante confianza y tal corazón feliz no pueden venir de ninguna parte, a menos que se sepa que nuestros pecados nos han sido perdonados" (Catecismo Mayor III 92).

791   **Gn 32.10** ¡No merezco todas las misericordias y toda la verdad con que has tratado a tu siervo!

792   **Sal 32.5** Dije: "Confesaré mis rebeliones a Jehová", y tú perdonaste la maldad de mi pecado.

251. ¿Qué quiere Dios que hagamos a aquellos que pecan contra nosotros?

Nuestro Padre celestial quiere que perdonemos y que hagamos bien a los que pecan contra nosotros.

793   **Mt 6.12** Perdónanos nuestras deudas, como también nosotros perdonamos a nuestros deudores.

794   **Mt 18.21-22** Entonces se le acercó Pedro y le dijo: Señor, ¿cuántas veces perdonaré a mi hermano que peque contra mí? ¿Hasta siete? Jesús le dijo: No te digo hasta siete, sino aun hasta setenta veces siete.

795   **Ef 4.32** Sed bondadosos unos con otros, misericordiosos, perdonándoos unos a otros, como Dios también os perdonó a vosotros en Cristo.

252. ¿Qué se demuestra cuando perdonamos a otros?

Se demuestra que verdaderamente creemos que Dios nos ha perdonado.

"Todos los días nos endeudamos mucho con Dios y, no obstante, nos remite todo por gracia. En la misma forma debemos perdonar siempre también a nuestro prójimo que nos inflige daño, violencia e injusticia y nos muestra una malignidad pérfida, etc. Si tú no perdonas, no pienses que Dios te perdonará" (Catecismo Mayor III 94).

796   **Mt 6.14-15** Por tanto, si perdonáis a los hombres sus ofensas, os perdonará también a vosotros vuestro Padre celestial; pero si no perdonáis sus ofensas a los hombres, tampoco vuestro Padre os perdonará vuestras ofensas.

H.B. **Gn 50.15-21** José perdonó a sus hermanos. **Mt 18.23-35** La parábola del siervo que no quiso perdonar.

789	**Ps. 130:3-4** If You, O Lord, kept a record of sins, O Lord, who could stand? But with You there is forgiveness; therefore You are feared.

790	**Luke 18:13** God, have mercy on me, a sinner.

250. *Why do we include a prayer for forgiveness of sins in these petitions to our heavenly Father?*

We are not worthy of the things for which we pray and have not deserved them. We therefore need God's forgiveness so that we may pray to Him confidently and in good conscience.

"Where the heart is not right with God . . . it will never dare to pray.... A confident and joyful heart can come only from the knowledge that our sins are forgiven" (Large Catechism III 92).

791	**Gen. 32:10** I am unworthy of all the kindness and faithfulness You have shown Your servant.

792	**Ps. 32:5** I said, "I will confess my transgressions to the Lord"—and You forgave the guilt of my sin.

251. *What does God want us to do for those who sin against us?*

Our heavenly Father wants us to forgive and to do good to those who sin against us.

793	**Matt. 6:12** Forgive us our debts, as we also have forgiven our debtors.

794	**Matt. 18:21-22** Peter came to Jesus and asked, "Lord, how many times shall I forgive my brother when he sins against me? Up to seven times?" Jesus answered, "I tell you, not seven times, but seventy-seven times."

795	**Eph. 4:32** Be kind and compassionate to one another, forgiving each other, just as in Christ God forgave you.

252. *What does it show when we forgive others?*

It shows that we truly believe that God has forgiven us.

"Inasmuch as we sin greatly against God every day and yet He forgives it all through grace, we must always forgive our neighbor who does us harm, violence, and injustice [and] bears malice toward us.... If you do not forgive, do not think that God forgives you" (Large Catechism III 94-95).

796	**Matt. 6:14-15** If you forgive men when they sin against you, your heavenly Father will also forgive you. But if you do not forgive men their sins, your Father will not forgive your sins.

Bible narratives: **Gen. 50:15-21** Joseph forgave his brothers. **Matt. 18:23-35** The parable of the unmerciful servant.

SEXTA PETICIÓN

Y no nos dejes caer en la tentación.

253. ¿Qué quiere decir esto?

Dios, en verdad, no tienta a nadie; pero con esta petición le rogamos que nos guarde y preserve, a fin de que el diablo, el mundo y nuestra carne, no nos engañen y seduzcan, llevándonos a una fe errónea, a la desesperación y a otras grandes vergüenzas y vicios. Y aún cuando fuéremos tentados a ello, que al fin logremos vencer y retener la victoria.

254. ¿Qué significa "tentar" y "tentación" en las Escrituras?

Estas palabras tienen dos significados en las Escrituras:

A. Cuando Dios tienta o pone a prueba nuestra fe, lo cual hace para acercarnos más a él.

797   **Jn 6.5-6** Cuando alzó Jesús los ojos y vio que había venido a él una gran multitud, dijo a Felipe: ¿De dónde compraremos pan para que coman estos? Pero esto decía para probarlo, porque él sabía lo que iba a hacer.

798   **Stg 1.2-3** Hermanos míos, gozaos profundamente cuando os halléis en diversas pruebas, sabiendo que la prueba de vuestra fe produce paciencia.

H.B. **Gn 22.1-19** El Señor tentó a Abraham al ordenarle que sacrificara a Isaac. **Mt 15.21-28** Cristo probó la fe de la mujer cananea.

B. Los intentos de nuestros enemigos espirituales para alejarnos de Dios y de sus caminos.

799   **Mr 14.38** Velad y orad para que no entréis en tentación; el espíritu a la verdad está dispuesto, pero la carne es débil.

800   **Stg 1.13-14** Cuando alguno es tentado no diga que es tentado de parte de Dios, porque Dios no puede ser tentado por el mal ni él tienta a nadie; sino que cada uno es tentado, cuando de su propia pasión es atraído y seducido.

255. ¿A qué clases de maldad tratan de descarriarnos nuestros enemigos espirituales?

El diablo, el mundo y nuestra naturaleza pecadora tratan de descarriarnos a la incredulidad, a la desesperación y a otros graves pecados.

801   **1 P 5.8-9** Sed sobrios y velad, porque vuestro adversario el diablo, como león rugiente, anda alrededor buscando a quien devorar. Resistidlo firmes en la fe, sabiendo que los mismos padecimientos se van cumpliendo en vuestros hermanos en todo el mundo.

802   **Pr 1.10** Hijo mío, si los pecadores intentan engañarte, no lo consientas.

803   **Mt 18.7** ¡Ay del mundo por los tropiezos! Es necesario que vengan tropiezos, pero ¡ay de aquel hombre por quien viene el tropiezo!

SIXTH PETITION

Lead us not into temptation.

253. *What does this mean?*

God tempts no one. We pray in this petition that God would guard and keep us so that the devil, the world, and our sinful nature may not deceive us or mislead us into false belief, despair, and other great shame and vice. Although we are attacked by these things, we pray that we may finally overcome them and win the victory.

254. *What do tempt and temptation mean in the Scriptures?*

In the Scriptures these words have two meanings:

A. The testing of our faith, which God uses to bring us closer to Himself.

797   **John 6:5-6** When Jesus looked up and saw a great crowd coming toward Him, He said to Philip, "Where shall we buy bread for these people to eat?" He asked this only to test him, for He already had in mind what He was going to do.

798   **James 1:2-3** Consider it pure joy, my brothers, whenever you face trials of many kinds, because you know that the testing of your faith develops perseverance.

Bible narratives: **Gen. 22:1-19** The Lord tested Abraham by commanding him to sacrifice Isaac. **Matt. 15:21-28** Jesus tested the faith of the Canaanite woman.

B. The attempts of our spiritual enemies to lure us away from God and His ways.

799   **Mark 14:38** Watch and pray so that you will not fall into temptation. The spirit is willing, but the body is weak.

800   **James 1:13-14** When tempted, no one should say, "God is tempting me." For God cannot be tempted by evil, nor does He tempt anyone; but each one is tempted when, by his own evil desire, he is dragged away and enticed.

255. *Into what kinds of evil do our spiritual enemies try to mislead us?*

The devil, the world, and our sinful nature try to mislead us into false belief, despair, and other great sins.

801   **1 Peter 5:8-9** Be self-controlled and alert. Your enemy the devil prowls around like a roaring lion looking for someone to devour. Resist him, standing firm in the faith, because you know that your brothers throughout the world are undergoing the same kind of sufferings.

802   **Prov. 1:10** My son, if sinners entice you, do not give in to them.

803   **Matt. 18:7** Woe to the world because of the things that cause people to sin! Such things must come, but woe to the man through whom they come!

804   **Gl 5.17** El deseo de la carne es contra el Espíritu y el del Espíritu es contra la carne.

805   **2 Co 4.8** Estamos atribulados en todo, pero no angustiados; en apuros, pero no desesperados.

H.B. **Gn 3** El diablo tentó a Eva a que dudara y desobedeciera a Dios. **Jn 13.2** El diablo tentó a Judas a que traicionara a Cristo **Mt 27.4-5** Judas, desesperado, se ahorcó.   **Lc 22.54-60** Estando entre los enemigos de Cristo, Pedro negó a su Salvador.

2 S 12.9 La naturaleza pecadora del rey David lo indujo a cometer adulterio y asesinato.

256. *¿Qué rogamos a Dios en esta petición?*

Pedimos a nuestro Padre en los cielos que nos dé fuerza para resistir y vencer las tentaciones.

806   **Lc 22.31-32** Simón, Simón, Satanás os ha pedido para zarandearos como a trigo; pero yo he rogado por ti, para que tu fe no falte.

807   **Ro 13.14** Vestíos del Señor Jesucristo y no satisfagáis los deseos de la carne.

808   **1 Co 10.12-13** Así que el que piensa estar firme, mire que no caiga. No os ha sobrevenido ninguna prueba que no sea humana; pero fiel es Dios, que no os dejará ser probados más de lo que podéis resistir, sino que dará también juntamente con la prueba la salida, para que podáis soportarla.

809   **Ef 6.11, 17** Vestíos de toda la armadura de Dios, para que podáis estar firmes contra las asechanzas del diablo... Tomad el yelmo de la salvación, y la espada del Espíritu, que es la palabra de Dios.

H.B. **Gn 39.1-20** José resistió a la tentación de la esposa de Potifar. **Mt 4.1-11** Jesús fue tentado por Satanás y ganó la victoria por nosotros.

SÉPTIMA PETICIÓN

Mas líbranos del mal.

257. *¿Qué quiere decir esto?*

Con esta petición rogamos, como en resumen, que el Padre celestial nos libre de todo lo que puede perjudicar nuestro cuerpo y alma, nuestros bienes y honra, y que al fin, cuando llegue nuestra última hora, nos conceda un fin bienaventurado, y, por su gracia, nos lleve de este valle de lágrimas al cielo, para morar con él.

258. *¿Qué clase de oración es la séptima petición?*

La séptima petición es una oración en la que, en resumen, pedimos a nuestro Padre celestial que nos rescate del diablo y de toda la maldad que ha venido al mundo a causa del pecado.

804   **Gal. 5:17** The sinful nature desires what is contrary to the Spirit, and the Spirit what is contrary to the sinful nature.

805   **2 Cor. 4:8** We are hard pressed on every side, but not crushed; perplexed, but not in despair.

Bible narratives: **Genesis 3** The devil tempted Eve to doubt and disobey God. **John 13:2** The devil tempted Judas to betray Christ. **Matt. 27:4-5** Judas in despair hung himself. **Luke 22:54- 60** Among enemies of Christ, Peter denied his Savior. **2 Sam. 12:9** King David's sinful nature tempted him to commit adultery and murder.

256. *What do we ask God to do for us when we pray this petition?*

We ask our Father in heaven to give us strength a to resist and overcome temptations.

806   **Luke 22:31-32** Simon, Simon, Satan has asked to sift you as wheat. But I have prayed for you, Simon, that your faith may not fail.

807   **Rom. 13:14** Clothe yourselves with the Lord Jesus Christ, and do not think about how to gratify the desires of the sinful nature.

808   **1 Cor. 10:12-13** If you think you are standing firm, be careful that you don't fall! No temptation has seized you except what is common to man. And God is faithful; He will not let you be tempted beyond what you can bear. But when you are tempted, He will also provide a way out so that you can stand up under it.

809   **Eph. 6:11, 17** Put on the full armor of God so that you can take your stand against the devil's schemes Take the helmet of salvation and the sword of the Spirit, which is the word of God.

Bible narratives: **Gen. 39:1-20** Joseph withstood the temptation of Potiphar's wife. **Matt. 4:1-11** Jesus was tempted by Satan and won the victory for us.

SEVENTH PETITION

But deliver us from evil.

257. *What does this mean?*

We pray in this petition, in summary, that our Father in heaven would rescue us from every evil of body and soul, possessions and reputation, and finally, when our last hour comes, give us a blessed end, and graciously take us from this valley of sorrow to Himself in heaven.

258. *What kind of prayer is the Seventh Petition?*

The seventh petition is a summary petition in which we ask our Father in heaven to rescue us from the devil and all evil which has come into the world because of sin.

810   **Sal 121.7-8** Jehová te guardará de todo mal, él guardará tu alma. Jehová guardará tu salida y tu entrada desde ahora y para siempre.

811   **2 Ts 3.3** Fiel es el Señor, que os afirmará y guardará del mal.

259. ¿Cómo nos rescata el Señor de toda maldad de alma y cuerpo, posesiones y reputación?

En un mundo arruinado por el pecado, el Señor nos guarda del mal y nos ayuda a soportar las tribulaciones que él permite lleguen a nuestras vidas.

812   **Hch 14.22** Es necesario que a través de muchas tribulaciones entremos en el reino de Dios.

813   **Sal 91.9-10** Porque has puesto a Jehová, que es mi esperanza, al Altísimo por tu habitación, no te sobrevendrá mal ni plaga tocará tu morada.

814   **2 Co 12.9** "Bástate mi gracia, porque mi poder se perfecciona en la debilidad."

815   **Pr 3.11-12** No menosprecies, hijo mío, el castigo de Jehová, no te canses de que él te corrija, porque Jehová al que ama castiga, como el padre al hijo a quien quiere.

H.B. **Dn 3** Los tres hombres en el horno de fuego. **Dn 6** Daniel en el foso de los leones.

260. ¿Cuál es el último rescate del mal que pedimos nos conceda el Señor?

Queremos que nuestro Padre celestial nos guarde fieles a él y que cuando nos llegue la muerte nos saque de este mundo de dolores y nos lleve a sí mismo en el cielo.

816   **Lc 2.29-32** Ahora, Señor, despides a tu siervo en paz, conforme a tu palabra, porque han visto mis ojos tu salvación, la cual has preparado en presencia de todos los pueblos; luz para revelación de los gentiles y gloria de tu pueblo Israel.

817   **2 Ti 4.18** El Señor me librará de toda obra mala y me preservará para su reino celestial. A él sea gloria por los siglos de los siglos. Amén.

818   **Ap 14.13** "Bienaventurados de aquí en adelante los muertos que mueren en el Señor."

819   **Ap 21.4** Enjugará Dios toda lágrima de los ojos de ellos; y ya no habrá más muerte, ni habrá más llanto ni clamor ni dolor, porque las primeras cosas ya pasaron.

810   **Ps. 121:7-8** The Lord will keep you from all harm—He will watch over your life; the Lord will watch over your coming and going both now and forevermore.

811   **2 Thess. 3:3** The Lord is faithful, and He will strengthen and protect you from the evil one.

259. *How does the Lord rescue us from every evil of body and soul, possessions and reputation?*

In a world ruined by sin, the Lord keeps us from harm and helps us to endure the troubles that He allows to come into our lives.

812   **Acts 14:22** We must go through many hardships to enter the kingdom of God.

813   **Ps. 91:9-10** If you make the Most High your dwelling—even the Lord, who is my refuge—then no harm will befall you, no disaster will come near your tent.

814   **2 Cor. 12:9** My grace is sufficient for you, for My power is made perfect in weakness.

815   **Prov. 3:11-12** My son, do not despise the Lord's discipline and do not resent His rebuke, because the Lord disciplines those He loves, as a father the son he delights in.

Bible narratives: **Daniel 3** The three men in the fiery furnace. **Daniel 6** Daniel in the lions' den.

260. *What final deliverance from evil do we ask the Lord to bring to us?*

We want our Father in heaven to keep us faithful to Him and when we die to take us from this sorrowful world to Himself in heaven.

816   **Luke 2:29-32** Lord, as You have promised, You now dismiss Your servant in peace. For my eyes have seen Your salvation, which You have prepared in the sight of all people, a light for revelation to the Gentiles and for glory to Your people Israel.

817   **2 Tim. 4:18** The lord will rescue me from every evil attack and will bring me safely to His heavenly kingdom. To Him be glory for ever and ever. Amen.

818   **Rev. 14:13** Blessed are the dead who die in the Lord.

819   **Rev. 21:4** He will wipe every tear from their eyes. There will be no more death or mourning or crying or pain, for the old order of things has passed away.

CONCLUSIÓN

Porque tuyo es el reino, el poder y la gloria por los siglos de los siglos. Amén.

261. ¿Qué quiere decir esto?

Que debo estar en la certeza de que el Padre celestial acepta estas peticiones y las atiende; pues él mismo nos ha ordenado a orar así y ha prometido atendernos. Amén, amén, quiere decir: Sí, sí, que así sea.

262. ¿Por qué terminamos el Padrenuestro con la palabra amén?

La palabra amén significa "así sea" y enfatiza de que Dios, el cual nos ha mandado a orar, escuchará nuestras oraciones y las contestará como lo ha prometido.

820　　**Sal 50.15** Invócame en el día de la angustia; te libraré y tú me honrarás.

821　　**Pr 15.8** El sacrificio que ofrecen los malvados es abominable para Jehová; la oración de los rectos es su gozo.

822　　**Pr 15.29** Jehová está lejos de los malvados, pero escucha la oración de los justos.

263. ¿Cómo sé que Dios es capaz de responder las oraciones de su pueblo en Cristo Jesús?

A. Él solo es el rey que tiene todos los buenos dones bajo su control.

823　　**Stg 1.17** Toda buena dádiva y todo don perfecto desciende de lo alto, del Padre de las luces, en el cual no hay mudanza ni sombra de variación.

824　　**Sal 103.2-3** Bendice, alma mía, a Jehová, y no olvides ninguno de sus beneficios. Él es quien perdona todas tus maldades, el que sana todas tus dolencias.

B. Sólo él tiene el poder de concedernos nuestras peticiones.

825　　**Sal 33.6** Por la palabra de Jehová fueron hechos los cielos; y todo el ejército de ellos, por el aliento de su boca.

826　　**Ef 3.20-21** Aquel que es poderoso para hacer todas las cosas mucho más abundantemente de lo que pedimos o entendemos, según el poder que actúa en nosotros, a él sea gloria en la iglesia en Cristo Jesús por todas las edades, por los siglos de los siglos. Amén.

C. Él tiene toda la gloria y es digno de nuestra alabanza.

827　　**Sal 113.4-5** Excelso sobre todas las naciones es Jehová, sobre los cielos su gloria. ¿Quién como Jehová, nuestro Dios, que se sienta en las alturas?

828　　**1 Ti 1.17** Al Rey de los siglos, inmortal, invisible, al único y sabio Dios, sea honor y gloria por los siglos de los siglos. Amén.

THE CONCLUSION

For the kingdom, the power, and the glory are Yours now and forever. Amen.

261. *What does this mean?*

This means that I should be certain that these petitions are pleasing to our Father in heaven, and are heard by Him; for He Himself has commanded us to pray in this way and has promised to hear us. Amen, amen, which means "yes, yes, it shall be so."

262. *Why do we end the Lord's Prayer with the word amen?*

The word amen means "so shall it be" and emphasizes that God, who has commanded us to pray, will hear our prayers and answer them as He has promised.

820   **Ps. 50:15** Call upon Me in the day of trouble; I will deliver you, and you will honor Me.

821   **Prov. 15:8** The Lord detests the sacrifice of the wicked, but the prayer of the upright pleases Him.

822   **Prov. 15:29** The Lord is far from the wicked but He hears the prayer of the righteous.

263. *How do I know God is able to answer the prayers of His people in Christ Jesus?*

A. He alone is the King who has all good gifts in His control.

823   **James 1:17** Every good and perfect gift is from above, coming down from the Father of the heavenly lights, who does not change like shifting shadows.

824   **Ps. 103:2-3** Praise the Lord, O my soul, and forget not all His benefits—who forgives all your sins and heals all your diseases.

B. He alone has the power to grant our petitions.

825   **Ps. 33:6** By the word of the Lord were the heavens made, their starry host by the breath of His mouth.

826   **Eph. 3:20-21** To Him who is able to do immeasurably more than all we ask or imagine, according to His power that is at work within us, to Him be glory in the church and in Christ Jesus throughout all generations, for ever and ever! Amen.

C. He has all glory and is worthy of our praise.

827   **Ps. 113:4-5** The Lord is exalted over all the nations, His glory above the heavens. Who is like the Lord our God, the One who sits enthroned on high?

828   **1 Tim. 1:17** To the King eternal, immortal, invisible, the only God, be honor and glory for ever and ever. Amen.

LOS SACRAMENTOS

264. ¿Qué es un sacramento?

Un sacramento es un acto sagrado

A. ordenado por Dios,

B. en el cual Dios mismo ha unido su Palabra de promesa a un elemento visible,

C. y por medio del cual, Dios nos ofrece, da y sella el perdón de los pecados logrado por Cristo.

Nota: La palabra *sacramento* viene a nosotros de la Biblia en latín, como traducción de la palabra griega *misterio.* Primero esta palabra describía todas las verdades salvadoras de la fe, como la Trinidad, la encarnación, la redención, la iglesia (ver por ejemplo 1 Co 4.1; Ef 5.32 y 1 Ti 3.16). Luego se limitó su significado al que tiene ahora.

265. ¿Cuántos sacramentos hay?

De acuerdo con esta definición hay dos sacramentos: el santo Bautismo y la Cena del Señor.

Nota: A veces la santa absolución es contada como un tercer sacramento, aunque no tiene un elemento visible instituido divinamente (Catecismo Mayor IV 74; Apología XIII 4)

829 **Hch 2.38** Pedro les dijo: Arrepentíos y bautícese cada uno de vosotros en el nombre de Jesucristo para perdón de los pecados, y recibiréis el don del Espíritu Santo.

830 **1 Co 10.16** La copa de bendición que bendecimos, ¿no es la comunión de la sangre de Cristo? El pan que partimos, ¿no es la comunión del cuerpo de Cristo?

THE SACRAMENTS

264. *What is a sacrament?*

A sacrament is a sacred act

A. instituted by God,

B. in which God Himself has joined His Word of promise to a visible element,

C. and by which He offers, gives, and seals the forgiveness of sins earned by Christ.

Note: The word sacrament comes to us from the Latin Bible, where it translates the Greek word mystery. At first this word described all the saving truths of the faith, such as the Trinity, the incarnation, the redemption, the church (see for instance 1 Cor. 4:1, Eph. 5:32, and 1 Tim. 3:16). Later it was narrowed down to our present sense.

265. *How many such sacraments are there?*

By this definition there are two sacraments: Holy Baptism and the Lord's Supper.

Note: Sometimes Holy Absolution is counted as a third sacrament, even though it has no divinely instituted visible element (Large Catechism IV 74; Apology XIII 4).

829 **Acts 2:38** Peter replied, "Repent and be baptized, every one of you, in the name of Jesus Christ for the forgiveness of your sins. And you will receive the gift of the Holy Spirit."

830 **1 Cor. 10:16** The cup of blessing which we bless, is it not the communion of the blood of Christ? The bread which we break, is it not the communion of the body of Christ? (NKJV).

266. ¿Por qué hemos de apreciar los sacramentos cuando el agua, el pan y el vino son elementos tan comunes?

"Por esta razón, nosotros siempre hemos enseñado que no se deba considerar los sacramentos y todas las cosas externas, ordenados e instituidos por Dios conforme a su apariencia basta y externa, tal como se ve solamente la cáscara de la nuez; sino que, al contrario, hay que ver cómo la palabra de Dios está encerrada en ellas" (Catecismo Mayor IV 19).

831   **1 Co 1.28** Lo vil del mundo y lo menospreciado escogió Dios, y lo que no es, para deshacer lo que es.

H.B. **2 R 5.1-14** Por la promesa de Dios, el río Jordán tuvo el poder de curar la lepra de Naamán.

266. *Why are we to treasure the sacraments, when water, bread, and wine are such common elements?*

"The sacraments and all the external things ordained and instituted by God should be regarded not according to the gross, external mask (as we see the shell of a nut) but as that in which God's Word is enclosed" (Large Catechism IV 19).

831   **1 Cor. 1:28** [God] chose the lowly things of this world and the despised things—and the things that are not—to nullify the things that are.

Bible narrative: **2 Kings 5:1-14** By God's promise the plain Jordan River had the power to cure Naaman's leprosy.

CUARTA PARTE
El sacramento del santo Bautismo
PRIMERO: ¿Qué es el Bautismo?

El Bautismo no es simple agua solamente, sino que es agua comprendida en el mandato divino y ligada con la palabra de Dios.

267. *¿Qué palabra de Dios es ésta?*

Nuestro Señor Jesucristo dice en el último capítulo del Evangelio según San Mateo: "Por tanto, id y haced discípulos a todas las naciones, bautizándolas en el nombre del Padre, del Hijo y del Espíritu Santo." [Mt 28.19]

268. *¿Qué significa la palabra bautizar?*

Bautizar significa aplicar agua sumergiendo, lavando, derramando, o rociando.

832 **Mr 7.4** Cuando regresan de la plaza, si no se lavan, no comen. Y otras muchas cosas hay que se aferran en guardar, como los lavamientos de los vasos de beber, de los jarros, de los utensilios de metal y de las camas.

Nota: El bautismo en el Espíritu Santo consiste en el derramamiento del Espíritu de Dios (Mt 3.11; Hch 1.5; Hch 2.17-18).

269. *¿Qué hay de especial con el agua del Bautismo?*

"No es otra cosa que un agua de Dios; no que esta agua sea en ella misma más noble que otra agua, sino porque la palabra y el mandamiento de Dios se le agregan" (Catecismo Mayor IV 14).

270. *¿Quién instituyó el Santo Bautismo?*

Dios mismo instituyó el Santo Bautismo, pues nuestro Señor Jesucristo, en el último capítulo de San Mateo, ordenó a su iglesia bautizar a todas las naciones.

833 **Mt 28.18-20** Id y haced discípulos a todas las naciones, bautizándolos en el nombre del Padre, del Hijo y del Espíritu Santo, y enseñándoles que guarden todas las cosas que os he mandado.

FOURTH PART
Sacrament of Holy Baptism
FIRST: What is Baptism?

Baptism is not just plain water, but it is the water included in God's command and combined with God's word.

267. *Which is that word of God?*

Christ our Lord says in the last chapter of Matthew: "Therefore go and make disciples of all nations, baptizing them in the name of the Father and of the Son and of the Holy Spirit." [Matt. 28:19]

268. *What does the word baptize mean?*

Baptize means to apply water by immersing, washing, pouring, and the like.

832   **Mark 7:4** When they [the Pharisees] come from the marketplace they do not eat unless they wash. And they observe many other traditions, such as the washing [baptizing] of cups, pitchers, and kettles.

Note: To baptize with the Holy Spirit (Matt. 3:11) means to "pour out" the Spirit (Acts 1:5 and Acts 2:17-18).

269. *What is so special about the water of Baptism?*

"It is nothing else than a divine water, not that the water in itself is nobler than other water but that God's Word and commandment are added to it" (Large Catechism IV 14).

270. *Who instituted Holy Baptism?*

God Himself instituted Baptism, for our Lord Jesus Christ commanded His church to baptize all nations.

833   **Matt. 28:19-20** Go and make disciples of all nations, baptizing them in the name of the Father and of the Son and of the Holy Spirit, and teaching them to obey everything I have commanded you.

271. ¿Qué significa bautizar en el nombre del Padre, y del Hijo y del Espíritu Santo?

Significa que en el Bautismo Dios me recibe a mí en la comunión de la Santa Trinidad.

272. ¿Quién debe administrar el Bautismo?

Por lo regular deben administrar el Bautismo los ministros debidamente llamados de Cristo, pero en casos de emergencia o cuando no se consiga pastor, cualquier cristiano puede hacerlo.

834   **1 Co 4.1** Por tanto, que los hombres nos consideren como servidores de Cristo y administradores de los misterios de Dios.

Nota: Ver Orden para el Bautismo de emergencia al final de esta sección.

273. ¿Quién debe ser bautizado?

Deben bautizarse a "todas las naciones", esto es, todos los seres humanos, niños y adultos.

274. ¿Qué distinción debe hacerse al bautizar?

A. Los que pueden recibir instrucción deben ser bautizados después de haber sido enseñados en las partes principales de la fe cristiana.

835   **Hch 2.38-39** Pedro les dijo: Arrepentíos y bautícese cada uno de vosotros en el nombre de Jesucristo para perdón de los pecados, y recibiréis el don del Espíritu Santo, porque para vosotros es la promesa, y para vuestros hijos, y para todos los que están lejos; para cuantos el Señor nuestro Dios llame.

836   **Hch 2.41** Así que, los que recibieron su palabra fueron bautizados.

H.B. **Hch 8.26-39** El Etíope fue instruido antes de ser bautizado.   **Hch 16.25-33** El carcelero fue instruido antes de ser bautizado.

B. Los niños pequeños deben ser bautizados cuando sean traídos por los que tienen autoridad sobre ellos.

837   **Mr 10.13-15** Le presentaban niños para que los tocara, pero los discípulos reprendían a los que los presentaban. Viéndolo Jesús, se indignó y les dijo: Dejad a los niños venir a mí, y no se lo impidáis, porque de los tales es el reino de Dios. De cierto os digo que el que no reciba el reino de Dios como un niño, no entrará en él.

275. ¿Por qué debe bautizarse a los bebés?

Se debe bautizar a los bebés porque:

A. ellos están incluidos en las palabras: *todas las naciones*

838   **Mt 28.19** Id y haced discípulos a todas las naciones, bautizándolos en el nombre del Padre, del Hijo y del Espíritu Santo.

839   **Hch 2.38-39** Arrepentíos y bautícese cada uno de vosotros en el nombre de Jesucristo para perdón de los pecados, y recibiréis el don del Espíritu Santo, porque para vosotros es la promesa, y para vuestros hijos.

271. *What does it mean to baptize "in the name of the Father and of the Son and of the Holy Spirit"?*

It means that in Baptism, God, the Holy Trinity, receives me into communion or fellowship with Himself.

272. *Who is to baptize?*

Normally the called ministers of Christ are to baptize, but in cases of emergency and when no pastor is available, any Christian should baptize.

834   **1 Cor. 4:1** Let a man so consider us, as servants of Christ and stewards of the mysteries of God (NKJV).

Note: For a short form of Baptism in cases of emergency, see the end of this section.

273. *Who is to be baptized?*

"All nations" are to be baptized, that is, all people, young and old.

274. *What distinction is to be made in baptizing?*

A. Those who can receive instruction are to be baptized after they have been instructed in the main articles of the Christian faith.

835   **Acts 2:38-39** Peter replied, "Repent and be baptized, every one of you, in the name of Jesus Christ for the forgiveness of your sins. And you will receive the gift of the Holy Spirit. The promise is for you and your children and for all who are far off—for all whom the Lord our God will call."

836   **Acts 2:41** Those who accepted his message were baptized.

Bible narratives: **Acts 8:26-39** The Ethiopian was instructed before he was baptized. **Acts 16:25-33** The jailer was instructed before he was baptized.

B. Little children should be baptized when they are brought to Baptism by those who have authority over them.

837   **Mark 10:13-15** People were bringing little children to Jesus to have Him touch them, but the disciples rebuked them. When Jesus saw this, He was indignant. He said to them, "Let the little children come to Me, and do not hinder them, for the kingdom of God belongs to such as these. I tell you the truth, anyone who will not receive the kingdom of God like a little child will never enter it."

275. *Why are babies to be baptized?*

Babies are to be baptized because

A. they are included in the words "all nations";

838   **Matt. 28:19** Go and make disciples of all nations, baptizing them in the name of the Father and of the Son and of the Holy Spirit.

839   **Acts 2:38-39** Repent and be baptized, every one of you, in the name of Jesus Christ for the forgiveness of your sins. And you will receive the gift of the Holy Spirit. The promise is for you and your children.

B. Jesús invita especialmente a los niños pequeños a venir a él.

840   **Lc 18.15-17** Traían a él niños para que los tocara. Al verlo los discípulos, los reprendieron. Pero Jesús, llamándolos, dijo: Dejad a los niños venir a mí y no se los impidáis, porque de los tales es el reino de Dios. De cierto os digo que el que no reciba el reino de Dios como un niño, no entrará en él.

C. los niños son pecadores y necesitan lo que el Bautismo ofrece.

841   **Jn 3.5-6** El que no nace de agua y del Espíritu no puede entrar en el reino de Dios. Lo que nace de la carne, carne es; y lo que nace del Espíritu, espíritu es.

842   **Ef 2.3** Éramos por naturaleza hijos de ira, lo mismo que los demás.

D. Los niños también pueden creer.

843   **Mt 18.6** A cualquiera que haga tropezar a alguno de estos pequeños que creen en mí, mejor le fuera que se le colgara al cuello una piedra de molino de asno y que se le hundiera en lo profundo del mar.

H.B.   **Lc 1.15** Juan Bautista estaba lleno del Espíritu Santo desde el vientre de su madre, **1.41-44** y aun antes de nacer.

276. ¿Por qué anima la iglesia el uso de padrinos en el Bautismo?

Los padrinos testifican que los que fueron bautizados han sido bautizados debidamente; también oran por ellos, y en el caso de los niños, cuidan de la educación cristiana de sus ahijados, especialmente si ellos llegasen a perder a sus padres. Sólo los que confiesan la misma fe debieran ser padrinos.

844   **Mt 18.16** En boca de dos o tres testigos conste toda palabra.

845   **Ef 4.16** De quien todo el cuerpo, bien concertado y unido entre sí por todas las coyunturas que se ayudan mutuamente, según la actividad propia de cada miembro, recibe su crecimiento para ir edificándose en amor.

SEGUNDO: Las bendiciones del Bautismo

277. ¿Qué beneficios confiere el Bautismo?

El Bautismo obra el perdón de los pecados, rescata de la muerte y del diablo y da salvación eterna a todos los que creen esto, como lo declaran las palabras y promesas de Dios.

278. ¿Cuáles son esas promesas y palabras de Dios?

Nuestro Señor Jesucristo dice en el último capítulo de Marcos: "El que crea y sea bautizado, será salvo; pero el que no crea, será condenado." [Marcos 16.16]

279. ¿Qué grandes y preciosas cosas se nos dan en el Bautismo?

El Bautismo:

B. Jesus especially invites little children to come to Him;

840   **Luke 18:15-17** People were also bringing babies to Jesus to have Him touch them. When the disciples saw this, they rebuked them. But Jesus called the children to Him and said, "Let the little children come to Me, and do not hinder them, for the kingdom of God belongs to such as these. I tell you the truth, anyone who will not receive the kingdom of God like a little child, will never enter it."

C. as sinners, babies need what Baptism offers;

841   **John 3:5-6** No one can enter the kingdom of God unless he is born of water and the Spirit. Flesh gives birth to flesh, but the Spirit gives birth to spirit.

842   **Eph. 2:3** Like the rest, we were by nature objects of wrath.

D. babies also are able to have faith.

843   **Matt. 18:6** If anyone causes one of these little ones who believe in Me to sin, it would be better for him to have a large millstone hung around his neck and to be drowned in the depths of the sea.

Bible narrative: **Luke 1:15** John the Baptist was "filled with the Holy Spirit even from birth", **1:41-44** and even before birth.

276. *Why does the church encourage the use of sponsors at Baptisms?*

Sponsors witness that those who receive this sacrament have been properly baptized. They also pray for them and in the case of children, help with their Christian upbringing, especially if they should lose their parents. Only those of the same confession of faith should be sponsors.

844   **Matt. 18:16** "Every matter may be established by the testimony of two or three witnesses."

845   **Eph. 4:16** From Him the whole body, joined and held together by every supporting ligament, grows and builds itself up in love, as each part does its work.

SECOND: The Blessings of Baptism

277. *What benefits does Baptism give?*

It works forgiveness of sins, rescues from death and the devil, and gives eternal salvation to all who believe this, as the words and promises of God declare.

278. *Which are these words and promises of God?*

Christ our Lord says in the last chapter of Mark: "Whoever believes and is baptized will be saved, but whoever does not believe will be condemned." [Mark 16:16]

279. *What great and precious things are given in Baptism?*

Baptism:

A. obra el perdón de los pecados;

846 **Hch 2.38** Arrepentíos y bautícese cada uno de vosotros en el nombre de Jesucristo para perdón de los pecados.

847 **Hch 22.16** Levántate, bautízate y lava tus pecados invocando su nombre.

B. rescata de la muerte y del diablo;

848 **Ro 6.3, 5** ¿No sabéis que todos los que hemos sido bautizados en Cristo Jesús, hemos sido bautizados en su muerte?... Si fuimos plantados juntamente con él en la semejanza de su muerte, así también lo seremos en la de su resurrección.

849 **Gl 3.27** Todos los que habéis sido bautizados en Cristo, de Cristo estáis revestidos.

850 **Col 1.13-14** Él nos ha librado del poder de las tinieblas y nos ha trasladado al reino de su amado Hijo, en quien tenemos redención por su sangre, el perdón de los pecados. (Comparar con Col 2.11-12).

C. da salvación eterna.

851 **Mr 16.16** El que crea y sea bautizado, será salvo.

852 **1 P 3.21** El bautismo que corresponde a esto ahora nos salva... mediante la resurrección de Jesucristo.

853 **Tit 3.5** Nos salvó... por el lavamiento de la regeneración y por la renovación en el Espíritu Santo.

280. *Si Cristo ya ha ganado el perdón y la salvación por nosotros y nos otorga esas bendiciones por gracia, ¿por qué todavía necesitamos el Bautismo?*

Ciertamente Cristo ha ganado perdón completo y salvación para toda la raza humana por medio de su vida perfecta, sufrimiento, muerte y resurrección. Él distribuye ese mismo perdón por medio del Bautismo (el Bautismo es un medio de gracia).

854 **1 Co 6.11** Ya habéis sido lavados, ya habéis sido santificados, ya habéis sido justificados en el nombre del Señor Jesús y por el Espíritu de nuestro Dios.

855 **Tit 3.5-7** Nos salvó... por el lavamiento de la regeneración y por la renovación en el Espíritu Santo, el cual derramó en nosotros abundantemente por Jesucristo, nuestro Salvador, para que, justificados por su gracia llegáramos a ser herederos conforme a la esperanza de la vida eterna.

281. *¿A quién concede el santo Bautismo todas estas bendiciones?*

El Bautismo concede estas bendiciones a todos los que creen las promesas salvadoras de Dios.

856 **Mr 16.16** El que crea y sea bautizado, será salvo; pero el que no crea, será condenado.

A. works forgiveness of sins;

846   **Acts 2:38** Repent and be baptized, every one of you, in the name of Jesus Christ for the forgiveness of your sins.

847   **Acts 22:16** Get up, be baptized and wash your sins away.

B. rescues from death and the devil;

848   **Rom. 6:3, 5** Don't you know that all of us who were baptized into Christ Jesus were baptized into His death? . . . If we have been united with Him like this in His death, we will certainly also be united with Him in His resurrection.

849   **Gal. 3:27** All of you who were baptized into Christ have clothed yourselves with Christ.

850   **Col. 1:13-14** He has rescued us from the dominion of darkness and brought us into the kingdom of the Son He loves, in whom we have redemption, the forgiveness of sins. (Compare Col. 2:11-12.)

C. gives eternal salvation.

851   **Mark 16:16** Whoever believes and is baptized will be saved.

852   **1 Peter 3:21** This water [of Noah's flood] symbolizes baptism that now saves you also.... It saves you by the resurrection of Jesus Christ.

853   **Titus 3:5** He saved us through the washing of rebirth and renewal by the Holy Spirit.

280. *If Christ has already won forgiveness and salvation for us and gives us all this by grace alone, why do we still need Baptism?*

Christ has indeed won full forgiveness and salvation for the whole human race with His perfect life, suffering, death, and resurrection. He distributes this same forgiveness in Baptism. (Baptism is a means of grace.)

854   **1 Cor. 6:11** You were washed, you were sanctified, you were justified in the name of the Lord Jesus Christ and by the Spirit of our God.

855   **Titus 3:5-7** He saved us through the washing of rebirth and renewal by the Holy Spirit, whom He poured out on us generously through Jesus Christ our Savior, so that, having been justified by His grace, we might become heirs having the hope of eternal life.

281. *To whom does Baptism give all these blessings?*

Baptism gives these blessings to all who believe God's saving promises.

856   **Mark 16:16** Whoever believes and is baptized will be saved, but whoever does not believe will be condemned.

282. ¿Es posible que se salve una persona no bautizada?

Sólo la falta de fe condena. No puede haber fe en la persona que a sabiendas desprecia y rechaza el Bautismo. Pero los que creen en el evangelio y mueren sin haber tenido la oportunidad de ser bautizados, no son condenados.

857   **Mr 16.16** El que no crea, será condenado.

H.B. **Lc 7.30** Los fariseos y expertos en la Ley, en incredulidad rechazaron el bautismo de Juan. **Lc 23.39-43** El ladrón en la cruz fue salvado sin el Bautismo.

283. ¿Por qué no debemos buscar el "bautismo en el Espíritu Santo" además del sacramento del santo Bautismo?

No debemos buscar otro "bautismo" aparte del Bautismo sacramental porque

A. hoy no hay otro bautismo dado por Dios aparte del sacramento del santo Bautismo;

858   **Ef 4.5** Un solo Señor, una sola fe, un solo bautismo.

Nota: La "doctrina acerca de bautismos" (Heb 6.2) no significa de que hay muchos bautismos cristianos, pero que el único y verdadero Bautismo debe distinguirse claramente de los muchos lavamientos religiosos que eran bastante comunes en el mundo antiguo (ver por ejemplo Mr 7.4).

B. el sacramento no es un bautismo de solamente agua o de solamente Espíritu, sino es un Bautismo de agua y del Espíritu.

859   **Jn 3.5** El que no nace de agua y del Espíritu no puede entrar en el reino de Dios.

860   **Tit 3.5** Nos salvó... por el lavamiento de la regeneración y por la renovación en el Espíritu Santo.

Nota: Mat 3.11 habla del bautismo "en agua" y "en el Espíritu Santo y fuego." La diferencia aquí no es entre el Bautismo sacramental y alguna especie de "bautismo en el Espíritu," sino entre la misión preparatoria y el bautismo de Juan el Bautista y la completa y permanente misión y bautismo de Jesucristo. Mientras el bautismo de Juan también confería el perdón de los pecados, era diferente en que señalaba hacia la obra redentora del Salvador.

C. las señales especiales dadas por el Espíritu Santo no fueron otro "bautismo," sino confirmaban la verdad y el poder de la predicación de los apóstoles.

861   **Hch 19.6** Habiéndoles impuesto Pablo las manos, vino sobre ellos el Espíritu Santo; y hablaban en lenguas y profetizaban.

862   **2 Co 12.12** Las señales de apóstol han sido hechas entre vosotros en toda paciencia, señales, prodigios y milagros.

Nota: Ver la pregunta 164.

282. *Is it possible for an unbaptized person to be saved?*

It is only unbelief that condemns. Faith cannot exist in the heart of a person who despises and rejects Baptism against better knowledge. But those who believe the Gospel, yet die before they have opportunity to be baptized are not condemned.

857   **Mark 16:16** Whoever does not believe will be condemned.

Bible narratives: **Luke 7:30** The Pharisees and experts in the Law in unbelief rejected John's baptism. **Luke 23:39-43** The thief on the cross was saved without Baptism.

283. *Why are we not to seek a "baptism with the Holy Spirit" in addition to the Sacrament of Holy Baptism?*

Beyond sacramental Baptism we are to seek no other "baptism" because

A. there is no other God-given Baptism today beside the Sacrament of Holy Baptism;

858   **Eph. 4:5** One Lord, one faith, one baptism.

Note: The "instruction about baptisms" (Heb. 6:2) does not mean that there are several Christian baptisms, but that the one true Baptism must be clearly distinguished from the many religious washings which were common in the ancient world (see for instance Mark 7:4).

B. the sacrament is not a water-only or a Spirit only baptism, but a water-and-Spirit Baptism;

859   **John 3:5** No one can enter the kingdom of God unless he is born of water and the Spirit.

860   **Titus 3:5** He saved us through the washing of rebirth and renewal by the Holy Spirit.

Note: Matt. 3:11 speaks of baptizing "with water" and "with the Holy Spirit and with fire." The difference here is not between sacramental Baptism and some sort of "Spirit baptism," but between the preparatory mission and baptism of John the Baptist and the full, permanent mission and Baptism of Jesus Christ. While John's baptism also gave the forgiveness of sins, it was different in that it pointed forward to the redemptive work of the Savior.

C. the special signs granted by the Holy Spirit were not another "baptism," but they proved the truth and power of the apostles' preaching.

861   **Acts 19:6** When Paul placed his hands on them, the Holy Spirit came on them and they spoke in tongues and prophesied.

862   **2 Cor. 12:12** The things that mark an apostle signs, wonders and miracles—were done among you with great perseverance.

Note: See question 164.

TERCERO: El poder del Bautismo

284. *¿Cómo puede el agua hacer cosas tan grandes?*

El agua en verdad no las hace, sino la palabra de Dios que está con el agua y unida a ella, y la fe que confía en dicha palabra de Dios ligada con el agua, porque, sin la palabra de Dios, el agua es simple agua, y no es Bautismo; pero con la palabra de Dios, sí es Bautismo, es decir, es un agua de vida, llena de gracia, y un lavamiento de regeneración en el Espíritu Santo, como San Pablo dice a Tito en el tercer capítulo: "Dios nos salvó, no por obras de justicia que nosotros hubiéramos hecho, sino por su misericordia, por el lavamiento de la regeneración y por la renovación en el Espíritu Santo, el cual derramó en nosotros abundantemente por Jesucristo, nuestro Salvador, para que, justificados por su gracia, llegáramos a ser herederos conforme a la esperanza de la vida eterna. Palabra fiel es ésta." (Tito 3.5-8)

285. *¿Cómo puede el agua bautismal obrar perdón de pecados, rescatar de la muerte y del diablo y dar salvación eterna?*

Las palabras de institución de Dios ponen estas grandes bendiciones en el Bautismo. La fe, que confía en esta palabra de Dios ligada con el agua, toma esas bendiciones y se las apropia.

863   **Ef 5.25-26** Cristo amó a la iglesia y se entegó a sí mismo por ella, para santificarla, habiéndola purificado en el lavamiento del agua por la palabra.

864   **Gl 3.26-27** Todos sois hijos de Dios por la fe en Cristo Jesús, pues todos los que habéis sido bautizados en Cristo, de Cristo estáis revestidos.

286. *¿Por qué llaman las Sagradas Escrituras al Bautismo el lavamiento de la regeneración y de la renovación en el Espíritu Santo?*

En el Bautismo el Espíritu Santo produce la fe y así crea en nosotros una nueva vida espiritual con el poder de vencer al pecado.

865   **Ro 6.6** Nuestro viejo hombre fue crucificado juntamente con él, para que el cuerpo del pecado sea destruido, a fin de que no sirvamos más al pecado.

866   **Tit 3.5-8** Nos salvó... por el lavamiento de la regeneración y por la renovación en el Espíritu Santo, el cual derramó en nosotros abundantemente por Jesucristo, nuestro Salvador, para que, justificados por su gracia, llegáramos a ser herederos conforme a la esperanza de la vida eterna. Palabra fiel es ésta.

CUARTO: Lo que el Bautismo significa

287. *¿Qué significa este bautizar con agua?*

Significa que el viejo Adán en nosotros debe ser ahogado por pesar y arrepentimiento diarios, y que debe morir con todos sus pecados y malos deseos; asimismo, cada día debe surgir y resucitar un nuevo hombre, que ha de vivir eternamente delante de Dios en justicia y pureza.

THIRD: The Power of Baptism

284. *How can water do such great things?*

Certainly not just water, but the word of God in and with the water does these things, along with the faith which trusts this word of God in the water. For without God's word the water is plain water and no Baptism. But with the word of God it is a Baptism, that is, a life-giving water, rich in grace, and a washing of the new birth in the Holy Spirit, as St. Paul says in Titus chapter three:

"He saved us through the washing of rebirth and renewal by the Holy Spirit, whom He poured out on us generously through Jesus Christ our Savior, so that, having been justified by His grace, we might become heirs having the hope of eternal life. This is a trustworthy saying." [Titus 3:5-8]

285. *How does baptismal water work forgiveness of sins, rescue from death and the devil, and give eternal salvation?*

God's words of institution put these great blessings into Baptism. Faith, which trusts this word of God in the water, takes the blessings out and makes them our own.

863   **Eph. 5:26** Christ loved the church and gave Himself up for her to make her holy, cleansing her by the washing with water through the word.

864   **Gal. 3:26-27** You are all sons of God through faith in Christ Jesus, for all of you who were baptized into Christ have clothed yourselves with Christ.

286. *Why do the Scriptures call Baptism the washing of rebirth and renewal of the Holy Spirit?*

In Baptism, the Holy Spirit works faith and so creates in us new spiritual life with the power to overcome sin.

865   **Rom. 6:6** Our old man was crucified with Him, that the body of sin might be done away with, that we should no longer be slaves of sin (NKJV).

866   **Titus 3:5-8** He saved us through the washing of rebirth and renewal of the Holy Spirit, whom He poured out on us generously through Jesus Christ our Savior, so that, having been justified by His grace, we might become heirs having the hope of eternal life. This is a trustworthy saying.

FOURTH: What Baptism Indicates

287. *What does such baptizing with water indicate?*

It indicates that the Old Adam in us should by daily contrition and repentance be drowned and die with all sins and evil desires, and that a new man should daily emerge and arise to live before God in righteousness and purity forever.

288. ¿Dónde está escrito esto?

San Pablo dice en Romanos, capítulo seis: "Somos sepultados juntamente con él para muerte por el Bautismo, a fin de que como Cristo resucitó de los muertos por la gloria del Padre, así también nosotros andemos en vida nueva." [Ro 6.4]

289. ¿Qué es el viejo Adán?

El viejo Adán es la naturaleza corrompida y mala que heredamos a causa de la caída en pecado de Adán.

867   **Ef 4.22** En cuanto a la pasada manera de vivir, despojaos del viejo hombre, que está corrompido por los deseos engañosos.

290. ¿Cómo debe ser ahogado el viejo Adán en nosotros?

El viejo Adán debe ser ahogado en nosotros por medio de la contrición diaria (pesar por el pecado) y el arrepentimiento (fe). Así podemos resistir y vencer los malos deseos.

868   **Lc 9.23** Si alguno quiere venir en pos de mí, niéguese a sí mismo, tome su cruz cada día y sígame.

869   **Gl 5.24** Los que son de Cristo han crucificado la carne con sus pasiones y deseos.

291. ¿Qué es el nuevo hombre?

El nuevo hombre es la nueva vida y naturaleza espiritual, creada en nosotros por medio de lavamiento de la regeneración.

870   **2 Co 5.17** Si alguno está en Cristo, nueva criatura es.

292. ¿Cómo surge y resucita en nosotros este nuevo hombre?

El nuevo hombre surge y resucita en nosotros cuando cada día vivimos y crecemos delante de Dios en verdadera fe y buenas obras.

871   **Ef 4.24** Vestíos del nuevo hombre, creado según Dios en la justicia y santidad de la verdad.

293. ¿Cómo significa el Bautismo el diario ahogar del viejo Adán y el surgimiento del nuevo hombre?

Por nuestro Bautismo hemos sido partícipes de la muerte y la resurrección de Cristo. Así como él sepultó nuestros pecados, así también nosotros diariamente podemos y debemos vencerlos y sepultarlos; y así como él resucitó de entre los muertos y vive, así también nosotros diariamente podemos y debemos andar en vida nueva delante de él.

872   **Ro 6.3-4** ¿No sabéis que todos los que hemos sido bautizados en Cristo Jesús, hemos sido bautizados en su muerte?, porque somos sepultados juntamente con él para muerte por el bautismo, a fin de que como Cristo resucitó de los muertos por la gloria del Padre, así también nosotros andemos en vida nueva.

288. *Where is this written?*

St. Paul writes in Romans chapter six: "We were therefore buried with Him through baptism into death in order that, just as Christ was raised from the dead through the glory of the Father, we too may live a new life." [Rom. 6:4]

289. *What is the Old Adam?*

The Old Adam is the corrupt and evil nature that we inherit because of Adam's fall into sin.

867   **Eph. 4:22** Put off, concerning your former conduct, the old man which grows corrupt according to the deceitful lusts (NKJV).

290. *How is this Old Adam to be drowned in us?*

The Old Adam is to be drowned by daily contrition (sorrow for sins) and repentance (faith), by which we resist and overcome evil desires.

868   **Luke 9:23** If anyone would come after Me, he must deny himself and take up his cross daily and follow Me.

869   **Gal. 5:24** Those who belong to Christ Jesus have crucified the sinful nature with its passions and desires.

291. *What is the new man?*

The new man is the new spiritual life and nature, created in us by the washing of rebirth.

870   **2 Cor. 5:17** If anyone is in Christ, he is a new creation.

292. *How is this new man to emerge and arise?*

The new man emerges and arises as we daily live and grow before God in true faith and good works.

871   **Eph. 4:24** Put on the new man which was created according to God, in righteousness and true holiness (NKJV).

293. *How does Baptism indicate the daily drowning of the Old Adam and the emergence of the new man?*

By Baptism we have been made to share in Christ's death and resurrection. As He has buried our sin, so we too can and must daily overcome and bury it. And as He is risen from the dead and lives, so we too can and must daily live a new life in Him.

872   **Rom. 6:3-4** Don't you know that all of us who were baptized into Christ Jesus were baptized into His death? We were therefore buried with Him through baptism into death in order that, just as Christ was raised from the dead through the glory of the Father, we too may live a new life.

**294. ¿*Con qué palabras recordamos regularmente nuestro Bautismo?*

Las palabras "en el nombre del Padre, del Hijo y del Espíritu Santo" vienen de la institución del Bautismo (Mt 28.19) y se las conoce como la invocación trinitaria. Al repetir esas palabras en la iglesia, o por nosotros mismos, recordamos, proclamamos y confesamos ante el cielo, la tierra y el infierno, todo lo que Dios, la Santa Trinidad, nos ha dado en nuestro Bautismo.

873 **Ro 8.38-39** Estoy seguro que ni la muerte ni la vida, ni ángeles ni principados ni potestades, ni lo presente ni lo por venir, ni lo alto ni lo profundo, ni ninguna otra cosa creada nos podrá separar del amor de Dios, que es en Cristo Jesús, Señor nuestro.

H.B. **Lc 3.21-22** Las tres personas de la Santísima Trinidad se revelaron a sí mismas en el Bautismo de nuestro Señor.

Nota: La invocación trinitaria puede ser acompañada por la señal de la cruz, hecha en nuestro Bautismo sobre nuestras frentes y corazones para señalarnos como "redimidos por Cristo, el crucificado."

FORMA BREVE PARA EL BAUTISMO DE EMERGENCIA

En caso de necesidad, en ausencia del pastor, cualquier cristiano puede administrar el Santo Bautismo.

Tome agua, llame a la persona por su nombre y aplique el agua diciendo: "Yo te bautizo en el nombre del Padre, y del Hijo y del Espíritu Santo. Amén."

Si hay suficiente tiempo, antes del Bautismo se puede decir el Credo Apostólico y orar el Padrenuestro.

294. *With which words do we regularly remember our Baptism?*

The words "in the name of the Father, and of the Son, and of the Holy Spirit" come from the baptismal command (Matt. 28:19) and are known as the Trinitarian Invocation. By repeating these words, in church or by ourselves, we recall, claim, and confess before heaven, earth, and hell all that God the Holy Trinity has given us in our Baptism.

873   **Rom. 8:38-39** I am convinced that neither death nor life, neither angels nor demons, neither the present nor the future, nor any powers, neither height nor depth, nor anything else in all creation, will be able to separate us from the love of God that is in Christ Jesus our Lord.

Bible narrative: **Luke 3:21-22** The three persons of the blessed Trinity revealed themselves at the Baptism of our Lord.

Note: The Trinitarian Invocation may be accompanied by the sign of the cross, made at our Baptism upon our foreheads and hearts to mark us as "redeemed by Christ the crucified."

A SHORT FORM FOR HOLY BAPTISM IN CASES OF EMERGENCY

In urgent cases, in the absence of a pastor, any Christian may administer Holy Baptism. Take water, call the person by name, and apply the water, saying: "I baptize you in the name of the Father and of the Son and of the Holy Spirit. Amen."

If there is time, Baptism may be preceded by the Apostles' Creed and the Lord's Prayer.

QUINTA PARTE
Confesión y absolución

"Al exhortar a confesarse, no hago otra cosa que exhortar a ser cristianos."
(Catecismo Mayor, Breve Exhortación a la Confesión 32)

295. ¿Qué es la confesión?

La confesión contiene dos partes. La primera, es la confesión de los pecados, y, la segunda, el recibir la absolución del confesor como de Dios mismo, no dudando de ella en lo más mínimo, sino creyendo firmemente que por ella los pecados son perdonados ante Dios en el cielo.

296. ¿Qué pecados hay que confesar?

Ante Dios uno debe declararse culpable de todos los pecados, aún de aquellos que ignoramos, tal como lo hacemos en el Padrenuestro. Pero, ante el confesor, debemos confesar solamente los pecados que conocemos y sentimos en nuestro corazón.

297. ¿Cuáles son tales pecados?

Considera tu estado basándote en los Diez Mandamientos, seas padre, madre, hijo, hija, esposo, esposa o servidor; si has sido desobediente, infiel, perezoso, violento, insolente, reñidor; si hiciste mal a alguno con palabras u obras; si hurtaste, fuiste negligente, derrochador, o causaste algún otro daño.

298. ¿Cuál es la primer parte de la confesión?

La primera parte es cuando confesamos o reconocemos nuestros pecados.

874   **Sal 32.3, 5** Mientras callé, se envejecieron mis huesos en mi gemir todo el día ...Mi pecado te declaré y no encubrí mi iniquidad. Dije: "Confesaré mis rebeliones a Jehová", y tú perdonaste la maldad de mi pecado.

FIFTH PART
Confession

"When I urge you to go to confession, I am simply urging you to be a Christian." (Large Catechism, Brief Exhortation 32)

295. *What is confession?*

Confession has two parts. First that we confess our sins, and second, that we receive absolution, that is, forgiveness, from the pastor as from God Himself, not doubting, but firmly believing that by it our sins are forgiven before God in heaven.

296. *What sins should we confess?*

Before God we should plead guilty of all sins, even those we are not aware of, as we do in the Lord's Prayer; but before the pastor we should confess only those sins which we know and feel in our hearts.

297. *Which are these?*

Consider your place in life according to the Ten Commandments: Are you a father, mother, son, daughter, husband, wife, or worker? Have you been disobedient, unfaithful, or lazy? Have you been hot-tempered, rude, or quarrelsome? Have you hurt someone by your words or deeds? Have you stolen, been negligent, wasted anything, or done any harm?

298. *What is the first part of confession?*

The first part of confession is that we confess, or acknowledge, our sins.

874   **Ps. 32:3, 5** When I kept silent, my bones wasted away through my groaning all day long.... Then I acknowledged my sin to You and did not cover up my iniquity. I said, "I will confess my transgressions to the Lord"—and You forgave the guilt of my sin.

875   **Sal 51.1-4** Ten piedad de mí, Dios, conforme a tu misericordia; conforme a la multitud de tus piedades borra mis rebeliones. ¡Lávame más y más de mi maldad y límpiame de mi pecado!, porque yo reconozco mis rebeliones, y mi pecado está siempre delante de mí. Contra ti, contra ti solo he pecado; he hecho lo malo delante de tus ojos, para que seas reconocido justo en tu palabra y tenido por puro en tu juicio.

299. ¿Qué pecados debemos confesar ante Dios?

Ante Dios debemos reconocernos culpables de todos los pecados, aún de aquellos que ignoramos, como lo hacemos en el Padrenuestro.

876   **Sal 19.12** ¿Quién puede discernir sus propios errores? Líbrame de los que me son ocultos.

877   **Pr 28.13** El que oculta sus pecados no prosperará, pero el que los confiesa y se aparta de ellos alcanzará misericordia.

878   **1 Jn 1.8-9** Si decimos que no tenemos pecado, nos engañamos a nosotros mismos y la verdad no está en nosotros. Si confesamos nuestros pecados, él es fiel y justo para perdonar nuestros pecados y limpiarnos de toda maldad.

300. ¿Qué pecados debemos confesar también ante nuestro prójimo?

Ante nuestro prójimo debemos confesar todos los pecados que hemos cometido contra él.

879   **Stg 5.16** Confesaos vuestras ofensas unos a otros.

880   **Mt 5.23-24** Si traes tu ofrenda al altar y allí te acuerdas de que tu hermano tiene algo contra ti, deja allí tu ofrenda delante del altar y ve, reconcíliate primero con tu hermano, y entonces vuelve y presenta tu ofrenda.

301. ¿Qué pecados se nos anima a confesar privadamente ante nuestro pastor o confesor?

Ante el pastor o confesor confesamos aquellos pecados que conocemos y sentimos en nuestro corazón, especialmente los que nos atormentan.

881   **2 S 12.13** Dijo David a Natán: Pequé contra Jehová. Natán dijo a David: También Jehová ha perdonado tu pecado; no morirás.

882   **Stg 5.16** Confesaos vuestras ofensas unos a otros y orad unos por otros, para que seáis sanados.

Nota: Nadie debe ser obligado a la confesión privada.

302. ¿Cuál es la segunda parte de la confesión?

La segunda parte de la confesión es cuando recibimos la absolución, o sea, el perdón de los pecados.

883   **Is 1.18** Venid luego, dice Jehová, y estemos a cuenta: aunque vuestros pecados sean como la grana, como la nieve serán emblanquecidos; aunque sean rojos como el carmesí, vendrán a ser como blanca lana.

875   **Ps. 51:1-4** Have mercy on me, O God, according to Your unfailing love; according to Your great compassion blot out my transgressions. Wash away all my iniquity and cleanse me from my sin. For I know my transgressions, and my sin is always before me. Against You, You only, have I sinned and done what is evil in Your sight, so that You are proved right when You speak and justified when You judge.

299. *What sins should we confess before God?*

Before God we should plead guilty of all sins, even those we are not aware of, as we do in the Lord's Prayer.

876   **Ps. 19:12** Who can discern his errors? Forgive my hid den faults.

877   **Prov. 28:13** He who conceals his sins does not prosper, but whoever confesses and renounces them finds mercy.

878   **1 John 1:8-9** If we claim to be without sin, we deceive ourselves and the truth is not in us. If we confess our sins, He is faithful and just and will forgive us our sins and purify us from all unrighteousness.

300. *What sins should we confess before our neighbor?*

Before our neighbor we should confess all sins we have committed against him or her.

879   **James 5:16** Confess your sins to each other.

880   **Matt. 5:23-24** If you are offering your gift at the altar and there remember that your brother has something against you, leave your gift there in front of the altar. First go and be reconciled to your brother; then come and offer your gift.

301. *What sins are we encouraged to confess privately before our pastor or confessor?*

Before the pastor or confessor we confess those sins which we know and feel in our hearts, especially those that trouble us.

881   **2 Sam. 12:13** David said to Nathan, "I have sinned against the Lord." Nathan replied, "The Lord has taken away your sin."

882   **James 5:16** Confess your sins to each other and pray for each other so that you may be healed.

Note: No one may be forced to make private confession.

302. *What is the second part of confession?*

The second part of confession is that we receive absolution, that is, forgiveness of sins.

883   **Is. 1:18** "Come now, let us reason together," says the Lord. "Though your sins are like scarlet, they shall be as white as snow; though they are red as crimson, they shall be like wool."

303. ¿Cómo debemos considerar la absolución (perdón) pronunciada por el pastor?

Debemos recibir la absolución del pastor como de Dios mismo, sin dudar, sino creyendo firmemente que por ella nuestros pecados son perdonados ante Dios en el cielo.

884   **Mt 18.18** Todo lo que desatéis en la tierra será desatado en el cielo.

885   **Lc 10.16** El que a vosotros oye, a mí me oye.

886   **Jn 20.23** A quienes perdonéis los pecados, les serán perdonados.

304. ¿Qué seguridad puedo tener de que mi confesión privada al pastor permanecerá confidencial?

El pastor se compromete a no contar a nadie acerca de los pecados que le contaste en tu confesión privada, porque tales pecados han sido removidos.

887   **Sal 103.12** Cuanto está lejos el oriente del occidente, hizo alejar de nosotros nuestras rebeliones.

888   **Pr 11.13** El que anda con chismes revela el secreto; el de espíritu fiel lo guarda íntegro.

889   **1 Ti 3.1-2** Palabra fiel: "Si alguno anhela obispado, buena obra desea." Pero es necesario que el obispo sea irreprochable.

305. ¿Cuál es el beneficio de la confesión y absolución privadas?

En la confesión y absolución privadas, Dios mismo a través del pastor perdona al creyente los pecados que éste confesó.

"Cuando un corazón sintiere sus pecados y ansiare consolación, tendrá en esto un refugio seguro donde halla y oye la palabra de Dios, por medio de un hombre que lo libera y lo absuelve de los pecados" (Catecismo Mayor, Breve Exhortación a la Confesión 14).

890   **Sal 32.2** Bienaventurado el hombre a quien Jehová no culpa de iniquidad.

891   **2 S 12.13** Natán dijo a David: También Jehová ha perdonado tu pecado; no morirás.

892   **Mt 9.2** Ten ánimo, hijo; tus pecados te son perdonados.

Forma de confesión

[La intención de Lutero era que la siguiente forma sirviera sólo como un ejemplo de confesión privada para los cristianos de su tiempo.]

De esta manera debes hablarle al confesor:

Honorable y estimado señor, le pido que tenga a bien escuchar mi confesión y declarar el perdón de mis pecados por Dios.

Di, pues:

303. *How should we regard the absolution (forgiveness) spoken by the pastor?*

We should receive the pastor's absolution as from God Himself, not doubting, but firmly believing that by it our sins are forgiven before God in heaven.

"It is not the voice or word of the man who speaks it, but it is the Word of God, who forgives sin, for it is spoken in God's stead and by God's command" (Augsburg Confession XXV 3).

884   **Matt. 18:18** Whatever you loose on earth will be loosed in heaven.

885   **Luke 10:16** He who listens to you listens to Me.

886   **John 20:23** If you forgive anyone his sins, they are forgiven.

304. *What assurance do I have that my private confession to the pastor will remain confidential?*

The pastor is pledged not to tell anyone else of sins told him in private confession, for those sins have been removed.

887   **Ps. 103:12** As far as the east is from the west, so far has He removed our transgressions from us.

888   **Prov. 11:13** A gossip betrays a confidence, but a trustworthy man keeps a secret.

889   **1 Tim. 3:1-2** Here is a trustworthy saying: If anyone sets his heart on being an overseer [pastor], he desires a noble task. Now the overseer must be above reproach.

305. *What is the benefit of private confession and absolution?*

In private confession and absolution, God Himself through the pastor forgives each individual the sins that are confessed.

"If there is a heart that feels its sin and desires consolation, it has here a sure refuge when it hears in God's Word that through a man God looses and absolves him from his sins" (Large Catechism, Brief Exhortation 14).

890   **Ps. 32:2** Blessed is the man whose sin the Lord does not count against him.

891   **2 Sam. 12:13** Nathan replied, "The Lord has taken away your sin."

892   **Matt. 9:2** Take heart, son; your sins are forgiven.

A Short Form of Confession

[Luther intended the following form to serve only as an example of private confession for Christians of his time. For a contemporary form of individual confession, see Lutheran Worship, pp. 310-11.]

The penitent says:

Dear confessor, I ask you please to hear my confession and to pronounce forgiveness in order to fulfill God's will.

Yo, pobre pecador, me confieso ante Dios que soy culpable de todos los pecados; especialmente me confieso ante su presencia que siendo sirviente, sirvienta, etc., sirvo lamentablemente en forma infiel a mi amo, pues aquí y allí no he hecho lo que me ha sido encomendado, habiéndolo movido a encolerizarse o a maldecir; he descuidado algunas cosas y he permitido que ocurran daños. He sido también impúdico en palabras y obras; me he irritado con mis semejantes y he murmurado y maldecido contra mi amo, etc. Todo esto lo lamento y solicito su gracia; quiero corregirme.

Un amo o ama debe decir así: En especial confieso ante su presencia que no eduqué fielmente para gloria de Dios a mi hijo, sirviente, mujer. He maldecido; he dado malos ejemplos con palabras y obras impúdicas; he hecho mal a mi vecino, hablando mal de él, vendiéndole muy caro, dándole mala mercadería y no toda la cantidad que corresponde.

[En general, deberá confesarse todo lo que uno ha hecho en contra de los Diez Mandamientos, lo que corresponde según su estado, etc.]

Si alguien no se siente cargado de tales o aun mayores pecados, entonces no debe preocuparse o buscar más pecados ni inventarlos, haciendo con ello un martirio de la confesión, sino que debe contar uno o dos, tal como él lo sabe, de esta manera: En especial confieso que he maldecido una vez; del mismo modo, que he sido desconsiderado una vez con palabras, que he descuidado esto, etc. Considera esto como suficiente.

Si no sientes ninguno (lo que no debería ser posible), entonces no debes decir nada en particular, sino recibir el perdón de la confesión general, así como lo haces ante Dios en presencia del confesor.

A ello debe responder el confesor: Dios sea contigo misericordioso y fortalezca tu fe, Amén.

Dime: ¿Crees tú también que mi perdón sea el perdón de Dios?

Sí, venerable señor.

Entonces dirá:

Así como has creído, de la misma forma acontezca en ti. Y yo, por mandato de nuestro Señor Jesucristo, te perdono tus pecados en el nombre del Padre y del Hijo y del Espíritu Santo. Amén. Ve en paz.

Aquellos que tengan gran carga de conciencia o estén afligidos o atribulados los sabrá consolar e impulsar hacia la fe un confesor con más pasajes bíblicos. Ésta debe ser sólo una manera usual de confesión para la gente sencilla.

I, a poor sinner, plead guilty before God of all sins. In particular I confess before you that as a servant, maid, etc., I, sad to say, serve my master unfaithfully, for in this and that I have not done what I was told to do. I have made him angry and caused him to curse. I have been negligent and allowed damage to be done. I have also been offensive in words and deeds. I have quarreled with my peers. I have grumbled about the lady of the house and cursed her. I am sorry for all of this and I ask for grace. I want to do better.

A master or lady of the house may say: In particular I confess before you that I have not faithfully guided my children, servants, and wife to the glory of God. I have cursed. I have set a bad example by indecent words and deeds. I have hurt my neighbor and spoken evil of him. I have overcharged, sold inferior merchandise, and given less than was paid for.

[Let the penitent confess whatever else he has done against God's commandments and his own position.]

If, however, someone does not find himself burdened with these or greater sins, he should not trouble himself or search for or invent other sins, and thereby make confession a torture. Instead, he should mention one or two that he knows: In particular I confess that I have cursed; I have used improper words; I have neglected this or that, etc. Let that be enough.

But if you know of none at all (which hardly seems possible), then mention none in particular, but receive the forgiveness upon the general confession which you make to God before the confessor.

Then the confessor shall say:

God be merciful to you and strengthen your faith. Amen.

Furthermore:

Do you believe that my forgiveness is God's forgiveness?

Yes, dear confessor.

Then let him say:

Let it be done for you as you believe. And I, by the command of our Lord Jesus Christ, forgive you your sins in the name of the Father and of the Son and of the Holy Spirit. Amen. Go in peace.

A confessor will know additional passages with which to comfort and to strengthen the faith of those who have great burdens of conscience or are sorrowful and distressed.

This is intended only as a general form of confession.

EL OFICIO DE LAS LLAVES

306. ¿Qué es el oficio de las llaves?

El oficio de las llaves es el poder especial que nuestro Señor Jesucristo ha dado a su iglesia en la tierra de perdonar los pecados a los penitentes, y de no perdonar a los impenitentes mientras no se arrepientan.

307. ¿Dónde está escrito esto?

Así escribe el evangelista San Juan en el capítulo veinte: "Recibid el Espíritu Santo. A quienes perdonéis los pecados, les serán perdonados, y a quienes se los retengáis, les serán retenidos." [Juan 20.22-23]

308. ¿Qué crees según estas palabras?

Cuando los ministros debidamente llamados de Cristo, por su mandato divino, tratan con nosotros, especialmente cuando excluyen a los pecadores manifiestos e impenitentes de la congregación cristiana, y cuando absuelven a los que se arrepienten de sus pecados y prometen enmendarse, creo que esto es tan válido y cierto, también en el cielo, como si nuestro Señor Jesucristo mismo tratase con nosotros.

309. ¿Qué autoridad especial ha dado Cristo a su iglesia en la tierra?

Cristo ha dado a su iglesia la autoridad de perdonar los pecados y de retener el perdón.

893　　**Mt 18.18** De cierto os digo que todo lo que atéis en la tierra será atado en el cielo; y todo lo que desatéis en la tierra será desatado en el cielo.

894　　**Jn 20.22-23** Y al decir esto, sopló y les dijo: Recibid el Espíritu Santo. A quienes perdonéis los pecados, les serán perdonados, y a quienes se los retengáis, les serán retenidos.

310. ¿Por qué se llama esta autoridad el oficio de las llaves?

Esta autoridad funciona como una llave que abre el cielo por medio del perdón de los pecados, o lo cierra por medio de la retención del perdón.

THE OFFICE OF THE KEYS

306. *What is the Office of the Keys?*

The Office of the Keys is that special authority which Christ has given to His church on earth to forgive the sins of repentant sinners, but to withhold forgiveness from the unrepentant as long as they do not repent.

307. *Where is this written?*

This is what St. John the Evangelist writes in chapter twenty: The Lord Jesus breathed on His disciples and said, "Receive the Holy Spirit. If you forgive anyone his sins, they are forgiven; if you do not forgive them, they are not forgiven." [John 20:22-23]

308. *What do you believe according to these words?*

I believe that when the called ministers of Christ deal with us by His divine command, in particular when they exclude openly unrepentant sinners from the Christian congregation and absolve those who repent of their sins and want to do better, this is just as valid and certain, even in heaven, as if Christ our dear Lord dealt with us Himself.

309. *What special authority has Christ given to His church on earth?*

Christ has given to His church the authority to forgive sins or to withhold forgiveness.

893   **Matt. 18:18** I tell you the truth, whatever you bind on earth will be bound in heaven, and whatever you loose on earth will be loosed in heaven.

894   **John 20:22-23** [Jesus] breathed on them and said, "Receive the Holy Spirit. If you forgive anyone his sins, they are forgiven; if you do not forgive them, they are not forgiven."

310. *Why is this authority called the Office of the Keys?*

This authority works like a key to open heaven by forgiving sins, or to close heaven by not forgiving them.

895   **Mt 16.19** Y a ti te daré las llaves del reino de los cielos.

311. ¿Cómo se relaciona el oficio de las llaves con la proclamación del evangelio?

El oficio de las llaves es una manera especial, dada por Dios de aplicar el evangelio al creyente. "Dios es superabundante en dar su gracia. Primero, por la palabra oral, en la cual es predicada la remisión de los pecados en todo el mundo, lo cual constituye el oficio propio del evangelio. En segundo término, mediante el bautismo. En tercer lugar, por medio del santo sacramento del altar. En cuarto, por medio del poder de las llaves y también por medio de la conversación y consolación mutua entre los hermanos." (Artículos de Esmalcalda III Sobre el Evangelio).

896   **Mt 18.20** Donde están dos o tres congregados en mi nombre, allí estoy yo en medio de ellos.

897   **Mt 28.18-20** Jesús se acercó y les habló diciendo: Toda potestad me es dada en el cielo y en la tierra. Por tanto, id y haced discípulos a toda las naciones, bautizándolos en el nombre del Padre, del Hijo y del Espíritu Santo, y enseñándoles que guarden todas las cosas que os he mandado. Y yo estoy con vosotros todos los días, hasta el fin del mundo.

898   **1 P 2.9** Vosotros sois linaje escogido, real sacerdocio, nación santa, pueblo adquirido por Dios, para que anunciéis las virtudes de aquel que os llamó de las tinieblas a su luz admirable.

312. ¿Quiénes deben ser perdonados?

Aquellos que se arrepienten y piden perdón deben ser perdonados.

899   **Hch 3.19** Así que, arrepentíos y convertíos para que sean borrados vuestros pecados; para que vengan de la presencia del Señor tiempos de consuelo.

313. ¿Quién recibe el perdón dado en la absolución?

Solamente los creyentes arrepentidos reciben el perdón.

900   **Sal 32.5** Mi pecado te declaré y no encubrí mi iniquidad. Dije: "Confesaré mis rebeliones a Jehová", y tú perdonaste la maldad de mi pecado.

314. ¿Quienes son creyentes penitentes?

Creyentes penitentes son los que sienten pesar por sus pecados (contrición) y creen en el Señor Jesucristo como su Salvador (fe).

901   **Sal 51.17** Los sacrificios de Dios son el espíritu quebrantado; el corazón contrito y humillado no despreciarás tú, oh Dios.

902   **Hch 16.31** Cree en el Señor Jesucristo, y serás salvo.

Nota: Los pecadores que secretamente no se arrepienten (hipócritas) rechazan el perdón que verdaderamente les ofrece la absolución.

895   **Matt. 16:19** I will give you the keys of the kingdom of heaven.

311. *How is the Office of the Keys related to the proclamation of the Gospel?*

The Office of the Keys is a special God-given way of applying the Gospel to the individual. "God is surpassingly rich in His grace: First, through the spoken word, by which the forgiveness of sin (the peculiar function of the Gospel) is preached to the whole world; second, through Baptism; third, through the holy Sacrament of the Altar; fourth, through the power of keys; and finally, through the mutual conversation and consolation of brethren" (Smalcald Articles III IV).

896   **Matt. 18:20** Where two or three come together in My name, there am I with them.

897   **Matt. 28:18-20** Jesus came to them and said, "All authority in heaven and on earth has been given to Me. Therefore go and make disciples of all nations, baptizing them in the name of the Father and of the Son and of the Holy Spirit, and teaching them to obey everything I have commanded you. And surely I am with you al ways, to the very end of the age."

898   **1 Peter 2:9** You are a chosen people, a royal priesthood, a holy nation, a people belonging to God, that you may declare the praises of Him who called you out of darkness into His wonderful light.

312. *Who are to be forgiven (absolved)?*

Those who repent and ask for forgiveness are to be forgiven.

899   **Acts 3:19** Repent, then, and turn to God, so that your sins may be wiped out, that times of refreshing may come from the Lord.

313. *Who receives the forgiveness given in absolution?*

Only repentant believers receive the forgiveness.

900   **Ps. 32:5** I acknowledged my sin to You and did not cover up my iniquity. I said, "I will confess my trangressions to the Lord"—and You forgave the guilt of my sin.

314. *Who are repentant believers?*

Repentant believers are those who are sorry for their sins (contrition) and believe in the Lord Jesus Christ as their Savior (faith).

901   **Ps. 51:17** The sacrifices of God are a broken spirit; a broken and contrite heart, O God, You will not despise.

902   **Acts 16:31** Believe in the Lord Jesus, and you will be saved.

Note: Secretly unrepentant sinners (hypocrites) reject the forgiveness which the absolution truly offers them.

315. ¿A quiénes no se debe perdonar?

No se debe perdonar a los pecadores no arrepentidos, esto es, los que no sienten pesar por sus pecados y no creen en Jesucristo, en tanto no se arrepientan.

903 **Mt 18.17** Si no los oye a ellos, dilo a la iglesia; y si no oye a la iglesia, tenlo por gentil y publicano.

316. ¿Cuál es el resultado que debe seguir al arrepentimiento?

"Después deben seguir la corrección y el abandono del pecado, pues éstos deben ser los frutos del arrepentimiento." (Confesión de Augsburgo XII 6).

904 **Mt 3.8** Producid, pues, frutos dignos de arrepentimiento.

905 **Jn 8.11** Vete y no peques más.

H.B. **Lc 19.1-10** Zaqueo el cobrador de impuestos.

317. ¿Cómo administran públicamente las congregaciones cristianas el oficio de las llaves?

Las congregaciones cristianas, por mandato de Cristo, llaman pastores para que ejerzan el oficio de las llaves públicamente en su nombre y en representación de la congregación. El oficio pastoral es una institución divina.

906 **Ef 4.11** Él mismo constituyó a unos, apóstoles; a otros, profetas; a otros, evangelistas; a otros, pastores y maestros.

907 **Hch 20.28** Mirad por vosotros y por todo el rebaño en que el Espíritu Santo os ha puesto por obispos.

908 **1 Co 4.1** Que los hombres nos consideren como servidores de Cristo y administradores de los misterios de Dios.

909 **2 Co 2.10** Lo que he perdonado... por vosotros lo he hecho en presencia de Cristo.

318. ¿Quién puede ser considerado para el oficio pastoral?

Las congregaciones deben llamar a hombres que, personal y espiritualmente, estén bien calificados para ser sus pastores. "Respecto al gobierno eclesiástico se enseña que nadie debe enseñar públicamente en la iglesia ni predicar ni administrar los sacramentos sin llamamiento legítimo." (Confesión de Augsburgo XIV).

910 **1 Ti 3.1-2** "Si alguno anhela obispado, buena obra desea". Pero es necesario que el obispo sea irreprochable, marido de una sola mujer, sobrio, prudente, decoroso, hospedador, apto para enseñar.

911 **2 Ti 2.2** Lo que has oído de mí ante muchos testigos, esto encarga a hombres fieles que sean idóneos para enseñar también a otros.

912 **2 Ti 2.15** Procura con diligencia presentarte a Dios aprobado, como obrero que no tiene de qué avergonzarse, que usa bien la palabra de verdad.

315. *Who are not to be forgiven?*

Unrepentant sinners, that is, those who are not sorry for their sins and do not believe in Jesus Christ, are not to be forgiven as long as they do not repent.

903   **Matt. 18:17** If he refuses to listen to them, tell it to the church; and if he refuses to listen even to the church, treat him as you would a pagan or a tax collector.

316. *What is the necessary result of repentance?*

"Then good works, which are the fruits of repentance, are bound to follow" (Augsburg Confession XII 6).

904   **Matt. 3:8** Produce fruit in keeping with repentance.

905   **John 8:11** Go now and leave your life of sin.

Bible narrative: **Luke 19:1-10** Zacchaeus the tax collector.

317. *How does the church publicly exercise the Office of the Keys?*

The Christian congregation by the command of Christ calls pastors to carry out the Office of the Keys publicly in His name and on behalf of the congregation. The pastoral office is a divine institution.

906   **Eph. 4:11** It was He [Christ] who gave some to be apostles, some to be prophets, some to be evangelists, and some to be pastors and teachers.

907   **Acts 20:28** Keep watch over yourselves and all the flock of which the Holy Spirit has made you overseers.

908   **1 Cor. 4:1** Let a man so consider us, as servants of Christ and stewards of the mysteries of God (NKJV).

909   **2 Cor. 2:10** What I have forgiven . . . I have forgiven in the sight of Christ for your sake.

318. *Who should be considered for the office of pastor?*

Congregations are to call men who are well qualified personally and spiritually to be their pastors. "Our churches teach that nobody should preach publicly in the church or administer the sacraments unless he is regularly called" (Augsburg Confession XIV).

910   **1 Tim. 3:1-2** If anyone sets his heart on being an overseer [pastor], he desires a noble task. Now the overseer must be above reproach, the husband of but one wife, temperate, self-controlled, respectable, hospitable, able to teach.

911   **2 Tim. 2:2** The things you have heard me say in the presence of many witnesses entrust to reliable men who will also be qualified to teach others.

912   **2 Tim. 2:15** Do your best to present yourself to God as one approved, a workman who does not need to be ashamed and who correctly handles the word of truth..

913   **1 Co 14.33-34** Como en todas las iglesias de los santos, vuestras mujeres callen en las congregaciones, porque no les es permitido hablar, sino que deben estar sujetas, como también la Ley lo dice.

Nota: Ver 1 Ti 2.11-14

LA DISCIPLINA ECLESIÁSTICA Y LA EXCOMUNIÓN

319. ¿Qué se debe hacer con los que abiertamente no se arrepienten?

La congregación cristiana debe ejercer la disciplina eclesiástica en amor y paciencia. "Si tu hermano peca contra ti, ve y repréndelo estando tú y él solos; si te oye, has ganado a tu hermano. Pero si no te oye, toma aún contigo a uno o dos, para que en boca de dos o tres testigos conste toda palabra. Si no los oye a ellos, dilo a la iglesia; y si no oye a la iglesia, tenlo por gentil y publicano." **(Mt 18.15-17).**

914   **Gl 6.1-2** Hermanos, si alguno es sorprendido en alguna falta, vosotros que sois espirituales, restauradlo con espíritu de mansedumbre, considerándote a ti mismo, no sea que tú también seas tentado. Sobrellevad los unos las cargas de los otros, y cumplid así la ley de Cristo.

915   **Ef 4.2-3** Con toda humildad y mansedumbre, soportándoos con paciencia los unos a los otros en amor, procurando mantener la unidad del Espíritu en el vínculo de la paz.

320. ¿Qué debe hacer finalmente la congregación con los pecadores abiertamente no arrepentidos?

La congregación cristiana debe excluir a los pecadores abiertamente no arrepentidos (excomunión).

916   **1 Co 5.13** A los que están afuera, Dios los juzgará. Quitad, pues, a ese perverso de entre vosotros.

321. ¿Con qué autoridad excomulga la congregación a los pecadores abiertamente no arrepentidos?

La excomunión es autorizada por Cristo y es tan válida y cierta, aún en el cielo, como si nuestro querido Señor Jesucristo mismo tratase con nosotros.

917   **Mt 18.18** De cierto os digo que todo lo que atéis en la tierra será atado en el cielo.

322. ¿Cúal es el deber del ministro llamado por Cristo cuando la congregación ha excomulgado a un pecador?

El pastor debe llevar a cabo la decisión de la congregación, esto es, debe excluir al excomulgado de los derechos y privilegios de un cristiano.

913   **1 Cor. 14:33-34** As in all the congregations of the saints, women should remain silent in the churches. They are not allowed to speak, but must be in submission, as the Law says.

Note: See also 1 Tim. 2:11-14.

CHURCH DISCIPLINE AND EXCOMMUNICATION

319. *What great care must be taken in dealing with an openly unrepentant sinner?*

The Christian congregation must carry out church discipline in love and patience. "If your brother sins against you, go and show him his fault, just between the two of you. If he listens to you, you have won your brother over. But if he will not listen take one or two others along, so that 'every matter may be established by the testimony of two or three witnesses.' If he refuses to listen to them, tell it to the church; and if he refuses to listen even to the church, treat him as you would a pagan or a tax collector " **(Matt. 18:15-17).**

914   **Gal. 6:1-2** Brothers, if someone is caught in a sin, you who are spiritual should restore him gently. But watch yourself, or you also may be tempted. Carry each other's burdens, and in this way you will fulfill the law of Christ.

915   **Eph. 4:2-3** Be completely humble and gentle; be patient, bearing with one another in love. Make every effort to keep the unity of the Spirit through the bond of peace.

320. *What must the congregation finally do with openly unrepentant sinners?*

The Christian congregation must exclude openly unrepentant sinners (excommunication).

916   **1 Cor. 5:13** God will judge those outside. "Expel the wicked man from among you."

321. *By what authority does the congregation excommunicate openly unrepentant sinners?*

Excommunication is authorized by Christ and is just as valid and certain, even in heaven, as if Christ our dear Lord dealt with us Himself.

917   **Matt. 18:18** I tell you the truth, whatever you bind on earth will be bound in heaven.

322. *What is the duty of the called minister of Christ when the congregation has excommunicated a sinner?*

The called minister of Christ must carry out the resolution of the congregation, that is, he must exclude the excommunicated person from the rights and privileges of a Christian.

323. ¿Cuál es el propósito de la excomunión?

La excomunión no tiene el propósito de castigar al pecador, sino de

A. llevarlo al arrepentimiento y a la fe;

918   **Mt 12.20** La caña cascada no quebrará y el pábilo que humea no apagará.

919   **Hch 3.19** Arrepentíos y convertíos para que sean borrados vuestros pecados.

B. prevenir que lleve a otros al pecado.

920   **Mt 18.6** A cualquiera que haga tropezar a alguno de estos pequeños que creen en mí, mejor fuera que se le colgara al cuello una piedra de molino de asno y que se le hundiera en lo profundo del mar.

921   **1 Co 5.6** No es buena vuestra jactancia. ¿Acaso no sabéis que un poco de levadura fermenta toda la masa?

324. ¿Cuál es el deber de una congregación para con un excomulgado que se arrepiente?

La congregación debe perdonar a toda persona excomulgada que se arrepiente, y recibirla de vuelta en plena comunión.

922   **2 Co 2.7-8** Así que, al contrario, vosotros más bien debéis perdonarlo y consolarlo, para que no sea consumido por demasiada tristeza. Por lo cual os ruego que confirméis el amor hacia él.

323. *What is the purpose of excommunication?*

Excommunication is not intended to punish the sinner, but to

A. lead him or her to repentance and faith;

918 **Matt. 12:20** A bruised reed He will not break, and a smoldering wick He will not snuff out.

919 **Acts 3:19** Repent, then, and turn to God, so that your sins may be wiped out.

B. prevent him or her from leading others into sin.

920 **Matt. 18:6** If anyone causes one of these little ones who believe in Me to sin, it would be better for him to have a large millstone hung around his neck and to be drowned in the depths of the sea.

921 **1 Cor. 5:6** Your boasting is not good. Don't you know that a little yeast works through the whole batch of dough?

324. *What is the duty of a congregation toward an excommunicated sinner who repents?*

The congregation must forgive any excommunicated person who repents and receive him or her back into full fellowship.

922 **2 Cor. 2:7-8** Now instead, you ought to forgive and comfort him so that he will not be overwhelmed by excessive sorrow. I urge you, therefore, to reaffirm your love for him.

SEXTA PARTE
El Sacramento del Altar
PRIMERO: Qué es el Sacramento del Altar

325. ¿Qué es el Sacramento del Altar?

Es el verdadero cuerpo y la verdadera sangre de nuestro Señor Jesucristo bajo el pan y el vino, instituido por Cristo mismo para que los cristianos comamos y bebamos.

326. ¿Dónde está escrito esto?

Así escriben los santos evangelistas Mateo, Marcos y Lucas, y también San Pablo: "Que el Señor Jesús, la noche que fue entregado, tomó pan; y habiendo dado gracias, lo partió y dijo: "Tomad, comed; esto es mi cuerpo que por vosotros es partido; haced esto en memoria de mí." Así mismo tomó también la copa, después de haber cenado, diciendo: "Esta copa es el nuevo pacto en mi sangre; haced esto todas las veces que la bebáis, en memoria de mí."

327. ¿Cuáles son algunos otros nombres para el Sacramento del Altar?

El sacramento se llama también la Cena del Señor, la Mesa del Señor, Santa Comunión, el Partimiento del Pan y la Eucaristía.

924   **1 Co 11.20** Cuando, pues, os reunís vosotros, eso no es comer la cena del Señor.

925   **1 Co 10.21** No podéis participar de la mesa del Señor y de la mesa de los demonios.

926   **1 Co 10.16** La copa de bendición que bendecimos, ¿no es la comunión de la sangre de Cristo? El pan que partimos, ¿no es la comunión del cuerpo de Cristo?

SIXTH PART
The Sacrament of the Altar
FIRST: What is the Sacrament of the Altar

325. *What is the Sacrament of the Altar?*

It is the true body and blood of our Lord Jesus Christ under the bread and wine, instituted by Christ Himself for us Christians to eat and to drink.

326. *Where is this written?*

The holy Evangelists Matthew, Mark, Luke, and St. Paul write:

Our Lord Jesus Christ, on the night when He was betrayed, took bread, and when He had given thanks, He broke it and gave it to the disciples and said: "Take, eat; this is My body, which is given for you. This do in remembrance of Me." In the same way also He took the cup after supper, and when He had given thanks, He gave it to them, saying, "Drink of it, all of you; this cup is the new testament, in My blood, which is shed for you for the forgiveness of sins. This do, as often as you drink it, in remembrance of Me."

327. *What are some other names for the Sacrament of the Altar?*

This sacrament is also called the Lord's Supper, the Lord's Table, Holy Communion, the Breaking of Bread, and the Eucharist.

924   **1 Cor. 11:20** When you come together, it is not the Lord's Supper you eat.

925   **1 Cor. 10:21** You cannot have a part in both the Lord's table and the table of demons.

926   **1 Cor. 10:16** The cup of blessing which we bless, is it not the communion of the blood of Christ? The bread which we break, is it not the communion of the body of Christ? (NKJV).

927 **Hch 2.42** Perseveraban en la doctrina de los apóstoles, en la comunión unos con otros, en el partimiento del pan y en las oraciones.

928 **Mt 26.26** Mientras comían, tomó Jesús el pan, lo bendijo, lo partió y dio a sus discípulos, diciendo: Tomad, comed; esto es mi cuerpo.

Nota: La palabra eucaristía viene del griego "dar gracias."

328. ¿Quién instituyó el Sacramento del Altar?

Jesucristo, verdadero Dios y verdadero hombre, instituyó este sacramento.

929 **1 Co 11.23-24** Yo recibí del Señor lo que también os he enseñado: Que el Señor Jesús, la noche que fue entregado, tomó pan; y habiendo dado gracias, lo partió, y dijo: "Tomad, comed; esto es mi cuerpo que por vosotros es partido; haced esto en memoria de mí."

329. ¿Qué nos da Cristo en este sacramento?

En este sacramento Cristo nos da su propio cuerpo y sangre para el perdón de los pecados.

930 **Mt 26.26, 28** Esto es mi cuerpo ...esto es mi sangre.

330. ¿Cómo indica la Biblia que estas palabras de Cristo no son lenguaje figurado?

Las palabras de Cristo en el sacramento se deben tomar literalmente especialmente porque:

A. estas palabras son las palabras de un testamento, y aún el testamento de una persona común no ha de cambiarse una vez que tal persona haya muerto.

931 **1 Co 11.25** "Esta copa es el nuevo pacto (testamento) en mi sangre."

932 **Gl 3.15** Un pacto (testamento), aunque sea hecho por un hombre, una vez ratificado, nadie lo invalida, ni le añade.

Nota: Comparar también con Heb 9.15-22

B. la palabra de Dios enseña claramente que en el sacramento el pan y el vino son una comunión o participación en el cuerpo y la sangre de Cristo.

933 **1 Co 10.16** La copa de bendición que bendecimos, ¿no es la comunión de la sangre de Cristo? El pan que partimos, ¿no es la comunión del cuerpo de Cristo?

C. la palabra de Dios enseña claramente que los que abusan del sacramento pecan, no contra el pan y el vino, sino contra el cuerpo y la sangre de Cristo.

934 **1 Co 11.27, 29** Cualquiera que coma este pan o beba esta copa del Señor indignamente, será culpado del cuerpo y de la sangre del Señor... El que come y bebe indignamente, sin discernir el cuerpo del Señor, juicio come y bebe para sí.

927 **Acts 2:42** They devoted themselves to the apostles' teaching and to the fellowship, to the breaking of bread and to prayer.

928 **Matt. 26:26** Jesus took bread, gave thanks and broke it, and gave it to His disciples, saying, "Take and eat; this is My body."

Note: Eucharist comes from the Greek word for "giving thanks."

328. *Who instituted the Sacrament of the Altar?*

Jesus Christ, who is true God and true man, instituted this sacrament.

929 **1 Cor. 11:23-24** I received from the Lord what I also passed on to you: The Lord Jesus, on the night He was betrayed, took bread, and when He had given thanks, He broke it and said, "This is My body, which is for you; do this in remembrance of Me."

329. *What does Christ give us in this sacrament?*

In this sacrament Christ gives us His own true body and blood for the forgiveness of sins.

930 **Matt. 26:26, 28** "This is My body.... This is My blood."

330. *How does the Bible make it clear that these words of Christ are not picture language?*

Christ's words in the Sacrament must be taken at face value especially because

A. these words are the words of a testament, and even an ordinary person's last will and testament may not be changed once that person has died;

931 **1 Cor. 11:25** "This cup is the new covenant [testament] in My blood."

932 **Gal. 3:15** Though it is only a man's covenant [will], yet if it is confirmed, no one annuls or adds to it (NKJV).

Note: Compare also Heb. 9:15-22

B. God's Word clearly teaches that in the Sacrament the bread and wine are a communion or participation in the body and blood of Christ;

933 **1 Cor. 10:16** The cup of blessing which we bless, is it not the communion of the blood of Christ? The bread which we break, is it not the communion of the body of Christ? (NKJV).

C. God's Word clearly teaches that those who misuse the Sacrament sin not against bread and wine but against Christ's body and blood.

934 **1 Cor. 11:27, 29** Whoever eats the bread or drinks the cup of the Lord in an unworthy manner will be guilty of sinning against the body and blood of the Lord For anyone who eats and drinks without recognizing the body of the Lord eats and drinks judgment on himself.

331. ¿Cuáles son los elementos visibles en este sacramento?

Los elementos visibles son pan, y vino.

935   **Mt 26.26-27** Tomó Jesús el pan... Y tomando la copa.

Nota: "El fruto de la vid" (Lc 22.18) en la Biblia significa vino, no jugo de uva. Ver también 1 Co 11.21.

332. ¿Reemplazan el cuerpo y la sangre de Cristo al pan y vino en el sacramento de tal manera que el pan y el vino no están más allí?

No, el pan y el vino permanecen en el sacramento.

936   **1 Co 11.26** Todas las veces que comáis este pan y bebáis esta copa, la muerte del Señor anunciáis hasta que él venga.

333. ¿Cómo es entonces que en este sacramento el pan y el vino son el cuerpo y la sangre de Cristo?

En este sacramento el pan y el vino son el cuerpo y la sangre de Cristo por la unión sacramental. Por el poder de su palabra, Cristo da su cuerpo y sangre en, con y bajo el pan y vino consagrados (bendecidos).

937   **1 Co 10.16** La copa de bendición que bendecimos, ¿no es la comunión de la sangre de Cristo? El pan que partimos, ¿no es la comunión del cuerpo de Cristo?

334. ¿Reciben todos los comulgantes en este sacramento el cuerpo y la sangre, crean o no?

Sí, porque el sacramento depende de las palabras de Cristo, no de nuestra fe.

938   **1 Co 11.27** Cualquiera que coma este pan o beba esta copa del Señor indignamente, será culpado del cuerpo y de la sangre el Señor.

Nota: Todos los comulgantes deben recibir ambas partes del sacramento, porque Cristo dijo: "Tomad, comed; esto es mi cuerpo... Bebed de ella todos" (Mt 26.26-27).

335. ¿Son sacrificados nuevamente a Dios en el sacramento el cuerpo y la sangre de Cristo por los pecados de los vivos y de los muertos?

No, el cuerpo y la sangre de Cristo en el sacramento son el perfecto sacrificio ofrecido a Dios una vez y para siempre en la cruz, y ahora se nos distribuyen en el sacramento junto con todos los beneficios y bendiciones que este sacrificio nos ha ganado.

939   **1 Co 5.7** Nuestra Pascua, que es Cristo, ya fue sacrificada por nosotros.

940   **Heb 10.14** Con una sola ofrenda hizo perfectos para siempre a los santificados.

941   **Heb 10.18** Donde hay remisión de estos, no hay más ofrenda por el pecado.

331. *What are the visible elements in the Sacrament?*

The visible elements are bread and wine.

935   **Matt. 26:26-27** Jesus took bread.... Then He took the cup.

Note: "The fruit of the vine" (Luke 22:18) in the Bible means wine, not grape juice. See also 1 Cor. 11:21.

332. *Do Christ's body and blood in the Sacrament replace the bread and wine, so that the bread and wine are no longer there?*

No, bread and wine remain in the Sacrament.

936   **1 Cor. 11:26** Whenever you eat this bread and drink this cup, you proclaim the Lord's death until He comes.

333. *How then are the bread and wine in the Sacrament the body and blood of Christ?*

The bread and wine in the Sacrament are Christ's body and blood by sacramental union. By the power of His word, Christ gives His body and blood in, with, and under the consecrated (blessed) bread and wine.

937   **1 Cor. 10:16** The cup of blessing which we bless, is it not the communion of the blood of Christ? The bread which we break, is it not the communion of the body of Christ? (NKJV).

334. *Do all communicants receive the body and blood in the Sacrament, whether or not they believe?*

Yes, because the Sacrament depends on Christ's word, not on our faith.

938   **1 Cor. 11:27** Whoever eats the bread or drinks the cup of the Lord in an unworthy manner will be guilty of sinning against the body and blood of the Lord.

Note: All communicants should receive both parts of the Sacrament, since Christ said, "Take and eat; this is my body.... Drink from it, all of you" (Matt. 26:26-27).

335. *Are the body and blood of Christ in the Sacrament sacrificed again to God for the sins of the living and the dead?*

No, the body and blood of Christ in the Sacrament are the one perfect sacrifice offered to God once and for all on the cross and are now distributed to us in the Sacrament together with all the blessings and benefits which this sacrifice has won for us.

939   **1 Cor. 5:7** Christ, our Passover lamb, has been sacrificed.

940   **Heb. 10:14** By one sacrifice He has made perfect for ever those who are being made holy.

941   **Heb. 10:18** Where these [sins] have been forgiven, there is no longer any sacrifice for sin.

Nota: Hablamos del "Sacramento del Altar" porque un altar es un lugar de sacrificio. Jesús sacrificó su cuerpo y su sangre en la cruz por los pecados del mundo una vez y para siempre. En el Sacramento del Altar él distribuye este mismo cuerpo y sangre hasta el final de los tiempos.

336. ¿Qué ordena nuestro Señor Jesucristo cuando dice: "Haced esto en memoria de mí"?

Con estas palabras Cristo ordena que se celebre su sacramento en la iglesia hasta el fin de los tiempos como una proclamación y distribución vivientes de su muerte salvadora y de todas sus bendiciones.

942 **1 Co 11.26** Todas las veces que comáis este pan y bebáis esta copa, la muerte del Señor anunciáis hasta que él venga.

337. ¿Por qué debemos recibir frecuentemente este sacramento?

Debemos recibir este sacramento con frecuencia porque:

A. Cristo nos ordena o invita encarecidamente, diciendo: "Haced esto en memoria de mí."

B. sus palabras "dado y derramada por vosotros para el perdón de los pecados", nos prometen y ofrecen grandes bendiciones.

943 **Mt 11.28** Venid a mí todos los que estáis trabajados y cargados, y yo os haré descansar.

C. necesitamos el perdón de nuestros pecados y el fortalecimiento para llevar una vida nueva y santa.

944 **Jn 15.5** Yo soy la vid, vosotros los pámpanos; el que permanece en mí y yo en él, este lleva mucho fruto, porque separados de mí nada podéis hacer.

Nota: En el Nuevo Testamento, el sacramento era un rasgo regular y principal de la adoración congregacional, y no algo ocasional (Hch 2.42; 20.7; 1 Co 11.20, 33). En los tiempos de la Reforma nuestras iglesias celebraban el sacramento "todos los domingos y en otros días de fiestas" (Apología XXIV 1).

SEGUNDO: El beneficio del Sacramento del Altar

338. ¿Qué beneficios confiere este comer y beber?

Los beneficios los indican estas palabras: "Por vosotros dado" y "derramada por vosotros para perdón de los pecados." O sea, por estas palabras se nos da en el sacramento perdón de pecados, vida y salvación; porque donde hay perdón de pecados, allí también hay vida y salvación.

339. ¿Qué beneficios se ofrecen en este sacramento?

A. La mayor bendición de este sacramento es el perdón de los pecados ganado por nosotros por el cuerpo y la sangre de Cristo en la cruz (la Cena del Señor es un medio de gracia).

Note: We speak of the "Sacrament of the Altar" because an altar is a place of sacrifice. Jesus sacrificed His body and blood on the cross for the sins of the world once and for all. In the Sacrament of the Altar, He distributes this same body and blood until the end of time.

336. *What does Christ command when He says, "This do in remembrance of Me"?*

Christ commands in these words that His Sacrament be celebrated in the church till the end of time as a living proclamation and distribution of His saving death and all its blessings.

942   **1 Cor. 11:26** Whenever you eat this bread and drink this cup, you proclaim the Lord's death until He comes.

337. *Why are we to receive the Sacrament often?*

We are to receive the Sacrament often because

A. Christ commands, or urgently invites, us, saying, "This do in remembrance of Me";

B. His words, "Given and shed for you for the forgiveness of sins" promise and offer us great blessings;

943   **Matt. 11:28** Come to Me, all you who are weary and burdened, and I will give you rest.

C. we need the forgiveness of our sins and the strength for a new and holy life.

944   **John 15:5** I am the vine; you are the branches. If a man remains in Me and I in him, he will bear much fruit; apart from Me you can do nothing.

Note: In the New Testament, the Sacrament was a regular and major feature of congregational worship, not an occasional extra (Acts 2:42; 20:7; 1 Cor. 11:20, 33). In Reformation times our churches celebrated the Sacrament "every Sunday and on other festivals" (Apology XXIV 1).

SECOND: The Benefit of the Sacrament of the Altar

338. *What is the benefit of this eating and drinking?*

These words, "Given and shed for you for the forgiveness of sins," show us that in the Sacrament forgiveness of sins, life, and salvation are given us through these words. For where there is forgiveness of sins, there is also life and salvation.

339. *What is the benefit offered in this sacrament?*

A. The chief blessing of the Sacrament is the for giveness of sins which Christ's body and blood have won for us on the cross. (The Lord's Supper is a means of grace.)

945   **Mt 26.28** Esto es mi sangre del nuevo pacto que por muchos es derramada para perdón de los pecados.

946   **1 Pe 1.18-19** Ya sabéis que fuisteis rescatados de vuestra vana manera de vivir (la cual recibisteis de vuestros padres) no con cosas corruptibles, como oro o plata, sino con la sangre preciosa de Cristo, como de un cordero sin mancha y sin contaminación.

947   **Col 1.21-22** Os ha reconciliado en su cuerpo de carne, por medio de la muerte, para presentaros santos y sin mancha e irreprochables delante de él.

948   **1 Jn 1.7** La sangre de Jesucristo, su Hijo, nos limpia de todo pecado.

B. Junto con el perdón de los pecados Dios nos da también todas las demás bendiciones, esto es, "vida y salvación."

"No se debe considerar el sacramento nunca como cosa perjudicial, que deba rehuirse, sino como medicina saludable y consoladora, que te ayudará y te vivificará tanto en el alma como en el cuerpo. Porque donde el alma está sanada, también está socorrido el cuerpo" (Catecismo Mayor V 68).

"Y hablamos de la presencia del Cristo viviente; pues sabemos que la muerte no se enseñorea más de él" [Ro 6.9] (Apología X 4).

949   **Ro 6.8-9** Si morimos con Cristo, creemos que también viviremos con él, y sabemos que Cristo, habiendo resucitado de los muertos, ya no muere; la muerte no se enseñorea más de él.

950   **Ro 8.31-32** ¿Qué, pues, diremos a esto? Si Dios es por nosotros, ¿quién contra nosotros? El que no escatimó ni a su propio Hijo, sino que lo entregó por todos nosotros, ¿cómo no nos dará también con él todas las cosas?

C. En este sacramento Cristo nos da la victoria sobre el pecado y el infierno, y poder para la nueva vida en él.

951   **Ro 8.10** Si Cristo está en vosotros, el cuerpo en verdad está muerto a causa del pecado, pero el espíritu vive a causa de la justicia.

952   **1 P 2.24** Él mismo llevó nuestros pecados en su cuerpo sobre el madero, para que nosotros, estando muertos a los pecados, vivamos a la justicia. ¡Por su herida habéis sido sanados!

D. En tanto los cristianos participan juntos de este sacramento, hacen una solemne confesión pública de Cristo y de unidad en la verdad de su evangelio.

953   **1 Co 10.17** Siendo uno solo el pan, nosotros, con ser muchos, somos un cuerpo, pues todos participamos de aquel mismo pan.

954   **1 Co 11.26** Todas las veces que comáis este pan y bebáis esta copa, la muerte del Señor anunciáis hasta que él venga.

Nota: Ver Heb 12.22-24.

945   **Matt. 26:28** This is My blood of the covenant, which is poured out for many for the forgiveness of sins.

946   **1 Peter 1:18-19** You know that it was not with perishable things such as silver or gold that you were redeemed from the empty way of life handed down to you from your forefathers, but with the precious blood of Christ, a lamb without blemish or defect.

947   **Col. 1:22** He has reconciled you by Christ's physical body through death to present you holy in His sight, without blemish and free from accusation.

948   **1 John 1:7** The blood of Jesus, His Son, purifies us from all sin.

B. Together with forgiveness, God gives all other blessings as well, that is, "life and salvation."

"We must never regard the sacrament as a harmful thing from which we should flee, but as a pure, wholesome, soothing medicine which aids and quickens us in both soul and body. For where the soul is healed, the body has benefited also" (Large Catechism V 68).

"We are talking about the presence of the living Christ, knowing that 'death no longer has dominion over Him' [Rom. 6:9]" (Apology X 4).

949   **Rom. 6:8-9** If we died with Christ, we believe that we will also live with Him. For we know that since Christ was raised from the dead, He cannot die again; death no longer has mastery over Him.

950   **Rom. 8:31-32** If God is for us, who can be against us? He who did not spare His own Son, but gave Him up for us all—how will He not also, along with Him, graciously give us all things?

C. In the Sacrament Christ gives victory over sin and hell and strength for the new life in Him.

951   **Rom. 8:10** If Christ is in you, your body is dead be cause of sin, yet your spirit is alive because of righteousness.

952   **1 Peter 2:24** He Himself bore our sins in His body on the tree, so that we might die to sins and live for righteousness; by His wounds you have been healed.

D. As Christians partake of this sacrament together, they make a solemn public confession of Christ and of unity in the truth of His Gospel.

953   **1 Cor. 10:17** Because there is one loaf, we, who are many, are one body, for we all partake of the one loaf.

954   **1 Cor. 11:26** Whenever you eat this bread and drink this cup, you proclaim the Lord's death until He comes.

Note: See also Heb. 12:22-24.

TERCERO: El poder del Sacramento del Altar

340. *¿Cómo puede el comer y beber corporal hacer cosas tan grandes?*

Ciertamente, el comer y beber no es lo que las hace, sino las palabras que están aquí escritas: "Por vosotros dado" y "derramada por vosotros para perdón de los pecados." Estas palabras son, junto con el comer y beber corporal, lo principal en el sacramento. Y el que cree dichas palabras, tiene lo que ellas dicen y expresan, a saber, "el perdón de los pecados."

341. *¿Cómo se puede obtener perdón de pecados, vida y salvación mediante el comer y beber corporal?*

No es simplemente el comer y beber, sino las palabras de Cristo, junto con su cuerpo y su sangre, bajo el pan y el vino, son la forma por medio de la cual se dan estas bendiciones. "Nosotros no afirmamos cosa semejante acerca del pan y del vino por el mero hecho de serlo, sino que nos referimos únicamente al pan y vino que son el cuerpo y la sangre de Cristo y que van unidos a la palabra. Esto, decimos, y ninguna otra cosa es el tesoro mediante el cual se adquiere tal perdón de los pecados" (Catecismo Mayor V 28-29). Las palabras de Cristo han puesto estos dones en el sacramento, y el creyente los recibe por medio de la fe.

342. *¿Recibe cada comulgante los beneficios de perdón, vida y salvación?*

Perdón, vida y salvación se ofrecen verdaderamente a todos los que comen y beben el cuerpo y la sangre del Señor en el sacramento, pero sólo por fe podemos recibir las bendiciones que allí se ofrecen.

955   **Lc 1.45** Bienaventurada la que creyó, porque se cumplirá lo que le fue dicho de parte del Señor.

956   **Lc 11.27-28** ¡Bienaventurado el vientre que te llevó y los senos que mamaste! Pero él dijo: ¡Antes bien, bienaventurados los que oyen la palabra de Dios y la obedecen!

Nota: El guardar o el obedecer las promesas de la palabra de Dios es simplemente creer y confiar en ella. "Pues en el evangelio, la justicia de Dios se revela por fe y para fe, como está escrito: 'Mas el justo por la fe vivirá' " (Ro 1.17).

957   **1 Co 10.3-5** Todos comieron el mismo alimento espiritual y todos bebieron la misma bebida espiritual, porque bebían de la roca espiritual que los seguía. Esa roca era Cristo. Pero de la mayoría de ellos no se agradó Dios, por lo cual quedaron tendidos en el desierto.

H.B. Mt 9.20-22, 27-29 Había una bendición en tocar a Jesús o en el ser tocado por él, y por medio de la fe se lo recibía.

THIRD: The Power of the Sacrament of the Altar

340. *How can bodily eating and drinking do such great things?*

Certainly not just eating and drinking do these things, but the words written here: "Given and shed for you for the forgiveness of sins." These words, along with the bodily eating and drinking, are the main thing in the Sacrament. Whoever believes these words has exactly what they say: "forgiveness of sins."

341. *How can forgiveness, life, and salvation be obtained through bodily eating and drinking?*

Not simply the eating and drinking, but the words of Christ together with His body and blood under the bread and wine are the way through which these blessings are given. "We do not claim this of bread and wine—since in itself bread is bread—but of that bread and wine which are Christ's body and blood and with which the words are coupled. These and no other, we say, are the treasure through which forgiveness is obtained" (Large Catechism V 28). Christ's words of promise have put these gifts into the Sacrament, and the believer receives them there through faith.

342. *Does everyone who eats and drinks the Sacrament also receive forgiveness, life, and salvation?*

Forgiveness, life, and salvation are truly offered to all who eat the Lord's body and blood in the Sacrament, but only through faith can we receive the blessings offered there.

955   **Luke 1:45** Blessed is she who has believed that what the Lord has said to her will be accomplished.

956   **Luke 11:27-28** "Blessed is the mother who gave you birth and nursed you." He replied: "Blessed rather are those who hear the word of God and obey it."

Note: To "keep" or "obey" God's Word of promise is to believe or trust it. "For in the Gospel a righteousness from God is revealed, a righteousness that is by faith from first to last, just as it is written: 'The righteous will live by faith' " (Rom. 1:17).

957   **1 Cor. 10:3-5** They all ate the same spiritual food and drank the same spiritual drink; for they drank from the spiritual rock that accompanied them, and that rock was Christ. Nevertheless, God was not pleased with most of them; their bodies were scattered over the desert.

Bible narrative: **Matt. 9:20-22, 27-29** There was a blessing in touching Jesus or being touched by Him, and faith received it.

CUARTO: Cómo se recibe este sacramento dignamente

343. ¿Quién recibe este sacramento dignamente?

El ayunar y prepararse corporalmente es, por cierto, una buena disciplina externa; pero es verdaderamente digno y está bien preparado aquél que tiene fe en las palabras: "Por vosotros dado" y "derramada por vosotros para perdón de los pecados." Mas el que no cree estas palabras, o duda de ellas, no es digno, ni está preparado, porque las palabras "por vosotros" exigen corazones enteramente creyentes.

344. ¿Por qué es importante recibir este sacramento dignamente?

Es muy importante porque San Pablo claramente enseña: A Cualquiera que coma este pan o beba esta copa del Señor indignamente, será culpado del cuerpo y de la sangre del Señor. Por tanto, pruébese cada uno a sí mismo, y coma así del pan y beba de la copa. El que come y bebe indignamente, sin discernir el cuerpo del Señor, juicio come y bebe para sí." **(1 Co 11.27-29)**.

345. ¿Es necesario ayunar antes de recibir este sacramento?

El ayuno es una buena disciplina de la voluntad, pero Dios no ordenó horas, lugares o formas particulares para hacerlo.

958   **1 Ti 4.8** El ejercicio corporal para poco es provechoso, pero la piedad para todo aprovecha.

Nota: Ver 1 Co 9.24-27.

346. ¿Cuándo recibimos este sacramento dignamente?

Lo recibimos dignamente cuando tenemos fe en Cristo y en sus palabras: "Dado y derramada por vosotros para perdón de los pecados."

347. ¿Cuándo es indigna y no está preparada una persona?

Una persona es indigna y no está preparada cuando no cree o duda de las palabras de Cristo, porque las palabras "por vosotros" exigen corazones verdaderamente creyentes.

348. ¿Cómo debemos examinarnos antes de recibir este sacramento?

Debemos examinarnos para ver si

A. sentimos pesar por nuestros pecados.

959   **Sal 38.18** Confesaré mi maldad y me entristeceré por mi pecado.

960   **2 Co 7.10-11** La tristeza que es según Dios produce arrepentimiento para salvación, de lo cual no hay que arrepentirse; pero la tristeza del mundo produce muerte. Esto mismo de que hayáis sido entristecidos según Dios, ¡qué preocupación produjo en vosotros!

B. creemos en nuestro Salvador Jesucristo y en sus palabras en este sacramento.

961   **Lc 22.19-20** Esto es mi cuerpo, que por vosotros es dado ...Esta copa es el nuevo pacto en mi sangre, que por vosotros se derrama.

FOURTH: How to Receive This Sacrament Worthily

343. *Who receives this sacrament worthily?*

Fasting and bodily preparation are certainly fine outward training. But that person is truly worthy and well prepared who has faith in these words: "Given and shed for you for the forgiveness of sins." But anyone who does not believe these words or doubts them is unworthy and unprepared, for the words "for you" require all hearts to believe.

344. *Why is it important to receive the Sacrament worthily?*

It is very important because St. Paul clearly teaches: "Whoever eats the bread or drinks the cup of the Lord in an unworthy manner will be guilty of sinning against the body and blood of the Lord. A man ought to examine himself before he eats of the bread and drinks of the cup. For anyone who eats and drinks without recognizing the body of the Lord eats and drinks judgment on himself" (1 Cor. 11:27-29).

345. *Is it necessary to fast before receiving the Sacrament?*

Fasting can be good training for the will, but God does not command particular times, places, and forms for this.

958   **1 Tim. 4:8** Physical training is of some value, but godliness has value for all things.

Note: See also 1 Cor. 9:24-27.

346. *When do we receive the Sacrament worthily?*

We receive it worthily when we have faith in Christ and His words, "Given and shed for you for the forgiveness of sins."

347. *When is a person unworthy and unprepared?*

A person is unworthy and unprepared when he or she does not believe or doubts Christ's words, since the words "for you" require all hearts to believe.

348. *How are we to examine ourselves before receiving the Sacrament?*

We are to examine ourselves to see whether

A. we are sorry for our sins;

959   **Ps. 38:18** I confess my iniquity; I am troubled by my sin.

960   **2 Cor. 7:10-11** Godly sorrow brings repentance that leads to salvation and leaves no regret, but worldly sorrow brings death. See what this godly sorrow has produced in you.

B. we believe in our Savior Jesus Christ and in His words in the Sacrament;

961   **Luke 22:19-20** This is My body given for you This cup is the new covenant in My blood, which is poured out for you.

962   **2 Co 13.5** Examinaos a vosotros mismos, para ver si estáis en la fe; probaos a vosotros mismos.

C. nos proponemos, con la ayuda del Espíritu Santo, cambiar nuestras vidas pecaminosas.

963   **Ef 4.22-24** En cuanto a la pasada manera de vivir, despojaos del viejo hombre, que está corrompido por los deseos engañosos, renovaos en el espíritu de vuestra mente, y vestíos del nuevo hombre, creado según Dios en la justicia y santidad de la verdad.

Nota: Como una preparación para el sacramento, se pueden usar las "Preguntas cristianas con sus respuestas."

349. ¿Pueden participar de la Mesa del Señor los que son débiles en la fe?

Sí, porque Cristo instituyó este sacramento con el propósito de fortalecer e incrementar nuestra fe.

964   **Mr 9.24** Creo; ayuda mi incredulidad.

965   **Jn 6.37** Al que a mí viene, no lo echo fuera.

350. ¿A quién no se debe dar este sacramento?

Este sacramento no se debe dar a los siguientes:

A. A los que son abiertamente impíos y no se arrepienten, incluyendo a los que participan de cultos religiosos no cristianos.

966   **1 Co 5.11, 13** No os juntéis con ninguno que, llamándose hermano, sea fornicario, avaro, idólatra, maldiciente, borracho o ladrón; con el tal ni aun comáis... Quitad, pues, a ese perverso de entre vosotros.

967   **1 Co 10.20-21** Aquello que los gentiles sacrifican, a los demonios lo sacrifican y no a Dios; y no quiero que vosotros os hagáis partícipes con los demonios. No podéis beber la copa del Señor y la copa de los demonios; no podéis participar de la mesa del Señor y de la mesa de los demonios.

B. A los que no quieren perdonar y rehúsan reconciliarse. De esta manera demuestran que no creen realmente que Dios les perdona también a ellos.

968   **Mt 6.15** Si no perdonáis sus ofensas a los hombres, tampoco vuestro Padre os perdonará vuestras ofensas.

H.B. **Mt 18.21-35** El siervo que no quiso perdonar.

C. A los que no confiesan la misma fe, porque la Cena del Señor es un testimonio de la unidad de la fe.

969   **Hch 2.42** Perseveraban en la doctrina de los apóstoles, en la comunión unos con otros, en el partimiento del pan y en las oraciones.

970   **1 Co 10.17** Siendo uno solo el pan, nosotros, con ser muchos, somos un cuerpo, pues todos participamos de aquel mismo pan.

962   **2 Cor. 13:5** Examine yourselves to see whether you are in the faith; test yourselves.

C. we plan, with the help of the Holy Spirit, to change our sinful lives.

963   **Eph. 4:22-24** Put off, concerning your former conduct, the old man which grows corrupt according to the deceitful lusts, and be renewed in the spirit of your mind, and . . . put on the new man which was created according to God, in righteousness and true holiness (NKJV)

As a preparation for the Sacrament, use "Christian Questions with Their Answers."

349. *May those who are weak in faith come to the Lord's Table?*

Yes, for Christ instituted the Sacrament for the very purpose of strengthening and increasing our faith.

964   **Mark 9:24** I do believe; help me overcome my unbelief.

965   **John 6:37** Whoever comes to Me I will never drive away.

350. *Who must not be given the Sacrament?*

The Sacrament must not be given to the following:

A. Those who are openly ungodly and unrepentant, including those who take part in non-Christian religious worship.

966   **1 Cor. 5:11, 13** You must not associate with anyone who calls himself a brother but is sexually immoral or greedy, an idolater or a slanderer, a drunkard or a swindler. With such a man do not even eat.... "Expel the wicked man from among you."

967   **1 Cor. 10:20-21** The sacrifices of pagans are offered to demons, not to God, and I do not want you to be participants with demons. You cannot drink the cup of the Lord and the cup of demons too; you cannot have a part in both the Lord's table and the table of demons.

B. Those who are unforgiving, refusing to be reconciled. They show thereby that they do not really believe that God forgives them either.

968   **Matt. 6:15** If you do not forgive men their sins, your Father will not forgive your sins.

Bible narrative: **Matt. 18:21-35** The unmerciful servant.

C. Those of a different confession of faith, since the Lord's Supper is a testimony of the unity of faith.

969   **Acts 2:42** They devoted themselves to the apostles' teaching and to the fellowship, to the breaking of bread and to prayer.

970   **1 Cor. 10:17** Because there is one loaf, we, who are many, are one body, for we all partake of the one loaf.

971   **1 Co 11.26** Todas las veces que comáis este pan y bebáis esta copa, la muerte del Señor anunciáis hasta que él venga.

972   **Ro 16.17** Os ruego, hermanos, que os fijéis en los que causan divisiones y ponen tropiezos en contra de la doctrina que vosotros habéis aprendido.

D. A los que no pueden examinarse a sí mismos, como los niños pequeños, los que no recibieron instrucción adecuada, o los que están en estado inconsciente.

973   **1 Co 11.28** Pruébese cada uno a sí mismo, y coma así del pan y beba de la copa.

Nota: Los pastores como administradores de los misterios de Dios (1 Co 4.1) tienen la mayor responsabilidad en cuanto a quien puede ser admitido al sacramento. Alguna responsabilidad también recae sobre la congregación y el comulgante.

351. ¿Qué es la confirmación?

La confirmación es un rito de la iglesia precedido por un período de instrucción diseñado para que el creyente ya bautizado se identifique con la vida y la misión de la comunidad cristiana.

Nota: Antes de ser admitido a la Santa Cena, es necesario ser instruido en la fe cristiana (1 Co 11.28). El rito de la confirmación provee una oportunidad para que el creyente, fiándose en la promesa de Dios dada en el santo Bautismo, dé una confesión de fe pública y personal como también una promesa de fidelidad a Cristo para toda su vida.

974   **Mt 10.32-33** A cualquiera, pues, que me confiese delante de los hombres, yo también lo confesaré delante de mi Padre que está en los cielos. Y a cualquiera que me niegue delante de los hombres, yo también lo negaré delante de mi Padre que está en los cielos.

975   **Ap 2.10** ¡Sé fiel hasta la muerte y yo te daré la corona de la vida!

971　　**1 Cor. 11:26** Whenever you eat this bread and drink this cup, you proclaim the Lord's death until he comes.

972　　**Rom. 16:17** Watch out for those who cause divisions and put obstacles in your way that are contrary to the teaching you have learned. Keep away from them.

D. Those who are unable to examine themselves, such as infants, people who have not received proper instruction, or the unconscious.

973　　**1 Cor. 11:28** A man ought to examine himself before he eats of the bread and drinks of the cup.

Note: Pastors as stewards of the mysteries of God (1 Cor. 4:1) have the greatest responsibility as to who should be admitted to the Sacrament. Some of the responsibility also rests with the congregation and the communicant.

351. *What is confirmation?*

Confirmation is a public rite of the church preceded by a period of instruction designed to help baptized Christians identify with the life and mission of the Christian community.

Note: Prior to admission to the Lord's Supper, it is necessary to be instructed in the Christian faith (1 Cor. 11:28). The rite of confirmation provides an opportunity for the individual Christian, relying on God's promise given in Holy Baptism, to make a personal public confession of the faith and a lifelong pledge of fidelity to Christ.

974　　**Matt. 10:32-33** Whoever acknowledges Me before men, I will also acknowledge him before My Father in heaven. But whoever disowns Me before men, I will disown him before My Father in heaven.

975　　**Rev. 2:10** Be faithful, even to the point of death, and I will give you the crown of life.

APÉNDICE
Los credos y las confesiones

Además del Credo **Apostólico**, el Credo **Niceno**, que se confiesan cuando se celebra la Cena del Señor, y el Credo **Atanasiano**, que se lee muchas veces el domingo de la Santa Trinidad, son declaraciones universales de fe sostenidas por la Iglesia Luterana. Ambos se concentran especialmente en la persona y en la obra de Jesucristo.

La Iglesia Luterana también acepta sin reservas todos los documentos contenidos en el *Libro de Concordia* de 1580 como una declaración y exposición verdadera y no adulterada de la palabra de Dios. El más conocido y usado de estos documentos es el Catecismo Menor de Martín Lutero.

Lutero nació el 10 de noviembre de 1483 en Eisleben, Alemania. Estudió en la Universidad de Erfurt, reconocida como la mejor escuela, especialmente en leyes y artes liberales. Sin embargo, muy pronto solicitó ser admitido en la orden agustina. En 1507 fue consagrado como sacerdote. Más tarde obtuvo el doctorado en teología. Su ruptura con la Iglesia Católica Romana en 1521 se produjo después que se le ordenara retractarse de lo que él creía eran enseñanzas bíblicas contrarias a las de la Iglesia Romana.

El **Catecismo Menor** y el **Catecismo Mayor**, terminados en 1529, fueron concebidos originalmente para ser manuales de ayuda para pastores y jefes de familias en la enseñanza de la palabra de Dios a niños y adultos. El Catecismo Mayor no está hecho en forma de preguntas y respuestas, sino presenta enseñanzas cristianas básicas en una forma usada a menudo en sermones.

La **Confesión de Augsburgo**, otra declaración de fe muy conocida, fue escrita por Felipe Melanchton y leída ante el emperador Carlos V en Augsburgo, Alemania, en 1530. Aunque redactada un tono amigable, fue adoptada como un testimonio contra los abusos que prevalecían en la iglesia y contra los errores de ciertos reformadores en relación a doctrinas fundamentales como el pecado original y los sacramentos.

En 1531 Melanchton escribió la **Apología** (defensa) **de la Confesión de Augsburgo**. Este documento también llegó a ser una confesión de fe oficial entre los luteranos, cuando la adoptaron en Esmalcalda, Alemania, en 1537. Contesta detalladamente las críticas a la Confesión de Augsburgo.

Practicamente, la mitad de la Apología está dedicada a la enseñanza bíblica de la justificación por gracia, por medio de la fe en Jesucristo.

Los **Artículos de Esmalcalda** fueron escritos por Lutero en 1536 y firmados por muchos clérigos presentes en Esmalcalda en 1537. Los artículos son un resumen de los principales desacuerdos de Lutero con la Iglesia Romana. El **Tratado sobre el Poder y la Primacía del Papa**, escrito por Melanchton, también fue adoptado oficialmente en Esmalcalda.

La **Fórmula de Concordia**, completada en 1577, sirvió para resolver diferencias doctrinales entre luteranos, y fue aprobada por más de 8.000 teólogos, pastores y maestros en 1580. No era una nueva confesión, sino una exposición y defensa de los escritos adoptados previamente.

APENDIX
Creeds and Confessions

In addition to the **Apostles' Creed, the Nicene Creed**, which is confessed at celebrations of the Lord's Supper, and the **Athanasian Creed**, often read on Holy Trinity Sunday, are universal statements of faith held by the Lutheran Church. Both concentrate especially on the person and work of Jesus Christ.

The Lutheran Church also accepts without reservation all the documents contained in *The Book of Concord* of 1580 as a true and unadulterated statement and exposition of the Word of God. The best known and most widely used of these is Dr. Martin Luther's Small Catechism.

Born Nov. 10, 1483, in Eisleben, Germany, Luther attended the University of Erfurt, regarded as the best of schools particularly in law and liberal arts. Soon after, however, he requested to be admitted to the Augustinian order. In 1507 he was consecrated a priest and later obtained a doctorate in theology. His break with the Roman Catholic Church in 1521 occurred after he was told to recant what he believed to be Scriptural teachings contrary to those of the Roman Church.

Luther's Small Catechism and his **Large Catechism**, completed in 1529, were originally intended to be helpful manuals for pastors and family heads in teaching God's Word to children and adults. The Large Catechism is not made up of questions and answers but presents basic Christian teachings in a form often used in sermons.

Another well-known statement of faith, the **Augsburg Confession**, was written by Philip Melanchthon and read before Emperor Charles V at Augsburg, Germany, in 1530. While friendly in tone, it was adopted as a testimony against abuses prevalent in the church and against the errors of certain reformers regarding such crucial doctrines as original sin and the sacraments.

In 1531 Melanchthon wrote the **Apology** (Defense) **of the Augsburg Confession**. It too became an official confession of faith among Lutherans by its adoption at Smalcald, Germany, in 1537. In great detail it answers criticisms of the Augsburg Confession.

Virtually half of the Apology is devoted to the Biblical doctrine of justification by grace through faith in Jesus Christ.

The **Smalcald Articles** were written by Luther in 1536 and signed by many clergy present at Smalcald in 1537. The Articles are a summary of Luther's main disagreements with the Roman Church. Melanchthon's **Treatise on the Power and Primacy of the Pope** was also officially adopted at Smalcald.

The **Formula of Concord**, completed in 1577, served to resolve doctrinal differences among Lutherans and was approved by over 8,000 theologians, pastors, and teachers by 1580. It was not a new confession but an exposition and defense of the previously adopted writings.

EL AÑO ECLESIÁSTICO

Cuatro domingos de Adviento.

Navidad (el nacimiento de nuestro Señor)

Año Nuevo

Epifanía

Seis domingos después de Epifanía.

Miércoles de Ceniza

Seis domingos en Cuaresma

Domingo de Ramos

Semana Santa, con Jueves Santo y Viernes Santo

La temporada de Pascua de Resurrección (La resurrección de nuestro Señor)

Cinco domingos de Pascua

La ascensión de nuestro Señor

Sexto domingo de Pascua

Pentecostés

Segundo a vigésimo séptimo domingo después de Pentecostés

Domingo del cumplimiento

Último domingo después de Pentecostés

THE CHURCH YEAR

Four Sundays in Advent

Christmas (The birth of Our Lord)

New Year

Epiphany

Six Sundays after the Epiphany

Ash Wednesday

Six Sundays in Lent

Palm Sunday

Holy Week, with Maundy Thursday and Good Friday

Easter Season (The Resurrection of Our Lord)

Five Sundays of Easter

The Ascension of Our Lord

Sixth Sunday of Easter

Pentecost

Second through Twenty-seventh Sunday after Pentecost

Sunday of the Fulfillment

Last Sunday after Pentecost